희망은 또 다른 희망을 낳는다

희망은

또 다른

희망을 낳는다

서진규 지음

푸른숲

엄마에게 부치는 경례

"선서를 받으시죠."

성아와 나는 각자 오른손을 들고 마주섰다. 내가 선서문을 읽고 성아가 복창했다. 엄숙한 표정으로 성아는 미국을 위해, 세계를 위해 자신의 몸과 마음을 바칠 것을 맹세했다.

오직 장교만이 새로 임관하는 생도들의 선서를 받을 수 있다. 모녀가 나란히 미 육군 푸른 군복을 입은 것은 하버드 역사상 우리가 처음이라고 했다. 덕분에 기자들의 카메라 렌즈는 우리를 향해 집중되었다. 기념 촬영을 끝낸 뒤 우리는 새 소위들이 탄생하는 임관식을 위해 하버드 교정의 교회 앞으로 자리를 옮겼다.

생도들은 한 명씩 단상에 서서 소위 임명장을 받았다. 성아는 두 번째 생도였다. 임명장을 받은 성아는 부동자세로 청중을 향해 서서 나를 기다렸다.

　나는 미리 준비해둔 소위 계급장과 장교 모자를 들고 단상으로 올라갔다. 사회자가 우리에 대한 소개를 하는 동안 나는 성아의 군복 양어깨에 노란 소위 계급장을 달아주었다. 쓰고 있던 ROTC 생도 모자를 벗기고 장교 모자를 씌워준 뒤 한 발 물러서서 성아의 늠름한 모습을 바라보았다.

　순간, 성아가 거수 경례를 올렸다. 예정에 없는 순서였다.

　그 순간, 성아는 엄마에 대한 최대의 감사와 경의를 표하고 있었다. 또한 그것은 더 이상 엄마에게 기대지 않을 각오로 새롭게 우뚝 선 한 인격체의 독립 선언이었다. 나는 딸에게 거수 경례로 답했다. 등 뒤에서 우레 같은 청중들의 박수소리가 들렸다.

　'난 장교로서 누구보다 엄마에게 먼저 경례를 부치고 싶었어요. 엄마, 정말 고마워! 절대로 엄마를 실망시키지 않을게요.'

　성아는 결의에 찬 눈으로 나를 바라보고 있었다. 그 눈 속에서 나는 또 다른 희망을 보았다.

　이제 성아와 내가 다시 만날 때 성아에게는 지금까지와는 다른 인생이 시작되어 있을 것이다. 바로 이 자리가 우리 두 사람의 삶을 새롭게 가르는 엄숙한 의식임을 나는 알고 있었다.

　그래, 모든 준비는 끝났다.

　그동안 내가 살아가는 가장 큰 이유였고, 내 '희망'의 첫 번째 증거였고, 그리하여 내게는 가슴 벅찬 감동이었던 성아를 나는 이제 더 큰 세상으로 보낸다.

그렇게 마주선 성아의 강하고 아름다운 모습을 바라보면서 나는 어느새 기억의 한 끝으로 달려가고 있었다. 23년 전 그때, 내가 슬픔과 절망 속에서도 좌절하지 않으려 안간힘을 쓰면서 한 생명과 경이롭게 만났던 바로 그날……

1 부 프롤로그— 엄마에게 부치는 경례

우리는 많은 날들을 함께 가야 한다

2부 나에게는 가르쳐야 할 이유가 있다

3부 용기와 사랑을 깨달을 때까지…

마주 보며 걸어가기 위하여

부 너는 내 희망의 첫 번째 증거였다

부

우리는
많은 날들을 함께 가야 한다

그렇게 마주선 성아의 강하고 아름다운 모습을 바라보면서
나는 어느새 기억의 한 끝으로 달려가고 있었다.
23년 전 그때,
내가 슬픔과 절망 속에서도 좌절하지 않으려 안간힘을 쓰면서
한 생명과 경이롭게 만났던 그날……

성아. 4살 때

아름다운 별

아이를 위해 한 태교가 있다면 내가 좌절하지 않고
열심히 산 것이었다. 우린 나중에 같이 해야 할 일이 많고,
앞으로 많은 것을 함께 이루어갈 것이다.

"진, 일을 이렇게 하면 됩니까? 회사에서 하루 종일 사적인 전화에 매
달려 있으면 어떡합니까?"

직속 상관인 린다가 불쾌하다는 듯 인상을 쓰고 있었다.

"그러지 않더니 요즘 왜 이래요. 일에 대한 책임감이 모자랍니까?"

나에게 쏟아지는 말들이 비수가 되었다. 자존심 하나로 불모의 사막
과 같은 이국땅에서 버텨왔던 나는 금방이라도 눈물을 쏟을 것 같았다.
입술을 꾹 깨물며 미안하다는 말만 되풀이했다. 그녀는 다시는 이런 일
이 없을 거라는 다짐을 몇 차례 받은 뒤 내 자리로 돌아가게 했다.

앞으로 불룩 나온 배가 내가 지고 있는 슬픔과 절망의 크기를 말해주
는 듯했다. 유산 위기를 겪으면서도 모질게 살아 있는 아이는 지금 참
담함에 몸을 떨고 있을 것이다. 화장실에 가서 한바탕 울고 나도 마음

이 가벼워지지 않았다. 원망, 분노, 회한⋯⋯가라앉지 않는 감정들 때문에 나는 휘청거리고 있었다. 순간, 아이가 발길질을 했다. 통통통⋯⋯. 마치 '엄마, 내가 있잖아요' 라고 말하듯이.

만삭이었음에도 집안의 생계를 책임진 사람이 나였으므로 회사를 그만둘 수 없었다. 몇 달 전, 그러니까 얼마 전까지만 해도 나는 웨스턴 파머스(Western Farmers)의 경리 사원으로 오전 9시에서 오후 5시까지 근무한 뒤, 저녁에는 식당에서 웨이트리스 일을 하고 있었다. 유산 위기를 넘긴 후 식당은 그만두었지만 회사는 그만둘 수 없었다. 나의 직장은 우리 식구들의 밥줄이자 태어날 아이의 밥줄이기도 했다. 회사를 그만두면 보험 혜택을 받을 수 없을 터였다.

남편은 영어를 못하는 데다 변변한 기술도 없어 직장을 구할 수 없었다. 자선 단체의 목수 훈련생으로 들어가 푼돈을 버는 정도였다. 한국에서는 합기도 사범으로 거들먹거리던 사람이 목수 훈련생으로 전전한다는 것은 무척이나 자존심 상하는 일이기도 했다. 남편은 도장을 내고 싶어했다.

나는 회사일을 하는 틈틈이 남편을 대신해 도장 자리를 물색하고 장소를 계약하고, 각종 서류 수속까지 처리해야 했다. 심지어 바닥재를 깔고, 전기배선을 하는 일까지 모두 내 손을 거쳤다.

돌이켜보면 그 시절 내 처지는 한심했지만 그래도 행복한 시기였다. 남편은 뱃속에 있는 아이가 아들인 줄 알고 내게 정성을 쏟았다. 무엇보다 뱃속의 아이가 주는 행복감이 내 슬픔과 고통을 상쇄하고도 남았다.

'엄마가 나를 품고 있을 때 한순간이라도 이런 기분이 들었을까?'

나는 엄마 뱃속에서부터 모진 운명을 겪었다 해도 과언이 아니다. 엄마는 나를 갖고 얼마 안 되어서부터 앓아 누웠다. 아랫도리가 헐고 가려워 거동을 못할 정도였다. 뱃속의 아이가 죽더라도 당신의 병을 고치려고 별의별 방법을 다 썼다. 독한 연기를 쐬면 낫는다고 해서 그걸 쐬어보기도 하고, 쑥으로 훈증도 했다. 좋다는 약도 이것저것 먹었다. 열두 번 임신해서 여섯 차례나 유산을 했기에 이번 아이도 유산되어도 그만이라고 생각했던 것 같다.

지금 생각해도 내가 엄마 뱃속에서 살아남은 게 신기할 정도다. 내 아이 역시 나의 그런 강인함을 대물림한 것 같았다. 과로 때문에 내 몸이 핏덩이를 지킬 힘이 없었음에도 아이는 살아 남았다.

만약 아이를 위해 한 태교가 있다면 내가 좌절하지 않고 열심히 산 것이었다. 나와 한몸인 뱃속의 아이는 그것을 누구보다 잘 알 수 있었을 것이다. 아이는 나의 분신이자 살기 위한 노력들을 함께 겪고 있는 단짝이기도 했다.

태동이 느껴질 때마다 아이가 나에게 무슨 신호를 보내는 것 같아 온 신경을 집중했다.

'그게 뭘까? 나에게 무슨 메시지를 주려는 걸까?'

아이 생각으로 나는 하루 종일 행복했다. 어쩌면 남편과 사이가 좋지 않았기 때문에 아이한테 더 애착이 갔는지도 모를 일이다. 틈이 날 때마다 나는 뱃속의 아이에게 말을 걸었다.

"우리는 제일 가까운 사이야……. 친한 거야, 그렇지? 친한 건 좋은 거잖아."

남편은 기다리던 아들이 아니라 딸이 태어나자 아이 얼굴을 제대로 보지도 않고 병실을 나가버렸다. 그러나 나에 비하면 아이는 행운아였다. 딸아이에게는 최소한 나중에 같이 해야 할 일을 준비하는 엄마가 있었다. 게다가 아이는 뱃속에 있는 9개월 동안 내가 느꼈던 행복감을 같이 느꼈을 터였다.

'이렇게 죽을 고비를 넘기며 태어난 귀한 아기……. 우리는 나중에 같이 해야 할 일들이 무척 많단다.'

아이는 나의 다짐을 안다는 듯이 있는 힘껏 젖을 빨았다. 그 순간, 나는 우리 둘이 함께 이루어 나갈 많은 것들을 예감했다.

아이의 이름은 내가 지었다. 위로 이복형제인 성희가 있었기 때문에 돌림자를 '성'자로 삼았다. 별 성(星), 아름다울 아(娥). 아름다운 별이라는 뜻이다. 약간 낭만적인 기분으로 지은 이름인데, 이 이름은 지금의 성아에게 썩 잘 어울리는 이름이 되었다. 언젠가 성아가 모든 사람들이 인정해주는 반짝이는 존재가 되면 이름의 운명을 가지는 것이기 때문이다.

그런데 할아버지는 성아를 초등학교에 넣으면서 호적에다 이룰 성(成)과 자기 아(我)자를 썼다. 자기를 완성한다는 뜻인 이 이름 역시 나는 좋아한다. 이 이름도 성아에 대한 나의 바람을 담고 있다.

"할머니, 그건 내 거야."

아이들 문제는 아이들이 스스로 해결해야 한다.
편견이 있다면 스스로 맞서 싸워 나가고, 맞서 싸워 나갈 힘이
없을 때는 억울하지만 참는 것도 한 방법일 것이다.

"정말 온몸에 짜릿한 전율을 느낀다는 게 뭔지 처음으로 경험했어. 수고했어. 그리고 고마워."

그렇게도 갈망하던 아들을 얻은 남편은 흥분을 감추지 못하고 싱글 벙글했다. 나 역시 아들이 반갑고 기뻤다. 그러나 성아가 태어났을 때가 떠오르자 신이 나서 친구들과 한잔 하러 간다는 남편의 뒷모습이 밉살 스럽게만 보였다.

시어머니에게는 성욱이의 탄생이 말로 형언할 수 없는 기쁨이었다. 집안의 대를 이을 손자인 성욱이는 곧 당신 삶의 이유 그 자체가 되었 다. 성욱이가 태어나서 제일 손해본 사람은 성아였다. 외할머니와 외할 아버지를 무척이나 따르는 바람에 성욱이가 태어나기 전에도 시어머니 는 성아를 달가워하지 않았다.

성욱이가 자라면서 성아는 더 큰 곤경에 빠졌다. 아무리 귀찮아해도 성욱이는 성아만 졸졸 따라다녔다. 성아가 가지고 있는 것은 무엇이든 갖고 싶어했고, 자기 뜻대로 되지 않을 땐 울면서 할머니를 찾았다. 할머니는 득달같이 달려와 당장 성아를 때렸고 성욱이가 원하는 것을 빼앗아갔다.

성아의 다섯 번째 생일날, 옆집에 살던 제니가 선물로 배트맨 연을 주었다. 성아는 성욱이가 보면 또 달라고 할까 봐 몰래 가지고 놀다 숨겨놓곤 했다. 그런데 밖에 나갔다 오니 어떻게 찾아냈는지 성욱이가 그걸 가지고 놀고 있었다.

"성욱아, 그거 이리줘!"

와락 달려들어 뺏어보니 이미 다 망가져 있었다. 아깝고 분한 마음에 성아는 성욱이를 한 대 쥐어박았다.

"할머니!"

성욱이가 자지러질 듯 비명을 지르며 할머니를 부르러 달려갔다.

"언니, 내가 숨은 곳을 절대 할머니한테 이르지 마!"

성아는 이불장 문을 열어 젖히고 그 안으로 들어가며 방 안에 있던 성희에게 신신당부를 했다. 할머니한테 들키지나 않을까 와들와들 떨며 두 무릎 사이에 머리를 묻고 있는데 왈칵, 장문이 열렸다.

"왜 성욱이를 때리냐?"

그날 성아는 할머니에게 두들겨 맞고 억울해서 눈이 퉁퉁 붓도록 울었다. 그러나 그날은 물론 이후에도 할머니한테 맞은 사실을 내게 고해바친 적은 한 번도 없었다. 퇴근했을 때 성아 얼굴에 눈물자국이 있으면 또 낮에 성욱이와 싸웠구나, 라고만 생각했다. 시어머니가 성아를 야

단쳤으면 당연히 야단맞을 짓을 했기 때문일 터였다. 또 시어머니 하시
는 일에 사사건건 간섭할 수도 없는 노릇이었다.

다만 시어머니가 성욱이를 편애하는 것 같아 성아에게 마음을 써주
려고 노력은 했다. 외출할 때 성아를 데리고 다니곤 했는데, 그것이 성
아에게 베풀 수 있는 엄마의 유일한 보상이었다. 머리핀도 사주고 맛있
는 것도 사주면서 성아를 즐겁게 해주려고 애썼다.

"어릴 땐 성욱이가 참 미웠어. 하여튼 할머니 '빽'만 믿고 내 건 뭐든
지 달라고 야단이고. 싫다는데도 왜 그렇게 졸졸 따라다니던지……."

몇 년 후, 둘이서 기차 여행을 하는데 성아가 뜬금없이 성욱이 이야
기를 꺼냈다.

"성욱이한테는 네가 나이가 제일 비슷했으니까 따라다닐 수밖에. 또
네가 성욱이 취향에 맞는 걸 많이 가지고 있었잖아."

"배트맨 연 때문에 속썩었던 일은 아직도 생생하게 기억나. 좌우지간
성욱이는 뭐든지 할머니한테 일렀고 그럴 때마다 할머니는 나만 때리
면서 야단치셨는데 뭐."

"내 앞에서는 한 번도 그러지 않으시더니 치사하게 내가 없을 때 아
이를 때리다니……. 그런데 넌 왜 나한테 한 번도 얘기를 안 했니?"

"몰라, 왜 엄마한테 안 일렀는지. 성욱이가 밉고 할머니가 무섭고 싫
었지만 엄마한테든 누구한테든 말해야지 하는 생각은 안 해봤던 것 같
아."

성아는 그때 내게 일러봐야 소용이 없다는 걸 알았는지도 모른다. 할
머니가 자신을 때린다고 나한테 일렀다면 나는 보나마나 시어머니께
싫은 소리를 했을 것이다. 그러면 성아는 더욱 미운털이 박힐 것이었다.

게다가 나는, 네가 맞을 짓을 했기 때문에 맞았다고 했을 것이고, 또 성욱이를 잘 돌보라고 했을 터였다. 그러면 성아는 엄마 말을 거역할 수 없어 성욱이를 데리고 놀아야 했을 것이다. 성욱이가 미워서 슬슬 피해 다니고 있는 상황에서 혹 떼러 왔다가 혹 붙이는 꼴이 될 게 뻔했다. 그러므로 좀 억울하긴 하지만 참는 수밖에 도리가 없었으리라.

나는 좀 무심한 엄마이긴 하지만, 아이들 문제는 아이들이 스스로 해결해야 한다고 생각하는 편이다. 편견이 있다면 스스로 맞서 싸워 나가고, 맞서 싸워 나갈 힘이 없을 땐 힘을 기를 때까지 참는 것도 한 방법일 것이다.

엄마가 일일이 암행어사가 되어 못된 형이나 동생들을 혼내줄 수는 없는 노릇 아닌가. 억울하더라도 참아야 할 때가 있다. 살다 보면 그런 일은 도처에 널려 있다. 그런 일을 겪다 보면 앞으로 억울한 꼴을 안 당하려면 스스로 힘을 기르는 수밖에 없다는 것을 알게 될 것이다.

"참말로 시껍했데이."

어떤 일이 닥치든 아이한테 어떻게 하는 게
가장 좋을까, 그 방법을 찾았다. 나의 성공은
아이를 위해서나 우리 가족을 위해 가장 중요했다.

성아가 여덟 달이었을 때 나는 군에 입대했다. 군대는 남편으로부터
벗어나기 위한, 그리고 희망 없는 내 인생의 마지막 비상구와도 같은
곳이었다. 스물여덟 살 생일 전날인 1976년 11월 9일, 나는 훈련소에
입소했다. 아이를 낳은 지 8개월밖에 안 된 데다 한 달 전쯤 유산을 해
서 몸은 만신창이가 되어 있었지만, 힘들면 죽을 수도 있다는 각오로
두 달 간의 보병 훈련을 받았다. 뒤이어 5주 간의 보급 주특기 훈련을
마치고 마침내 나는 최우수 훈련병으로 다시 태어났다. 첫 부임지는 우
여곡절 끝에 한국으로 결정되었다.

남편과의 불화의 골은 여전히 깊었지만, 서부이촌동에 아파트를 얻
어 시어머니와 함께 살게 되었다. 그러나 이번에는 남편과 시어머니의
불화로 시어머니가 집을 나가버렸다. 식모 아이를 하나 두어 살림을 하

게 했지만, 아이들은 당분간 시골로 보내는 게 나을 듯해서 일곱 살짜리 성희와 두 살짜리 성아, 그리고 열네 살짜리 식모 아이를 친정인 제천으로 내려보냈다.

"야야, 어제 참말로 큰일날 뻔했다카이."
아이들이 제천으로 간 다음날 저녁에 걸려온 엄마의 전화였다. 가슴이 철렁했다.
"아이들이 다 죽다 살았다 아이가. 참말로 시껍했데이."
분명 살았다는 말을 들었는데도 갑자기 온몸에 소름이 돋았다.

아침 일찍 아버지는 화투를 치러 경로당에 나갔고, 엄마는 명규를 데리고 십 리쯤 떨어진 곳에 사는 조카의 생일 잔치에 가셨다. 잠깐 점심만 먹고 곧 돌아올 예정으로 두 아이를 식모 아이에게 맡겨두었다.
엄마는 점심을 먹은 뒤 주섬주섬 아이들 먹을 것을 챙기셨다. 명규는 좀더 놀고 싶어하는 것 같아 혼자 일어섰다. 집에 오는 길에 보니 술친구들이 모여서 한잔 하고 있었다. 엄마도 같이 어울리고 싶었지만, 마음 한구석에 알지 못할 불안의 그림자가 어른거려 머뭇거렸다.
"내 집에 갔다오꾸마. 서울서 손녀들이 와 있는데 잘 있나 가보고……"
다른 때 같으면 술청으로 들어오기 전에 먼저 들어갈 엄마였다. 그런데 왠지 그날은 친구들의 만류도 뿌리치고 서둘러 집으로 발길을 재촉했다.
"성아야-! 성희야-!"
미처 집에 닿기도 전에 엄마는 큰소리로 아이들 이름을 불렀다. 마당

쪽으로 난 안방 창문은 닫힌 채 커튼이 드리워져 있었다. 안방으로 들어가는 문이 있는 부엌문을 잡아당겼지만 안으로 잠겨 있어 열리지 않았다.

"성아야─! 성희야─!"

애가 닳아 큰소리로 불렀지만 집은 쥐죽은 듯 고요했다.

'아무리 깊이 잠든 사람도 벌써 깨어났을 텐데……'

장독대 옆에 있는 돌이 눈에 띄었다. 부엌문 유리를 깨고 안에 걸린 고리를 풀었다. 부엌으로 통하는 안방문을 열어보고 엄마는 가슴이 내려앉았다. 연기가 자욱한 방 안에는 연탄가스 냄새가 코를 찔렀다. 아이들이 내려온다는 소식을 듣고 엄마는 안방과 건넌방에 불을 피웠다. 그해 들어 처음으로 불을 피운 것이었다.

성아와 성희는 죽은 듯이 방바닥에 엎어져 있었다. 두 아이의 얼굴 근처에 토한 찌꺼기가 널려 있었다. 식모 아이는 오줌을 쌌는지 앉은 자리를 흥건하게 만들어놓고 정신을 잃은 채 벽에 기대어 앉아 있었다.

얼른 성아를 안아들자 뽀드득 이를 갈았다. 성희도 끙끙 신음을 했다. 엄마는 얼른 성아를 안고 층계를 뛰어내려왔다.

"아이구, 사람 좀 살리주소!"

엄마의 통곡소리에 아래층 사람들과 이웃 사람들이 몰려들었다. 아래층 아주머니가 엄마에게 식초병을 내밀었다. 엄마는 서둘러 아이들의 코 밑에 칠갑을 했다.

연탄가스는 그 후에도 또 한 번 성아의 목숨을 앗아갈 뻔했다. 성아가 여덟 살 때로, 그 무렵 나는 서울에서 근무하고 있었다. 엄마는 1년 전에 뇌출혈로 쓰러졌다 하와이까지 가서 수술을 받아 겨우 살기는 했지만 아직 거동이 불편했다. 이웃에 살던 오빠네가 부모님과 살림을 합쳤다. 오빠에게는 성아보다 두세 살 위의 아들이 셋 있었는데, 집이 좁아 성아는 사촌오빠들과 방을 같이 썼다.

새벽에 변소에 가려고 잠이 깬 아버지의 귀에 칭얼대는 소리가 들렸다. 이상해서 아이들이 자는 방문을 열어본 순간, 가슴이 철렁했다.

손자 셋은 두 손으로 머리를 붙들고 울고 있고, 성아는 죽은 듯 조용히 바닥에 널브러져 있었다.

"성아야! 성아야!"

다급한 고함소리에 온 식구가 잠을 깼다. 아버지는 성아를 들쳐 업고 동네 병원으로 달렸다.

아버지는 있는 힘을 다해 탕탕탕, 잠긴 문을 두들겼다.

"문 좀 열어주소! 우리 아 좀 살리주소!"

아버지는 의사가 시키는 대로 응급실 침대에 성아를 뉘었다. 성아는 삶과 죽음의 경계를 넘나드는 듯 축 늘어져 있었다. 의사는 맥을 짚어보더니 성아를 둥그런 실린더같이 생긴 통에 넣고 빙글빙글 돌리기 시작했다. 두 손에 얼굴을 묻은 채 아버지는 한참을 초조하게 기다렸다. 그때였다. 캑캑 하는 성아의 기침소리가 들렸다.

아이가 살았다는 얘기를 나는 두 번 다 전화를 통해 들었다. 가슴이 철렁하면서 걷잡을 수 없이 눈물이 쏟아졌다. 마음만 먹는다면 제천까지 한달음에 달려갈 수 있었다. 그러나 나는 아이에게 뛰어가지 않았다.

'세상에! 어떻게 이럴 수가!'

두고두고 가슴을 졸여야 했지만, 아이를 떼어놓고 왜 이렇게 살아야 하나, 라는 탄식은 하지 않았다.

'이 아이를 위해 어떻게 하는 것이 가장 좋을까.'

아이를 떼어놓고 살 수밖에 없는 것이 현실이라면, 그 현실을 받아들이고 아이한테 최선의 방법을 찾는 것 또한 나의 현실이었다.

지금도 마찬가지이지만, 그 당시 한국 사회에서는 대접을 받으려면 출세가 가장 중요한 부분이었다. 부모가 출세하면 자연히 자녀들도 혜택을 받고 인정받았다. 나의 성공이 중요한 것도 그 때문이었다. 아이를 부둥켜안고 우는 것보다 아이를 향한 미안함과 안쓰러움을 가슴에 접고 나의 목표를 쳐다보는 게 현명한 선택이었다. 가슴 한켠이야 무너져 내렸지만, 그렇다고 약해질 수는 없었다.

그러한 일들은 살다 보면 누구나 한 번쯤 겪게 되는 '참말로 시껍할 일'이다. 하지만 아이를 위해 최선을 다하겠다는 나의 목표에서 눈을 떼게 할 정도는 아니었다. 내게도 분명 아이를 누구보다 사랑하고, 누구보다 위하는 마음은 있다고 자신한다. 그러나 내 배로 낳았다는 모정, 흔히 말하는 한국적인 끈끈함이 나에게는 없는 것처럼 보인다. 이유는 간단하다. 당장 눈앞에 닥친 현실보다 언제나 미래를 먼저 생각했기 때문이다.

세상에서 가장 어려운 선택

이미 **가정**이라는 울타리가 깨진 경우
이혼은 또 다른 선택이 될 수 있다. 그럴 때,
나의 **목표**는 진정 무엇인가를 응시할 필요가 있다.

결혼이란, 특히 신혼이란 부부가 서로를 '길들이는' 기간이라고 해도 과언이 아니다. 처음 만나기 전까지 두 사람은 대개 무척 다른 환경과 생각을 가지고 살아왔다. 결혼을 한 후에도 각자 서로 다른 이상과 기대로 들떠 있기 때문에 마찰이라는 피할 수 없는 과정을 거치게 된다.

이 과정을 우아하고 현명하게 넘기기가 쉬운 일이 아님은 이미 잘 아는 사실이다. 무엇보다도 서로에 대한 깊은 사랑과 이해 그리고 양보가 필요하다. 그러는 과정에서 마구 생긴 돌들이 잘 맞는 톱니바퀴처럼 다듬어질 수 있다. 이 과정을 성공적으로 거친다면 두 사람은 함께 화목한 여정을 즐길 수 있게 된다. 그러한 여정은 자녀들에게 따뜻하고 안전한 보금자리가 될 수 있다.

그러나 애초부터 남편과 나는 해결할 수 없는 문제를 안고 있었다.

남편은 마누라는 무조건 남편에게 복종해야 한다고 믿고 있었다. 더욱이 마누라는 1년에 서너 번은 두들겨 맞아야 제 자리를 안다고 여겼다. 시도 때도 없이 폭발하는 것은 물론, 성질이 날 땐 손찌검을 동반하는 것도 서슴지 않았다.

남편의 행동에 분노를 느꼈다. 그러나 나는 빨리 그곳을 벗어나기에만 급급했다. 그 순간을 무마하기 위해 가슴 속의 화산을 잠재우며 겉으로는 복종을 택했다. 결국 남편을 올바로 '길들이기'보다는 오히려 그의 주장을 부추기는 꼴이 되고 말았다.

그랬기 때문일 것이다. 표면상으로 나는 모든 이에게 칭찬받는 아내였고, 우리 가정은 행복해 보였다. 그러나 탈출구를 찾지 못해 쌓이기만 하던 분노는 가슴 밑바닥에서 남편에 대한 저주로 자라고 있었다.

성아가 태어난 후에도 남편과의 불화는 계속되었다. 무엇보다도 남편의 손찌검이 있은 후에는 참기 어려운 혐오감에 시달려야 했다. 헤어지고 싶다는 충동이 엄습해 왔다. 우리는 자주 이혼을 거론하게 되었다.

그러나 그럴 때마다 언제나 나는 성아가 가여워 견딜 수가 없었다. 그래서 또다시 참아보기로 결심을 하고……. 우리는 결혼 7년 동안 이혼에 합의했다 얼마 후엔 서로를 향한 그리움과 외로움에 다시 합치기를 반복했다. 반복되는 이혼 시도와 화해, 그리고 끝도 없는 후회. 나는 자신의 변덕이 죽도록 싫었다.

남편과의 불화는 비단 나 혼자만의 문제가 아니었다. 그 소용돌이의 한가운데에 아이들이 있었다.

"성희야, 아무 일 없으니까 동생 데리고 방에 들어가 있어."

둘째인 성욱이를 임신하고 있을 때였다. 남편이 아주 사소한 일로 폭발 직전에 있을 때 아이들이 방에서 나왔다. 나는 재빨리 아이들을 방으로 밀어넣었다. 아이들이 방문을 닫는 순간, 남편의 발이 만삭인 배로 날아왔다.

남편에 대한 증오는 갈수록 뿌리 깊어졌다. 급기야 '나는 총이 있다. 총으로 남편을……' 이라는 상상까지 하게 되었다. 나는 그 상태에서 벗어나기 위해 억지로라도 아무렇지 않은 척 분노와 혐오를 삭이려 애썼다. 결국 밖으로 발산되지 못한 분노는 마음 속에서 큰 불길이 되어 나를 괴롭혔다.

그리고 그 파편은 밖으로도 튀었다. 아이들에게 상처를 주지 않기 위해 나는 분풀이로 아이들을 야단치거나 때리는 것을 금기로 삼아왔다. 그러나 나는 마침내 그 금기를 어기고 말았다.

그날도 터져 나오는 분통을 가까스로 참으며 성아를 데리고 샤워를 하고 있었다. 머리를 감다가 눈에 비눗물이 들어가자 성아는 눈이 따갑다면서 칭얼댔다. 다른 때 같았으면 바로 물로 씻겨주었겠지만, 갑자기 울컥하는 기분이 들어 성아를 벽으로 확 밀쳐버렸다.

성아는 쿵 하고 벽에 머리를 찧으며 목욕탕 바닥으로 자빠졌다. 갑작스런 엄마의 폭행에 성아는 겁을 먹은 것 같았다. 뒤통수의 아픈 자리를 만지며 눈을 동그랗게 뜨고 나를 올려다보았다. 울먹울먹 입을 삐죽거리던 아이의 눈에선 소리 없이 눈물이 넘쳐나고 있었다. 나는 갑자기 정신이 들었다.

서로를 사랑하고, 자식들을 위해 노력하고, 또 설사 싸울 일이 있다 하더라도 참을 수 있는 게 이상적인 가정일 것이다. 그러나 그럴 수 없는 환경이라면 최선의 방법이 무엇인지 생각해보아야 한다.

어떻게든 가정이라는 울타리를 지킬 것인가, 아니면 아이를 훌륭하게 키울 것인가.

아이를 훌륭하게 키우겠다는 목표에서 눈을 떼지 않는다면 선택은 그리 어렵지 않을 것이다.

인내력이 바닥난 상태에서 나는 남편에게, 나에게, 그리고 성아에게 무슨 짓을 할지 몰랐다. 만약 남편을 진짜로 총으로 쏘았다면 나뿐만 아니라 아이들의 인생은 어떻게 되었겠는가. 이미 가정이라는 울타리가 깨진 경우 이혼은 또 다른 선택이 될 수도 있을 것이다.

단순히 이혼하지 않기 위해 함께 산다는 것은 별 의미가 없다. 그럴 때, 나의 목표는 진정 무엇인가를 응시할 필요가 있다.

일곱 살짜리의 여행

아이는 좀 무관심하게 키워야 되는 모양이었다.
부모가 언제까지나 자식에 대해 이것저것 챙겨줄 수 없는 이상
잡초처럼 굴려야 스스로 강인해지는 법을 배울 수 있다.

남편과 이혼할 무렵, 나는 프로포즈를 받았다. 나보다 열 살 연하로, 총각에다 아버지가 판사인 미국의 상류층 남자였다. 나는 별볼일 없는 하찮은 여자인 줄로만 알았던 내 존재에 대해 다시 생각해보게 되었다. 거듭되는 그의 프로포즈를 받으며 나는 그의 진실을 받아들이기로 결심했다.

결혼하자마자 독일로 발령을 받는 바람에 나, 양녀인 귀자, 성아, 그리고 남편 톰은 독일로 갔다. 그러나 독일에서의 행복은 너무 짧았다. 우리 가족 최악의 해라고도 할 수 있는 1983년, 한꺼번에 겹친 불행이 많은 것을 앗아가버렸다.

3월에 둘째 동생 광규가 교통사고로 목숨을 잃었다. 성아를 데리고 광규의 장례식에 간 사이에 스물네 살의 혈기왕성한 톰과 양아버지에

게 호감을 갖고 있던 열여덟 살 귀자 사이에 사고가 있었다. 재수가 없는 사람은 뒤로 자빠져도 코가 깨진다고 했던가. 톰에게는 '클린턴의 요행'이 없었다. 귀자가 법적으로는 열여섯 살의 미성년자이기 때문이었다. 술에 취해 저지른 어설픈 탈선으로 톰은 결국 불명예 제대를 해야 했다.

그러나 운명의 검은 손은 우리를 놓아주지 않았다. 톰을 구하기 위해 백방으로 노력하는 내게 막내 동생 명규가 백혈병으로 죽음을 기다리는 신세가 되었다는 소식이 전해졌다.

"나으문 뭐하겠노. 차라리 잘된 기지 싶다. 어차피 내 죽을 때는 맹규를 같이 데리고 갈라캤는데……."

아버지는 당신과 엄마가 없으면 누가 저능아인 명규를 보살펴줄 것이냐며 차라리 잘된 일이라고 억지를 부리고 계셨다. 가엾은 명규를 잊으려, 엄마의 슬픔을 잊으려, 그리고 아버지의 떨리는 목소리를 잊으려 나는 미친 듯이 일에 몰두했다.

톰이 대학원에 가기 위해 미국으로 떠나고, 귀자도 다른 가정으로 옮겨가 우리와 헤어졌다. 결국 독일에는 성아와 나만 남게 되었다. 그들이 떠나자 나에게는 당장 현실적인 어려움이 닥쳤다. 성아를 봐줄 사람이 필요했다. 나는 새벽에 출근해 밤늦게야 귀가했다. 어린아이를 보호자도 없이 혼자 방치하면 법적인 문제가 발생했다. 할 수 없이 내가 퇴근할 때까지 이웃의 독일 아주머니에게 성아를 부탁했다. 그 집에는 성아보다 두어 살 어린 딸이 있었는데, 서로 말은 안 통해도 한동안 사이좋게 잘 지냈다. 그러다 무슨 일인지 성아는 그 집에 가기를 싫어했다. 학교에서 돌아오면 그냥 집으로 왔다.

그때 운명은 또 한 번 나에게 장난을 걸었다. 얼마 후 나는 30일 간 미군과 독일군의 합동 훈련에 참가하게 되었다. 훈련장은 내가 근무하던 곳에서 몇 시간이나 떨어진 곳에 위치해 있었다. 나는 성아를 제천의 부모님께 보내기로 결심했다. 군대에 가기 위해 여덟 달 된 아이를 로스앤젤레스 공항에서 사촌언니편으로 한국에 보냈던 것처럼, 이번에도 아이를 내 품에서 떼어놓을 수밖에 달리 방도가 없었다.

일곱 살밖에 안 된 아이를 독일에서 한국까지 혼자 보내는 것이 무리가 아닐까 싶어 걱정이 되었다. 그러나 안타까워할 시간조차 없었다. 아이를 혼자 보내기 위해 나는 여행사부터 알아보아야 했다.

"걱정 안 해도 됩니다. 아이는 안전하게 인계될 것입니다."

여행사 사무원은 누차 나를 안심시키려 애썼다.

"나 혼자서도 한국에 갈 수 있어, 엄마."

엄마의 마음을 이해한다는 듯 아이가 오히려 나를 위로했다.

'미안하다, 성아야……'

갑자기 시야가 흐려져 왔다. 나는 짙은 안개 속에서 아이의 손을 놓지 않으려고 안간힘을 쓰는 엄마였다.

며칠 후, 성아와 함께 프랑크푸르트 공항으로 향했다. 성아는 언제나처럼 집을 나선 지 얼마 안 되어 곧 잠이 들었다. 공항은 가는 사람 오는 사람들로 북적대고 있었다. 성아를 승무원에게 인계할 땐 목이 메어 말이 나오지 않았다.

"엄마, 안녕! 한국에 가서 전화할게요."

성아가 씩씩하게 말했다. 내 처지를 이해한다는 듯 어깨를 으쓱하며 금발의 여승무원 손을 잡고 탑승구로 걸어나갔다. 성아는 한 번도 뒤돌아보지 않았다. 멀어져가는 아이는 무너질 듯 서 있는 나보다 훨씬 강단이 있었다. 성아는 탑승구에 들어가며 뒤돌아서서 손을 흔들었다. 키큰 승무원 옆에 서 있는 성아는 애처로울 정도로 작아 보였다.

'잇단 불행으로 심신이 지쳐 있는데, 이렇게 어린 딸마저 혼자 이국만리 머나먼 곳으로 보내야 하다니……'

모든 걸 포기하고 그만 쓰러지고 싶다는 생각이 나를 삼키려 하고 있었다.

'지금까지 그 많은 상처와 고통을 잘도 이겨냈잖아. 이제 힘든 일은 다 끝났어.'

울음을 참느라 안간힘을 쓰며 차에 시동을 걸었다. 2년밖에 안 된 도요타 셀리카의 엔진이 힘차게 출발 준비를 알렸다.

'괜찮다고 했잖아. 잘 도착할 거야. 걱정 마. 성아는 혼자서도 잘해낼 수 있어.'

무슨 주문처럼 이 말을 되뇌이며 시간이 흘러가기만을 바랐다. 그러나 시간은 빨리 지나가기를 바라는 것만큼 느리게 흘러갔다.

몸은 무척 피곤했지만 밤이 깊어도 잠이 오지 않았다. 텔레비전에서는 〈댈러스〉라는 미국 드라마가 방송되고 있었다. 얼굴들은 낮이 익은데 말은 전혀 알아들을 수 없었다. 새벽까지 멍하게 텔레비전에 눈을 박고 있자니 처음 미국에 갔던 때가 생각났다.

10년 전, 나는 아버지가 빚을 내어 마련해준 1백 달러만 달랑 들고 식모 살러 태평양을 건넜다. 무슨 일이 생기더라도 돌아올 비행기삯이 없었으므로 죽음을 각오해야 했다.

'그래, 그때보다는 지금이 훨씬 나아.'

나는 나에게 용기를 줄 구실을 찾고 있었다.

"엄마, 나 잘 왔어."

제천에서 전화가 걸려왔다. 아이의 이름만 불러놓고는 말을 잇지 못하자 눈치 빠른 성아가 계속 재잘거렸다.

"비행기에서 언니들이 그림책도 주고 장난감도 줘서 참 재미있었어. 언니들이 자꾸 와서 먹을 걸 갖다주고……. 그러면서 또 뭐 먹고 싶은 거 없냐고 물어보는 거 있지."

"그래, 성아야. 할머니, 할아버지 말씀 잘 들어야 되는 거 알지?"

"응, 알아요."

아이는 꼬박 하루가 걸리는 여행에도 피곤한 기색이 없었다. 독일에서 파리로 가서 그곳에서 비행기를 갈아탄 뒤 일본으로 날아가 다시 한 번 더 비행기를 갈아타고 한국에 갔다. 여행사에서는 비행기를 갈아탈 때마다 아이를 책임지고 인수 인계한다. 시스템은 믿을 만하지만, 나는 그 어린 것을 혼자 보내야 한다는 미안함 때문에 막연한 공포를 느꼈다.

그러나 아이는 이미 엄마와 떨어지는 데 적응이 되어 있어 겁이 없었다. 쓸데없는 걱정으로 나와 제천의 부모님들이 피를 말린 반면, 아이는 오히려 여행을 또 하나의 새로운 일로 받아들였다.

이것이 어른과 아이의 다른 점인지도 몰랐다. 현실을 있는 그대로 받아들이는 것과 받아들이기도 전에 괜한 걱정으로 겁을 먹는 것.

어쩌면 성아의 그런 태도는 내가 보통 엄마들과 달리 집에서 이것저것 챙겨줄 겨를이 없었기 때문에 만들어진 것인지도 몰랐다. 늘 바빴기 때문에 작은 데까지 관심을 쏟아줄 수가 없었다. 집에는 나이가 열 살도 더 많은 양녀 언니가 있었지만, 나이 차이 나는 동생을 챙겨주었을 리 없었다. 그래서 아이는 누군가의 보살핌을 받는 게 너무도 신나는 일이었다.

아무튼 아이한테는 여러 모로 다행이었다.

그때 일들을 생각해보니 아이는 좀 무관심하게 키워야 되는 것 같다. 부모가 언제까지나 자식에게 이것저것 챙겨줄 수 없는 이상 잡초처럼 굴려야 스스로 강인해지는 법을 배울 수 있다.

나는 두어 살 때부터 변소에 빠져죽든지 말든지 투닥거리며 혼자 놀게 방치됐고, 조금 커서는 일곱 식구의 빨래며 살림을 도맡아서 했다. 새벽 5시만 되면 아침밥을 짓고, 밥상을 차려 식구들을 챙겨 먹인 다음 설거지까지 다 해놓고 학교에 갔다. 학교에 갔다 오면 이번에는 저녁밥과 저녁 설거지가 기다리고 있었고, 엄마가 하는 술가게 뒷설거지며 청소도 해야 했다.

이렇듯 가혹한 삶의 조건이 나를 강하게 키웠듯이 챙겨줄 수 있는 최소한의 것, 즉 위험하지 않은 안전한 환경만 만들어주고 나머지는 아이에게 맡기다 보니 아이는 으레 그런 것인 줄 알고 자신의 일은 자신이 알아서 처리해 나가게 되었다.

일곱 살짜리가 밥 챙겨 먹고, 제가 먹은 걸 치우고는 혼자 놀면서 밤 10시까지 엄마를 기다렸다. 열여덟 시간씩 비행기를 타고 한국땅에 가야 한다고 해도 겁을 내기는커녕 순순히 받아들였다. 할머니, 할아버지는 성아의 처지를 딱하게 생각했지만, 성아는 자신을 돌보는 것에 단련돼 있어서인지 그런 것에 전혀 개의치 않았다. 자신에게 닥친 현실을 혼자서 판단하고 감당해 나갔다.

나와 성아의 예에서 보듯이 아이들에게는 엄청난 가능성이 있다. 간섭만 안 하면 스스로 강해져 간다. 아무튼 성아의 꿋꿋한 행동은 나의 불운을 극복해 나가는 데 큰 도움이 되었다. 머나먼 제천 땅에서 아이가 전화통에 매달려 울고불고했다면 나는 흔들렸을지도 모른다. 하지만 성아가 잘 지내준 덕에 나는 안심하고 훈련에 집중할 수 있었다.

행운이란 것도 누군가의 노력에 의해 얻어진다

내가 여전히 쓸데없는 가시나였다면
내 딸 역시 어미와 떨어져 사는 게 가엾은 가시나의
굴레에서 벗어나지 못했을 것이다.

"성아는 동맹(동명)국민학교에 보내꾸마. 그라이 아는 아무 걱정 말고 우야든지 니 몸이나 잘 살피거래이. 밥맛 없어도 잘 묵어야 된데이. 여기 식구들은 다 잘 있으이까네 아무 걱정하지 마라. 다 운명이라 생각하고 잊아뿌야 된데이."

성아가 제천에 도착했다고 전화를 하면서 아버지가 마지막으로 내게 당부한 말이다. 성아는 아무런 걱정을 할 필요가 없었다. 아버지 말대로 걱정을 해야 할 사람은 이국땅에서 고된 훈련을 받아야 하는 나였다. 그것도 엎친 데 덮친 정신적 충격에서 헤어나기도 전에.

제천 집은 엄마, 아버지, 명규 그리고 오빠 내외가 한 집에 살고 있었으므로 성아에게 가족의 정을 느끼게 해줄 수 있었다. 어른들이야 '어미와 떨어져 사는 어린 것'으로 성아를 가여워했지만, 성아 자신은 꽤

장히 행복한 나날을 보냈다.

오빠에게는 열두 살 된 장남 길수와 열한 살 된 쌍둥이 형석이와 영태가 있었다. 쌍둥이가 태어났을 때 올케는 혼자서 아들 셋을 감당하기 힘들어 두 살이던 길수를 시어머니에게 맡겼다. 장손에다 키운 정까지 보태져서 엄마의 길수에 대한 사랑은 각별했다. 그런데 신기한 것은 엄마의 가시나에 대한 차별이 변한 것이었다.

성아는 '아무 짝에도 쓸데 없다'는 가시나에다, 더군다나 외손녀였다. 외손자를 귀여워하느니 방앗간 절구공이를 귀여워한다는 말이 있지 않은가.

남존여비 사상보다는 기른 정이 더 큰 힘을 발휘했는지 모르지만, 아무튼 엄마는 두 쌍둥이 손자는 젖혀놓고 장손과 외손녀만 위했다. 맛있는 것, 좋은 건 모두 길수와 성아 차지였다.

성아는 할머니, 할아버지의 힘을 믿고 자기가 원하는 대로 하려고 했다. 오빠들이 가진 것 중에서 자기가 원하는 것이 있으면 달라고 떼를 썼다. 그러다 오빠들이 때리거나 신경질을 부리면 영락없이 할머니에게 일러 야단을 맞혔다. 성아가 성욱이를 미워했듯 두 쌍둥이는 성아를 미워했다.

"성아야, 이거 묵어라."

할머니는 먹기 싫다는 성아를 어르고 달래며 아침을 먹여 보내는 것은 물론, 학교가 파하고 집에 들어서면 냉장고에서 사과 간 것을 내어 주셨다.

성아는 사과 간 것을 유난히 좋아했는데, 아기 때 할머니가 자주 만들어 먹이던 것이라 입맛이 길들여져서인지도 모른다. 할머니는 성아가 사과주스를 마시는 동안 옆에서 선선하게 부채를 부쳐 땀을 식혀주었다.

할아버지는 그리 변한 모습이 아니었지만, 할머니는 내가 기억하던 엄마와는 하늘과 땅만큼이나 다른 모습이었다. 내가 어렸을 때만 해도 엄마는 밥을 하면, 아버지에게는 위에 있는 쌀만 걷어주고, 오빠나 남동생에게도 쌀이 제법 많이 섞인 걸 먹였지만, 나는 제일 아래에 있는 보리밥만 퍼주었다. 게다가 엄마는 자식에 대한 사랑에 인색했다. 먹고 살기 힘들어서 자식을 위할 여유가 없었던 탓도 있지만, 그래도 엄마는 좀 심하다 싶을 정도였다. 특히 딸은 화풀이의 대상이자 집안일을 위해 태어난 일꾼으로 여기는 것 같았다.

그런 어린 시절 덕분에 나는 지금도 엄마에 대한 사랑을 별로 못 느낀다. 다만 그토록 많은 고생을 하신 데 대해 가엾다는 생각, 식구들을 먹여 살리기 위해 억척같이 일하신 데 대한 고마움, 그 무섭고 억척스럽던 엄마가 힘없이 늙어가고 있는 모습에 대한 연민을 느낄 뿐이다.

그러나 성아는 할머니에 대해 전혀 다른 느낌을 가지고 있다. 그 아이의 마음 속에 그려진 할머니는 남달리 자기를 아끼고 사랑해주던 푸근한 모습이다. 요즘도 가끔 성아는 그때의 추억을 떠올리며 그리움에 젖곤 한다. 아무튼 나는 한 인간으로서 딸 성아가 부러운 적이 많았다.

그런데 재미있는 사실은, 할머니의 성아에 대한 편애는 그렇게도 박대하던 나 덕분이라는 것이다. 엄마는 나 때문에 동네에서 부러움의 대상이 되었다. 사병 월급이었지만 1천2백~1천5백 달러 정도면 그 당시 한국에서 중산층 생활을 누릴 수 있었다. 또한 미제 물건이라면 사람들이 껌벅 죽는 시늉을 하지 않았던가. 수시로 일제 자가용을 몰고 나타나는 딸, 미국의 대학에 다니고 영어까지 잘하는 딸은 주변 어디에도 없었다. 게다가 동네 사람들에게 나는 죽을 뻔한 엄마를 살린 효녀였다.

성아가 아무리 할머니를 잘 따른다 한들 내가 여전히 쓸데없는 가시나였다면 성아 역시 어미와 떨어져 사는 게 가엾은 가시나의 굴레에서 벗어나지 못했을 것이다. 그런 의미에서 성아는 행운아였다. 하지만 그 행운이란 것도 사실은 누군가의 피나는 노력에 의해 얻어진 것이다.

활달하게 키워라

아이들은 **활달**하게 키우는 게 좋다.
아이들이 가진 기발함, **창의력**은
그런 **행동**을 통해 나오기도 한다.

"성아 여기 살 때 보면 참 싱거웠어."

뜬금없이 오빠가 말했다. 얼마 전 토요일 아침, 엄마와 오빠 내외 그리고 명규와 함께 이웃의 맥도널드로 아침을 먹으러 갔다. 아버지가 살아 계실 때 생긴 우리 집의 '전통'이다. 그곳에서 아침을 먹으며 우리는 한 주 동안 있었던 일들에 대해 한가하게 얘기를 주고받곤 했다.

"같이 백화점 같은 데 가면 얼마나 까부는지. 좌우지간 부끄럼도 쑥스러움도 없었으니까. 우선 들어가면서부터 모자고 옷이고 가방이고 뭐든지 닥치는 대로 다 써보고 입어보고 걸쳐보고……. 선글라스도 모조리 다 껴보고는 까불면서 폼 잡는 거……. 참, 가관이었다니까."

오빠 말이 떨어지자마자 올케가 거들었다.

"그래놓고는 한 개도 안 사고. 내가 성아보고 '너 같은 손님만 오면

백화점 장사 하나도 안 되겠다'고 했더니 뭐랬는지 아세요? '헤헤-'
하고 웃더니 '살 돈이 없으니 여기서라도 폼을 재볼 수밖에 없잖아요'
하는 거 있죠. 그러더니 '내가 이렇게 까부니까 삼촌이랑 외숙모도 재
밌죠?' 하며 팔에 매달리잖아요. 하여튼 웃기는 애였어요."

　성아의 웃기는 짓은 지금도 유명하다. 우리 집에는 엉뚱한 사진이 많
다. 할머니가 속옷 바람으로 누워 있는 것, 명규가 하품하는 것, 할머니
랑 성아랑 이상한 포즈로 끌어안고 있는 것, 조카들이 코딱지 후비는
것, 내가 굳은 살 뜯느라 인상 찌푸리고 있는 것 등등.
　성아는 자동카메라를 들고 다니며 마치 다큐멘터리 사진작가처럼 있
는 그대로의 모습을 찍어댔다. 그 사진을 통해 우리 식구들의 '아주 사
소한 일상'을 엿볼 수 있다. 성아는 사진을 보면서 "삼촌 재밌지!" "외
숙모 재밌잖아!" 하면서 깔깔거리곤 했다. 성아의 말대로 그 사진들을
보노라면 생의 한순간이 이렇게 유쾌할 수도 있구나, 라는 걸 새삼 느
끼게 된다.
　우연히 집에서 뒹구는 카세트테이프를 틀다가 깜짝 놀랄 때도 있다.
식구들이 깔깔대는 소리, 할아버지가 야단치는 소리, 명규의 방귀소리
같은 가족들의 낯익은 소리가 쏟아져 나오기 때문이다.
　나 역시 유쾌한 장난을 즐기는 사람이다. 한 번씩 낯선 곳에 가면 모
르는 사람한테도 아는 척 웃으면서 인사를 하고 지나간다. 군복을 입고
있을 때도 그랬고, 이 나이가 된 지금도 이따금 그런 식으로 짓궂은 장
난을 친다.
　성아도 어릴 때부터 나의 장난을 자주 보아와서인지 언제 어디서나
장난기가 발동한다. 자신의 장난에 배를 잡고 웃어줄 만한 사람이 있으

면 성아의 쇼맨십은 어김없이 발휘된다. 생전 처음 보는 사람을 붙들고 오랫동안 이야기를 나누기도 하고, 아무에게나 웃으며 아주 친한 척 인사를 한다. 성아의 인사를 받은 사람은 속으로 많은 생각을 할 것이다.

'저 사람, 나를 누구와 착각했겠지' 혹은 '저 사람은 나를 아는 것 같은데 어디서 본 사람일까?' 라고.

성아의 별명은 까불이였다. 제천의 동명초등학교에 다닐 때는 선생님 앞에서 책상 위를 껑충껑충 뛰어다니기도 했다. 그러나 미움을 받지는 않았다. 수업이 끝난 뒤였기 때문이다. 까불더라도 나름대로 때와 장소를 구분할 줄 알았다.

밉지 않은 또 한 가지 이유는, 버릇이 나쁜 아이가 아니었기 때문에 어떤 짓을 하든 예쁘게 보인 것이다. 버릇 없이 굴지만 않는다면, 아이들의 까불이짓은 오히려 귀엽고 친근할 수가 있다.

성아의 까불이 기질은 가족들과 부대끼면서 더욱 살아났다. 독일에서는 아침 6시에 나가 밤 11시에 들어오는 하숙생 엄마와 살았지만, 한국에 나와보니 할머니, 할아버지, 사촌오빠들 그리고 명규 삼촌 등 자신을 보살펴주는 가족들이 있었다. 성아는 식구들이 즐거워할 수 있는 짓, 귀염받을 짓을 하고 싶었던 것이다. 어느덧 과년한 처녀가 되었지만 집안에서는 아직도 성아에게 까불이란 별명이 통한다. 만년 집안의 막내다.

성아가 까부는 이유는 두 가지다. 남을 유쾌하게 하고 또 자신도 즐거워하기 위해서다. 아주 어릴 때부터 아이들이 남을 유쾌하게 만들어주는 즐거움을 아는 것도 자신을 위해서나 주변 사람을 위해서 좋은 일일 것이다. 아이들은 활달하게 키우는 게 좋다. 아이들이 가진 기발함,

창의력은 그런 행동을 통해 나오기도 한다. 아이들한테 자신감을 가질 수 있는 환경을 만들어주는 게 좋은 또 한 가지 이유는 그런 환경에서 자란 아이들이야말로 구김살 없고 어디에 나가서도 당당할 수 있기 때문이다.

매를 드는 대신에…

아이들은 어렸을 때부터 서서히 그리고
확실하게 길들여야 한다. 그러기 위해서는
엄청난 인내력과 자제심이 필요하다.

나는 이제껏 딱 한 번밖에는 성아에게 매를 들지 않았다. 성아가 천사였기 때문이라고 할 수는 없다. 성아 역시 다른 아이들처럼 할머니, 할아버지에게 어거지를 쓸 때도 많았고 때로는 말을 안 듣기도 했다. 할머니, 할아버지는 성아가 정 말을 듣지 않는 땐 "엄마한테 일러준다."라는 한마디로 문제를 해결할 수 있었다. 성아는 어렸을 때부터 엄마를 무척 따르면서도 어려워했다.

냉장고에는 항상 '엄마 반찬'이 따로 있었다. 무를 통으로 썬 깍두기였는데, 미국에 있을 때도 엄마는 늘 이것을 챙겼다. 이것은 식구들 중 누구도 손을 대지 못했다. 심지어 눈에 넣어도 안 아픈 손녀가 아무리 먹고 싶어하더라도 못 먹게 했다. 이 반찬은 나에 대한 어떤 특별한 대접을 의미했다.

나는 집안의 경제를 책임진 사람이자 집안에 무슨 일이 생기면 해결해주는 실질적인 가장이었다. 남편을 제외한 어머니, 아버지 그리고 시어머니까지 대체적으로 나의 의사를 존중해주었다. 그러한 어른들의 행동을 보고 자란 아이들이 나를 대우해주려 드는 것은 너무도 당연했다. 내가 하지 말라고 말한 적은 없었지만, 성희는 엄마가 싫어하는 짓은 알아서 하지 않았다. 자연히 성아도 언니의 행동을 따라갔다.

부모 말을 잘 듣는 아이로 키우기 위해 나는 나름대로 몇 가지 원칙을 세웠다.

첫 번째는 엄마나 아빠 둘 중 한 사람을 아이들 앞에서는 절대적으로 떠받드는 것이 필요하다. 그러면 그 사람의 말은 귀중한 말이라고 여기고 따르게 된다. 성아는 어릴 때를 회상하면서 "엄마의 말은 어떤 의문 없이 그대로 받아들였다."고 했다. 온 식구들이 다 내 말을 따라주었기 때문에, 당연히 자신도 그래야 한다고 받아들인 것이다.

그러기 위해서는 엄마든 아빠든 둘 중 한 사람은 아이들 앞에서 존경받을 위치에 있어야 한다. 아이들 앞에서 어느 정도의 연출이 필요한 것도 이 때문이다. 그리고 아이들 앞에서는 싸워서도 안 되는 것이 바로 이런 이유에서다. 싸움을 하다 보면 서로 무시하고 자존심을 건드리는 말을 할 경우가 생긴다. '무슨무슨 놈' '무슨무슨 년'이라고 서로 입에 담지 못할 말을 하면서 싸우는 것을 본 아이들한테 아버지는 무슨무슨 놈이고, 어머니는 무슨무슨 년이다. 그러니 그런 사람들의 말을 듣겠는가. 이혼을 하더라도 아이는 누군가가 키워야 하므로, 아이 앞에서는 절대로 권위를 잃을 만한 행동을 해서는 안 된다.

나는 아이들을 재워놓은 밤에야 비로소 남편에게 낮에 있었던 부당함에 대해 토로했다. 오빠네는 부부 싸움할 일이 있으면 같이 나가서 집 주위의 산책로를 걸으면서 싸운다. 미국에서는 집이 아닌 차 속에서 부부 싸움을 하는 경우도 많다.

두 번째 원칙은 아이를 야단치고 윽박지르고 때리기보다 아이의 잘못을 깨닫게 해주는 것이다. 야단을 칠 때 나는 아이를 방으로 불러 잘못한 것에 대해 말해주고, 또 아이에게 해명할 기회를 주었다. 많은 경우 내가 오해를 했을 가능성도 있기 때문에 억울하게 아이를 야단치지 않기 위해서다. 때로는 "이런 경우 만일 네가 엄마였다면 어떻게 하겠니?" 하고 물으며 야단을 칠 수밖에 없는 엄마의 입장을 이해할 기회를 주기도 했다.

다른 사람 앞에서 야단을 쳐서 아이를 망신시키는 것보다는 이 방법이 훨씬 효과적이다. 왜냐하면 닫힌 공간, 아이와 단 둘만 있는 공간에서 아이는 내 눈을 똑바로 쳐다보아야 하는 부담이 있다. 아이가 아니더라도 폐쇄된 공간에서 나보다 높은 위치의 상대와 단 둘이 있으면 어떤 사람이든 위압감을 느끼게 마련이다.

언젠가 성아는 할머니가 해준 볶음밥을 안 먹겠다고 했다. 엄마는 음식에 관한 한 지독하게 챙겨 먹이려고 하는 분이다. 그러므로 단 한 발도 물러서지 않았다. 당연히 실랑이가 일어났다. 할머니가 강요하자 성아가 "할머니, 안 먹는다고 했잖아요."라고 신경질을 팩 냈다.

나는 옆에서 지켜보기만 하다가, 두 사람의 실랑이가 끝났을 때 성아에게 "엄마 좀 보자."라고 불렀다.

나는 방으로 먼저 들어가서 성아가 들어오기를 기다린 다음 문을 잠갔다.

"너를 야단치려는 게 아니라, 아까 할머니가 주시는 음식을 그런 식으로 안 먹는다고 거부하는 것은 버릇없는 행동이라고 생각하는데, 너는 어떻게 생각하니?"

"엄마, 그게요……. 저는 그냥 배가 불러서 먹기 싫어서 그런 건데요……."

"나 같으면 배가 불러서 먹기 싫으면 '배가 불러서 지금은 못 먹겠으니 나중에 먹겠다'고 했을 거야. 할머니는 할머니대로 너를 위해 그걸 만드느라 고생하셨는데 사실 얼마나 속상해하시겠니?"

"할머니한테 그렇게 한 것은 잘못했어요."

내 눈을 바로 쳐다보지도 못하고 성아는 굵은 눈물을 뚝뚝 떨구었다.

나는 엄하게 대할 때는 얼음장처럼 차갑고 서슬퍼랬다. 그래서 '엄마 좀 보자'라는 말이 떨어지기 무섭게 성아는 덜덜 떨기 시작하고, 문을 잠그면 그때부터는 눈물을 떨구었다. 부모님은 아이한테 그렇게 하는 걸 아이 잡는다고 생각하셨는지 웬만한 잘못은 덮어두려 하셨다. 다행스러운 건 성아가 방으로 불려갈 기회가 거의 없었다는 것이다.

세 번째는 아이 앞에서 약속을 지키는 것이다. 어떤 약속이든 아이한테 한 약속은 지켜야 한다. 그래야 부모의 말을 믿게 된다. 설령 다음에 한 번만 더 이런 짓을 하면 매를 든다고 한 약속이라도 마찬가지다. 매를 맞을 것이다, 라고 했으면 반드시 매를 때려야 한다. 매를 때릴 것이라고 윽박지르기만 하고 끝을 내면 아이는 다음에 또 그런 행동을 한다. 엄마가 매를 들지 않을 거라는 걸 잘 알기 때문이다.

반면, 벌을 주겠다고 했을 때 진짜로 벌을 줄 경우 그런 일이 몇 번 쌓이다 보면 아이는 이런 경우에는 내가 반드시 벌을 받게 된다는 걸 알아서 다음에 그런 행동을 하지 않게 된다.

벌의 종류는 아이마다 다를 것이다. 성아의 경우는 만화를 무척이나 좋아했으므로 "그러면 만화 못 보게 한다."가 주효했다. 엄마가 약속을 지키는 걸 알기 때문에 성아는 내 말이 떨어짐과 동시에 행동을 고쳤다.

내가 이런 원칙들을 세워 아이를 키웠다는 것은 거의 기적과도 같은 일이다. 나는 어느 누구한테서도 이렇게 키워야 한다는 걸 듣지도 배우지도 못했다. 엄마는 폭발을 잘했다. 큰소리로 닦달하는 것은 예사고, 욕도 잘했고, 툭하면 빗자루를 들고 후려쳤다. 덕분에 나는 분한 마음을 억누르며 복수심을 키워갔다.

'나한테 강요하고 부당하게 한 것은 언젠가 갚아주고 말거야.'

그러나 성아에게는 이런 복수심이 없는 것 같다. 강요당하거나 자존심을 짓밟히거나 부당하게 대접받은 적이 없기 때문이다. 자존심은 강하지만, 한 번도 부모의 말을 거역한 적 없는 아이가 된 것이다.

아이들은 어렸을 때부터 서서히 그리고 확실하게 길들여야 한다. 그리고 몇 가지 원칙들을 세워 그에 어긋나지 않게 키우려면 엄청난 인내력과 자제력이 필요하다. 키우는 과정이 너무 힘들 땐 훌륭하게 자라 있을 아이들의 미래의 모습을 자주 상상해보는 것도 자신에게 용기를 줄 수 있는 한 방법이라고 믿는다.

우리의 심부름꾼

성아는 우리 가족 모두의 심부름꾼이었다.
그것은 자신을 사랑해주는 **가족**들에 대한
일종의 **의무**였다.

"성아야, 물 좀 가져온나!"

밥상 앞에 앉자마자 엄마가 물을 찾는다. 물컵을 입에서 내려놓음과 동시에 또 성아 타령이다.

"야야, 냉장고에서 고사리나물 좀 더 가지고 온나."

한 접시 가득 담겨 있지만 엄마는 성아더러 더 꺼내 먹으라고 성화다. 성아가 앉아서 고사리나물을 집어 먹으려는 순간, 명규가 국을 흘렸다. 누가 말을 꺼내지 않았지만 성아는 벌떡 일어나서 키친타월을 뜯어온다.

아마 오늘도 성아가 밥을 반도 먹기 전에 식구들은 밥을 다 먹고 물마시고 과일까지 한입씩 베어 물고 이야기꽃을 피울 것이다. 성아는 식구들의 이야기를 들으며 기분 좋은 당나귀처럼 흥흥거리며 남은 밥을 먹을 것이고.

엄마와 밥을 먹다 보면 누구든 한자리에 앉아서 밥을 먹는 게 불가능하다. 몸종이라도 둔 듯 끊임없이 뭔가 시키고 닦달을 해야 직성이 풀리는 분이기 때문이다. 이때가 엄마가 사람을 차별하지 않는 유일한 때다. 아들에 대해서는 어느 정도 예외가 적용되긴 하지만, 자식을 상전으로 모시는 것은 있을 수 없는 일이다.

성아는 어렸을 때부터 요즘 아이들이 받는 '대우'를 못 받고 자랐다. 할머니의 몸종, 집안의 심부름꾼은 가장 나이 어린 성아였다. 집안에서 가장 졸병이었기 때문에 언제나 "성아야!"라는 상관들의 부름에 즉각 응해야 했다. 가족의 한 일원으로서 자신이 받는 사랑에 대한 일종의 의무였다. '그 어린 것에게 무슨 심부름을……' 혹은 '어린 것한테 저런 걸 하라고 하다니……'라고 사람들이 눈을 둥그렇게 뜨고 쳐다볼 정도로 나는 성아가 어릴 적부터 심부름을 시켰다.

아이가 밉거나 사랑스럽지 않아서가 아니었다. 누군가는 심부름을 해야 하기 때문이었다. 물을 떠오고, 숟가락을 가져오고, 그리고 때에 따라 할아버지 담배 심부름, 삼촌 돌보기, 설거지 등등 웬만한 일은 다 성아 차지였다. 집에서 당연히 그렇게 하는 것으로 알고 자란 성아는 불만은커녕 언제나 "성아야!"라는 단 한마디에 움직였다.

어디 가서나 환영받는 사람은 궂은 일을 하는 사람이다. 친구 집에 성아를 데려가더라도 심부름은 물론 설거지까지 시키곤 했다.

"성아, 너무너무 착하다!"

"그렇지! 정말 일 잘하지!"

그럴 때마다 돈 안 드는 칭찬으로 마음껏 생색을 내었다. 성아는 주변에서 착하다고 추켜세워주고, 또 엄마가 너무너무 좋아하니까 칭찬받을 짓을 더 열심히 했다. 그러다 보니 심부름하는 습관이 아예 몸에 배게 되었다. 누군가 무엇이 필요한 기척을 느끼면, 시키지 않아도 잽싸게 일어나 가져다주곤 한다.

부모의 보살핌 없이 꿋꿋이 세파를 헤쳐가도록 하려면 남에게 환영받을 수 있는 아이로 키우는 것이 중요하다. 그런데 요즘 한국의 젊은 부모들은 아이들을 어떻게 가르치고 있는가?

대부분의 한국 가정에서 식사를 할 때 보면 엄마는 가만히 앉아 있을 시간이 거의 없다. 남편과 아이들이 수시로 "여보, 이거 줘." "엄마, 저거 줘." 하는 바람에 연신 부엌과 식당을 새앙쥐처럼 들락날락해야 한다. 물론 그렇게 일어났다 앉았다 하는 사이 운동이 되어 엄마의 '체력과 건강'이 다져지는 장점(?)이 있을 수도 있겠다. 그러면 아이들의 체력과 건강은? 그리고 엄마 없이 남들과 같이 식사를 할 때는?

집에서 어른들을 공경하며 자란 아이는 밖에 나가서도 마찬가지다. 가끔 다른 사람들과 외식 약속이 있을 때 성아를 데리고 가곤 한다. 말을 좀 많이 하는 편인 나는 한번 얘기에 빠지면 먹는 걸 아예 젖혀놓는 습관이 있다. 어떤 때는 진수성찬을 앞에 놓고도 배를 쫄쫄 굶고 집에 와서 라면이나 찬밥으로 때우기도 한다.

하지만 성아가 옆에 있을 때는 굶지 않는다. 언제나처럼 성아는 이것저것 내 접시에 집어다놓으며 "엄마, 이것 좀 잡숫고 하세요." 하며 챙겨주기 때문이다.

어디서나 환영받는 아이로 키우려면 어릴 때부터 열심히 심부름을 시켜서 남을 배려하는 습관을 들여주어야 한다. 내 자식이 귀엽고 사랑스러우면 올바른 버릇과 남을 배려하는 마음을 가르쳐야 한다. 만약, 자식을 지나치게 '대우'한다면? 어린 시절에 배운 태도와 성격은 어른이 되어도 변하지 않아서 결국 그들은 외로운 존재가 된다.

모든 경험은 다 유효하다

살면서 쌓이는 경험들. 그것들은 좋은 것이든
싫은 것이든 다 필요하다. 어쩌면 필요할 것이라고
생각지 못한 경험들이 더 필요할 수도 있다.

성아는 일곱 살 때쯤부터 직접 계산을 했다. 나는 식당에 가서 밥을 먹으면 돈을 성아에게 주었다. 성아는 그것으로 셈을 치르고 거스름돈을 받아왔다. 수퍼마켓에 가서도 마찬가지였다. 주유소에 가면 직접 기름을 넣게 했다. 기름을 주입하고 셈을 치르는 일까지 몽땅 일곱 살짜리 성아가 해냈다. 미국에서는 주유소에서 셀프로 기름을 넣으면 조금 싸기 때문에 직접 넣는 사람이 많은데, 성아처럼 어른들 틈에서 기름을 넣는 아이들도 종종 눈에 띈다.

같이 외출할 경우에는 우리의 목적지를 성아에게 찾게 하곤 했다. 아는 곳은 스스로 찾아가게 하고, 모르는 곳은 물어서 찾게 했다. 터미널에서 표를 사거나 입장권을 사는 것, 은행에서 현금인출기로 돈을 찾는 것 등은 대체로 성아의 몫이었다. 이런 일들은 그 아이에게 있어 앞으로 살아나가기 위한 방법을 배우는 일종의 훈련이었다.

나는 언제나 무슨 일이든 성아를 앞세우고, 그애가 그 일들을 해내는 것을 뒤에서 지켜보는 쪽이었다. 혹 길을 잘못 찾아 헤매는 실수를 하더라도 간섭하지 않았다. 성아는 어른들이 하는 일을 해내면서 자부심을 느끼는 눈치였다. 게다가 잘했다고 추켜세워주니 더욱 으쓱해지는 기분이었을 것이다.

엄마가 해줄게, 라는 말은 내 사전에 없다고 해도 과언이 아니다. 대신 성아야 네가 해라, 라는 말이 있다. 내가 직접 계산하고 기름을 넣고 길을 찾아가는 게 빠르고 편하지만, 아이를 위해서는 빠르고 편한 것만이 좋은 것이 아닌 것은 확실하다. 게다가 크면 다 지겹도록 해야 돼, 라며 하고 싶어하는 아이의 의지를 꺾어놓는 짓은 옳지 않다. 아이에게도 배울 기회를 주어야 하는 것이다.

조금 커서는 이런 훈련이 아르바이트로 대체되었다. 잔디도 깎고 세차도 하고 아이도 보고 전단지도 나눠주는 등 일을 통해 성아는 삶의 요령들을 익혀 나갔다.

이런 훈련을 통해서 상황에 대한 대처 능력, 판단력, 자신감 등이 쌓이다 보니 성아는 겁이 없는 아이가 되었다. 안 해본 일에 대해서 호기심을 가지고 덤빌지언정 꼬리를 사리며 뒷걸음질치지 않았다. 호기심이 생기는 일이라면 일단 "엄마 한번 해볼게요."라고 적극성을 띠었다.

아이에게 자립심을 길러주어야 하는 이유는 결국 아이는 혼자 살아가야 하기 때문이다. 부모가 언제까지나 아이 옆에서 지켜보며 보호해줄 수는 없는 노릇이다. 나는 성아가 경험에 의해 터득할 수 있는 것들을 최대한 빨리, 그리고 많이 경험하기를 바랐다. 앞으로 그런 일들을 해나가야 되기 때문에 이왕이면 일찍 시작해서 경험을 축적하는 게 그 아이한테 여러 모로 나을 것이라는 생각에서다. 그러나, 미처 보지 못한 함정도 있었다.

내가 아무리 노력을 해도 그 아이한테 미처 가르쳐주지 못한 것이 있었다. 아이를 존중하고, 어떻게 보면 이상적으로 키우려고 한 것 때문에 아이는 '외풍'을 몰랐다. 중학교 3학년 때였다. 어느 날 소프트볼 연습을 한다며 글러브와 공을 가지고 나갔던 성아가 울면서 들어왔다.

열네 살짜리가 예닐곱 살 먹은 어린애처럼 엉엉 울며 어쩔 줄을 몰라 했다.

성아는 중학교 3학년 때부터 소프트볼 선수였는데 포지션이 투수여서 공 던지는 것뿐만 아니라 받기 연습도 해야 했다. 성아는 그날, 주차장 뒤쪽 아파트의 벽에서 연습하고 있었다. 벽은 낡은 판자로 덮여 있었다. 벽에다 던져 튕겨 나오는 공을 받던 중, 공이 아파트 지하실 창틀 근처를 건드린 모양이었다. 집이 워낙 낡아서 창틀과 벽 사이의 판자가 조금 떨어져 나갔다.

그것을 본 집주인은 얼굴이 벌개져 욕까지 하면서 성아를 마구 혼냈다. 성아는 당황한 나머지 울기만 하다가 그냥 집으로 들어온 것이었다.

야단을 맞는 순간, 성아는 세상 사람들이 어떻게 자신한테 이렇게 지독하게 할 수 있을까 무섭기도 하고, 어떻게 해야 될지 당황스럽기도 해서 머리 속의 회로가 마치 퓨즈가 나가듯 완전히 꺼져버린 것이다. 나는 이 일이 있기 전까지는 성아에게 온실의 화초 같은 구석이 있을 것이라고는 상상도 못했다. 그 반대로 강인하고 활달하며 모험심이 강하다고 생각했었다. 이 일은 내가 성아한테 윽박지르거나 고함을 질러본 적이 없기 때문에 누군가가 자신에게 그렇게 했을 때 어떻게 대처해야 하는지 몰라서 일어난 해프닝이었다.

"미안하다, 성아야. 너한테 가르쳐주지 못한 게 있었구나. 그럴 때는 미안합니다, 변상해주겠습니다, 라고 했어야지. 그러면 그 사람도 너한테 그렇게 화를 내지 않아. 그렇게 울기만 하면 어떡하니."

군대에서는 일부러 모욕적인 언사를 쓰기도 한다. 사람들이 거칠어서도 무식해서도 아니다. 그것은 훈련의 일부이다. 이런 인간적인 모멸감도 못 이겨내면서 목숨이 왔다갔다하는 전쟁터에서 어떻게 살아남겠느냐는 것이다.

삼국지에서 닫힌 성문을 여는 예가 이와 비슷하다. 성 안의 군사들은 성문을 꼭꼭 닫고 성을 지키고 있었다. 방어하는 쪽이 약했기 때문에 그것이 최선의 방책이었다. 아무리 공격을 퍼부어도 상대가 꿈쩍을 않자 공격하는 측에서는 상대방 진영을 향해 장부답게 나와서 싸우지 않는다며 바보, 멍텅구리, 비겁자 등 갖은 욕설을 퍼부어댔다.

비겁자 소리에 순간적인 화를 이기지 못한 성 안의 지휘관은 성문을 열고 나와 싸움에 임했다. 결과는 공격자들의 대승이었다. 그 지휘관에게 그런 놀림쯤은 아무렇지도 않게 생각하는 배포가 부족했기 때문에 당한 패배였다. 가랑이 사이를 지나가는 굴욕을 당하는 한이 있더라도 더 큰 목표를 위해 절대로 필요하다고 판단이 서면 그렇게 해야 한다. 살다 보면 부당한 일이나 모욕, 굴욕을 이겨내는 힘도 필요하다. 세상에는 이런 이치도 있다는 것을 그날 나는 성아한테 일러주었다.

살면서 쌓이는 경험들, 그것들은 좋은 것이든 싫은 것이든 다 필요하다. 어쩌면 필요할 것이라고 생각지 못한 경험들이 더 필요할 수도 있다.

그 일을 겪은 뒤 성아는 스스로를 단련시켜야겠다고 생각한 모양이었다. 대학 때는 사병 훈련을 시키는 데 자원해서 나갔다. 상관의 모욕적인 언사를 참는 것뿐만 아니라 이번에는 스스로 그렇게 해가면서 자신을 훈련시켜 나갔다. 더워도 덥지 않은 척, 추워도 춥지 않은 척, 화나도 화나지 않은 척, 모멸감을 느껴도 아무렇지도 않은 척하는, 이러한 군대에서의 배짱과 쇼맨십은 살아가는 데도 어느 정도 필요하다.

수퍼마켓이라는 지뢰밭을 통과하는 법

나는 성아를 불러 앉혔다. 그리고 나의 **월급**명세서부터
각 항목별 **지출**명세서를 죽 작성했다. 단돈 1달러까지
살림에 들어가는 내역을 보여주자 성아는 고개를 떨구었다.

성아가 열 살 때쯤이었을 것이다. 내가 돈이 없다고 걱정을 하자 "은
행에 카드 가지고 가면 돈 나오잖아."라고 말했다. 돈이 없을 때마다 은
행에 가서 돈을 카드로 찾아 쓰다 보니 생긴 오해였다. 게다가 나는 은
행에 갈 때마다 카드를 기계에 넣고 비밀번호를 누르고 돈을 찾는 것을
성아에게 시키고 있었다.

돈에 대해 단단히 설명해주어야 할 필요가 있었다. 나는 노트를 들고
성아에게 설명하기 시작했다.

"엄마가 일을 하면 월급이 나오지 않니? 그러면 그것을 몽땅 은행에
넣어놓았다가 필요할 때 조금씩 찾는 거야. 엄마가 만약 1백 달러를 넣
어놓았다면 1백 달러만 찾아 쓸 수 있지 그 이상은 엄마 돈이 아니라서
찾아 쓸 수가 없는 거야. 엄마는 지금 찾아 쓸 돈이 얼마 없단 말이야."

성아는 알겠다는 듯이 고개를 끄덕였다. 내친 김에 우리 집 경제 사정에 대해서도 설명을 해주었다. 할머니, 할아버지를 모시고 살기 때문에 생활비로 월급의 3분의 1이 들어가고, 3분의 1은 저축을 하고, 그리고 나머지 3분의 1로는 밥 사먹고 세금 내고 한 번씩 여행가는 생활비로 쓴다고 했다.

연필로 써가면서 설명을 하자 성아는 제법 진지하게 들었다. 그 전에도 뭘 사달라고 조르는 일은 거의 없었지만, 이후부터는 절대로 물건을 사달라고 떼를 쓰는 일이 없어졌다. 대신 "엄마, 저 노트 갖고 싶어." "공이 필요한데 다음에 사줘."라는 식으로 내 눈치를 보며 말했다. 어린 저도 생활비가 바닥나면 먹을 것도 살 수 없다는 것을 잘 알기 때문에 나한테 제가 원하는 물건을 사줄 여유가 있는지를 먼저 타진하는 것이었다.

그 당시 성아는 내 말을 꽤나 진지하게 받아들였던 것 같다. 훗날 1985년 3월 18일자 성아의 일기를 우연히 보게 된 나는 미소를 금치 못했다.

"저금을 하면 커서 부자가 될 수도 있고, 그래서 낭비를 하지 않고 저금을 열심히 해야 합니다. 그런데 욕심을 너무 부리면 거지가 될지도 모릅니다……."

나는 아이에게 인색하게 구는 엄마는 아니었다. 사달라는 것이 터무니없지만 않으면 그 즉시는 아니더라도 나중에 사주는 편이었다. 그래서 나중에는 성아가 이 점을 이용하기도 했다. 하지만 알면서도 떼쓰지 않는 점이 기특해서 모르는 척 사주곤 했다.

딱 한 번 예외가 있었다. 일본에서 고등학교에 다닐 때였다. 성아가 그곳 분위기에 휩쓸리는 눈치였다. 그 전까지는 청바지에 대충 아무것이나 걸치고 다녔는데 주변의 일본 아이들이 머리끝부터 발끝까지 값비싼 브랜드로 치장을 하고 다니자 그걸 너무나 자연스럽게 받아들인 것이다.

무엇무엇도 사야 되는데, 라는 소리가 종종 성아 입에서 나오곤 했다. 나는 다시 성아를 불러 앉혔다. 이번에도 연필과 노트를 가지고 앉아 설명을 했다. 나의 월급명세서부터 각 항목별 지출명세서를 죽 작성했다. 단돈 1달러까지 살림에 들어가는 구체적인 내역을 보여주었다.

그때는 그애의 학비며 기숙사비로 한 달에 1천 달러씩 들어가고 있는 중이었다. 학비로 지출하는 돈이 가장 많은 때였다. 일본에서의 경험이 그애 인생에 도움이 될 것 같아 입학이 안 된다고 하는 걸 백방으로 노력해서 학교에 보내준 것을 상기시켰다. 다양한 경험을 쌓게 하기 위해 여행을 많이 하고 있는 점도 인지시켰다.

"내가 지금 널 위해서 하는 노력들을 너도 알고 있잖니. 그리고 네가 지금 원하는 돈이 그런 식으로 네 인생에 있어 꼭 필요한 돈이라면 빚을 내서라도 기꺼이 지출할 용의가 있지만, 그렇지 않은 것에 대해서는 나는 들어줄 수가 없구나."

성아는 고개를 떨구며 "엄마, 미안해! 내가 잠시 엉뚱한 생각을 했나 봐."라고 사과를 했다.

나는 내친 김에 흉중에 있던 말들을 다 쏟아놓았다.

"네가 다음에 돈을 많이 벌면 그때는 네 마음대로 써도 좋아. 네 자식한테도 네가 해주고 싶은 것을 다 해주고 살아. 하지만 지금은 엄마가 해주고 싶어도 해줄 능력이 안 되는 걸 어떡하니."

아마 그날이 철이 들고 나서 성아가 내게 미안하다는 말을 가장 많이 한 날일 것이다.

아이들도 이렇게 집안 사정을 이해할 수 있도록 설명해주면 부당한 요구는 하지 않는다. 그리고 부모가 최선을 다하지만 그 이상은 불가능하다는 걸 알게 되면 부모를 원망하기보다 어떻게든 집안에 도움이 될 방도를 찾을 것이다. 다시 말해서 아이들을 너무 어린애 취급하지 말고 한 사람의 당당한 인격체로 대해줄 때 아이 역시 그 역할에 충실하려 노력하게 된다.

강한 부모는 아이들이 아무리 떼를 쓴다 해도 옳지 않으면 아이에게 지고 들어가지 않는다. 예를 들어 어떤 아이가 비싼 장난감을 사달라고 가게에서 마구 떼를 쓰며 울어도 그 장난감이 형편에 비해 비싸거나 필요 없다고 판단되면 절대로 사주지 않는다.

그러한 부모의 '고집'을 보고 아이는 '마구 떼를 쓰며 우는 것'이 아무런 효과가 없음을 배우게 되어 곧 그런 나쁜 버릇을 버린다. 너무 어려서 엄마가 하는 말을 못 알아듣기 때문에 아이에게 져준다는 건 아이의 버릇을 버리는 꼴이 된다. 말이 통하지 않는 어린아이라 할지라도 떼를 쓰면 통한다, 라는 것을 한두 번의 경험으로 터득하는 것이다.

다른 사람 보기 창피해서 얼른 사주거나 혹은 다음에 사줄게, 라고 무마하려 들면 아이한테 약점만 잡히게 된다. 차라리 떼를 쓰든 말든 무관심한 척하고 뒤에서 아이를 지켜보는 편이 현명하다. 대신 나중에 아이를 진정시킨 뒤 합리적인 대화를 갖도록 노력해야 한다.

수퍼마켓은 지뢰밭이다. 아이들이 갖고 싶어하는 것이 도처에 널려 있다. 그곳을 통과하는 것은 서바이벌 게임과도 같다. 아이한테 지지 않는 부모, 수퍼마켓이라는 지뢰밭을 무사히 통과하는 부모만이 아이에게 생존의 법칙을 가르칠 수 있다고 나는 믿는다.

내가 터득한 다섯 가지 인생 철학

물이 반 잔인 것을 보고
"아, 이제는 반 잔밖에 안 남았구나! 어떡하지?"하며 안절부절못하거나
"아, 아직도 반 잔은 남았으니 난 얼마나 행운아인가!" 하며
다행스럽게 생각하거나 물이 반 잔이라는 현실에는 변함이 없다.

나에게는 반세기의 삶을 통해 얻은 신념과도 같은 인생 철학이 있다. 이러한 신념은 성아와의 대화에서도 여러 번 언급되었고, 그 아이의 성격과 태도를 형성하는 데 큰 영향을 끼쳤다고 생각한다. 그리고 요즈음 성아와의 대화 속에서 이러한 나의 철학에 물들어 있는 딸을 발견하는 희열을 느끼곤 한다.

첫째, 인간이 태어나는 데는 아무런 선택이 없다. 여자로 남자로, 부잣집에서 가난한 집에서, 권력이 있는 집에서 권력이 없는 집에서 등 자신이 선택해서 태어나는 사람은 없다. 또한 백인으로 흑인으로 혹은 동양인으로 태어나고자 해서 태어나는 사람도 없다. 어디서 태어나는가에도 선택의 여지가 없다. 스스로의 선택에 의해 태어난 것이 아니건

만 이 사회는 인간이 태어난 배경이 마치 그들의 공이나 죄인 양 서슴 없이 차별을 가한다.

나는 감히 이러한 제도가 턱없이 부당하다고 선언한다. 태어난 배경에 의해서 그 사람의 활동 범위를 정해버리면, 그 사람은 자신이 가지고 태어난 재능을 최대한 발휘할 기회를 잃고 만다. 그것은 그 사람만의 손실이 아니다.

세계의 위대한 영웅들과 발명가들이 태어난 배경에 의해 한정된 기회를 부여받았더라면 인류 역사에서 오늘과 같은 발전은 가능하지 않았을 것이다. 다시 말해서, 차별은 차별을 행사하는 사람 자신에게도 큰 손실이 된다.

둘째, 인간이 죽는다는 사실에도 아무런 선택이 없다. 인간은 누구를 막론하고 모두 죽는다. 권력을 가진 자도, 돈이 많은 자도 결코 영원히 살지는 못한다. 죽음이 두려워서 항상 겁에 질려 살거나, 올 때 오더라도 겁내지 않고 태연히 알찬 삶을 살거나 죽을 때가 되면 다 죽게 마련이다. 어차피 맞이해야 할 죽음이라면, 이것 역시 자연의 법칙이라 믿고 당당하게 받아들이는 태도가 필요하다고 생각한다.

우리의 몸은 죽으면 어차피 썩어서 없어질 자연의 일부다. 아무리 아끼고 귀하게 여겨도 죽은 다음에는 다른 사람의 뜻에 의해 처리된다. 이왕에 내 것이 안 될 바에야 차라리 인류를 위해 값진 보탬이 되는 것도 보람 있는 일일 것이다.

여기서 잠깐, 내가 1991년 3월 2일날 써둔 편지를 소개하고자 한다. 물론 성아는 이 편지를 본 적이 없다. 언젠가 내가 이러한 뜻을 얘기해 두려 했지만 성아가 듣기를 거부했다. 남에게는 아주 강해 보이는 아이도 엄마의 죽음을 덤덤하게 들을 수는 없었던 모양이다. 더구나 우리는

세상 그 누구보다도 가까운, 친구 이상의 사이이고 보면 듣지 못하는
것도 무리는 아니라고 생각한다.

    사랑하는 딸 성아에게

    지금 이 편지를 써두고자 함은 내가 심신의 불능으로 삶과 죽음에 대해
스스로 결정할 수 없게 되어 누군가가 대신 결정을 해주지 않으면 안 될 경
우에 대비해서다.

    만약 내가 회복 불가능한 식물인간처럼 되어 더 이상 혼자서 살아갈 수
도, 또는 정신의 마비 등으로 의사에게 내 생명을 임의로 연장하고 있는 보
조선을 끊어달라는 뜻을 전할 수도 없게 될 경우, 나는 네가 이 세상에서의
내 존재를 끝내주기를 간곡히 부탁하며, 네게 그럴 수 있는 결정권을 맡긴
다.

    이런 부탁에 네가 얼마나 가슴 아파할지 엄마는 너무도 잘 알고 있단다.
그런데도 하지 않을 수 없는 내가 원망스럽구나. 그러나 분명한 것은 위의
경우 내 삶을 끝내주는 것이 바로 나 자신을 위하는 일이라는 것이다. 그리
함이 나를 더 많은 고통으로부터 구해주는 일이고, 나를 더욱 행복하게 하
는 길이기에……

    만일 다른 사람들을 구하기 위해 혹은 과학 연구를 위해 내 몸의 일부 또
는 전체가 필요하다면, 그런 고귀한 뜻을 위해 무엇이든 기꺼이 주기 바란
다. 그리고 나머지 필요 없는 부분들은 태워서 너에게 가장 편리한 곳에 묻
어주기 바란다.

    언제나 성아를 사랑하는 엄마가.

셋째, 인간에게는 이승에서 살 수 있는 단 한 번의 기회밖에 주어지지 않는다. 혹자는 우리에게 전생이 있다고 하고, 또 다른 이는 우리는 죽은 후 다시 태어난다고 한다. 그러나 자신이 전생에 무엇을 했고 어떤 삶을 살았는지를 기억하는 사람은 없다. 그것은 후생도 마찬가지일 것이다. 다시 태어난다 해도 지금의 삶에 대한 기억이 전혀 없고 보면 전생과 후생은 다른 사람의 삶이라 해도 과언이 아니다. 전생과 이승 그리고 후생이 본인의 뜻대로 서로 연결되지 못하니, 결국 인간에게는 이승에서 단 한 번의 기회밖에 주어지지 않는다고 하겠다.

넷째, 그러나 이 한 번의 기회를 어떻게 살다 가는가는 바로 내가 결정한다. 인간은 사회적 동물이다. 인간은 태어날 때부터 죽을 때까지 사회 제도의 영향을 받는다. 그러나 어떤 처지에 닥치더라도 마지막 선택은 자신이 한다. 이 세상에서 주어진 자신의 삶을 긍정적으로 보며 모든 면에서 최선을 다하든가, 아니면 부정적으로 보며 어쩌지 못해 살든가 마지막 선택은 각자의 손에 주어져 있다.

나는 물 반 잔의 비유를 자주 든다. 물이 반 남은 것을 보고 "아, 이제는 반밖에 안 남았구나! 어떡하지?" 하며 안절부절못하거나 "아, 아직도 반 잔은 남았으니 난 얼마나 행운아인가!" 하며 다행스럽게 생각하거나 물이 반 잔이라는 현실에는 변함이 없다. 다시 말해서 같은 현실도 마음먹기에 따라 자신이 행복할 수도 불행할 수도 있는 것이다. 그리고 그 선택은 바로 자신이 하는 것이다.

다섯째, 이왕 태어난 삶이다. 한번 힘차고 보람 있게 살다감도 멋있지 않은가. 우리가 원했든 원하지 않았든 우리는 이미 태어났다. 자신이 살아 있음을 깨닫기도 전에 세상을 떠나고 마는 사람들도 부지기수다. 그들은 자기 소신껏 살아볼 기회마저도 빼앗겨버린 셈이다. 그러나 대부분의 사람들은 자신의 삶을 알 기회가 주어진다. 그리고 죽음이 그들을 데리고 가기 전까지는 자신의 삶을 요리해볼 기회가 주어지는 것이다. 다시 말해서 세상살이에 질질 끌려다니며 죽지 못해 살거나, 아니면 자신의 주인이 되어 원하는 삶을 개척하며 힘차게 살거나 마지막 숨이 거두어질 때까지 우리는 '살아 있다'.

　이왕이면 이승에서 나에게 주어지는 단 한 번의 기회를 내 뜻대로 멋있게 살다 의연하게 죽음을 맞는 것도 매력 있는 일이 아니겠는가.

2부

나에게는
　　가르쳐야 할 이유가 있다

어릴 때 스스로 노력하는 법을 배우지 않은 아이는
성인이 되었을 때 더 큰 좌절에 부딪칠 수가 있다.
자식들이 꿋꿋하게 살아갈 준비가 되어 있지 않다면
그들은 불행한 삶을 살게 된다.
부모들은 자기 자식들의 미래를 상상해볼 필요가 있다.
'그러고도 나는 진정 내 자식을 사랑했노라 장담할 수 있겠는가'라는 질문을
지금 하지 않으면 안 된다.

1982년 독일 근무 시절 성아와 함께

초등학교 4학년 때 성아의 태권도 시합

텔레비전? 마음껏 봐도 돼

시간이 해결해주는 문제에 대해서는
때로 아이한테 맡기고 부모는 한 발 물러나 방치하는 것이
좋은 해결책이 될 수 있다.

제천에서 성아는 걸어서 10분 거리에 있는 동명초등학교에 입학했다. 그 학교는 우리 집과는 인연이 깊다. 오빠도 나도 그리고 규호와 광규도 그 학교를 졸업했다. 부산에서는 꼴찌에서 헤매던 내가 4학년 때 전학와서 전교 2등으로 졸업한 곳도 그곳이다. 그곳에서 나는 처음으로 내 손금에 '성공선'이 있다는 사실을 알게 되었다. 그것이 미신인 줄 알면서도 달리 희망이 없던 나는 그 말을 믿었다. 그리고 20년 후, 딸 성아가 그 학교를 찾은 것이다.

성아에게는 무엇보다도 언어가 제일 큰 문제였다. 아이들은 말을 빨리 배우기도 하지만 빨리 잊어버리기도 했다. 여덟 달 때 한국에 보내져서 다섯 살 때 미국으로 돌아왔기 때문에 성아가 처음 배운 말은 한국어였다. 세 살 때는 텔레비전을 보고 〈난 정말 몰랐었네〉라는 유행가

를 2절까지 외우기도 했다. 길을 가다가도 "발길을 돌리려고 바람 부
는……." 하고 운을 띄워주면, 음정, 박자 하나 안 틀리고 끝까지 동네
가 떠나갈 듯 불러제쳤다. 한글도 모르면서 오빠의 책 읽는 소리만 듣
고 국어책을 달달 외웠다는 나보다 기억력에서는 성아가 한수 위였다.

 미국으로 돌아왔을 때 성아는 영어를 하나도 못했다. 집에서도 온 식
구가 한국말만 해서 영어를 배우는 데 아무 도움이 안 되었다. 그것은
당시 세 살 된 성욱이도 마찬가지였다. 그러나 나는 그것에 대해 별로
걱정하지 않았다. 이곳에서 생활하다 보면 아이들은 금방 배울 수 있다
고 생각했다. 아이들은 텔레비전을 즐겨 봤다. 그러면서 한 마디 두 마
디 영어를 배워 나가고 있었다. 얼마 후엔 손짓 발짓을 쓰면서 이웃집
아이들과 어울리기 시작했다. 아이들과 놀면서 신기한 듯 조금씩 영어
를 쓰기 시작했고 그들과 금세 친해졌다. 미국으로 온 지 두어 달 후부
터 나는 두 아이를 부대 안에 있는 유아원에 보냈다. 집에 시어머니와
귀자, 성희가 있어서 구태여 아이들을 다른 곳에 맡기지 않아도 되었지
만, 아이들이 하루에 몇 시간만이라도 영어권에서 생활하며 영어에 익
숙해지기를 바랐기 때문이다. 두 아이는 쉽게 적응했고 하루가 다르게
한국어보다는 영어를 쓰는 횟수가 늘어갔다.

 그러다 내가 성아 아빠와 이혼하고 톰과 결혼한 후 우리 집의 공용어
는 한국어가 아닌 영어로 바뀌었다. 안타깝게도 성아는 영어가 늘어가
는 것에 반비례하듯 빠른 속도로 한국말을 잊어갔다. 그리고 동명초등
학교로 갔을 때는 한국말을 거의 다 잊은 후였다.

 수업은커녕 길을 묻는 일상적인 대화도 잘 못하는 수준이었다. 한국
어는 이제 성아에게 외국어가 되어버렸다. 어른 같으면 갑갑해서 견디
지 못할 지경이었겠지만 아이니까 그래도 좀 나았던 모양이다.

까먹은 한국말을 갑자기 생각나게 할 수도 없는 노릇이고, 언어 문제는 조바심을 낸다고 해결될 문제가 아니었으므로 나는 그냥 방치했다. 아이들과 놀다 보면 한국말을 다시 배우겠지, 텔레비전을 보다 보면 배우겠지, 라고 느긋하게 마음먹었다. 당장은 조금 답답하겠지만 궁극적으로 그것은 성아가 해결해 나가야 할 문제이기도 했다.

"난 네가 한국말 잘 못해도 걱정 안 해. 친구들과 놀다 보면 저절로 배우게 되어 있어. 너도 너무 걱정하지 마."

성아에게 전화를 할 때마다 재미있게 잘 지내는지만 물어보았다. 언제 성아가 한국어를 배울까, 언제 학교 수업을 따라갈까, 라고 걱정했다면 아이도 조바심을 냈겠지만 내가 태평하게 있었던 까닭에 성아도 자신의 문제를 전혀 심각하게 받아들이지 않았다.

"엄마, 쉬는 시간이 되면 아이들이 몰려와서 서로 유리창에 매달리고 난리야. 난 뭐 재미있는 일이 있나 했더니 알고 보니 나를 보러 그렇게 몰려왔대."

다행스럽게도 성아의 학교 생활은 재미있었다. 미국에서 온 애라고 소문이 나서 학교 안에서 성아는 유명인이 되어버렸다. 영어 잘하는 걸 다들 신기하게 생각하는 통에 성아는, 한국말을 못한다는 스트레스를 받을 틈이 없었다. 말은 잘 통하지 않았지만 아이들과 활달하게 잘 어울렸다. 그러다 보니 점점 한국어도 늘어갔다.

그때를 되돌아보며 내가 깨달은 것이 두 가지 있다. 시간이 해결해주는 문제에 대해서는 때로 아이한테 맡기고 부모는 한 발 물러나 방치하는 것이 좋은 해결책이 될 수 있다는 것이다.

다른 한 가지는 외국어 습득에 대한 것이다. 어떻게 하면 외국어를 잘할 수 있느냐고 묻는 사람들이 많은데, 그런 사람들에게 재미있는 텔레비전 프로그램을 보라고 권하고 싶다. 성아에게는 한국어도 영어도 모두 낯설기는 마찬가지였다. 한국어를 하면 영어를 잊어버리고 영어를 하면 한국어를 까먹었다.

성아의 경우 또래 아이들과 놀면서 외국어를 익혀 나가기도 했지만, 주로 텔레비전과 만화를 통해서 많이 배웠다. 학교에 갔다오면 만화영화부터 보기 시작해 연속극, 여러 가지 TV쇼까지 이 채널 저 채널 돌려가면서 텔레비전 앞에 붙박여 있었다.

나 역시 영어를 배울 때 텔레비전 덕을 톡톡히 보았다. 외국어 배우는 데는 귀머거리 3년, 벙어리 3년이라고도 하지만, 하루 몇 시간씩 텔레비전을 틀어놓고 보니까 어느 정도 귀가 뚫렸다. 귀가 뚫리자 텔레비전에서 본 문장이 그 비슷한 상황에서 내 입을 통해 자연스레 흘러나오곤 했다.

결론을 말하자면, 어느 나라 말이든 말을 익히려고 할 때 너무 못한다고 걱정하지 말고 놀면서 공부하는 게 가장 효과적이라는 것이다.

배려와 사랑이 용기를 부른다

만약 그때 선생님의 배려와 친구들의 우정이 없었다면
성아는 좌절했을지도 모른다. 어려움은 용기만 있으면 극복된다.
그리고 그 용기를 주는 것은 주변의 사랑과 관심이다.

성아에게 또 한 번의 행운이 따랐다. 1학년 담임 선생님이 외삼촌의
친구였다. 무엇보다도 그 선생님은 책임감이 강하고 학생들을 위해서
라면 어떠한 일도 마다 않는 헌신적인 성격이었다. 그는 정규 수업이
끝난 뒤 하루에 두세 시간씩 성아를 붙들고 한국말을 가르쳤다.

"내가 정신도 없고 니 올케한테 살림을 맡기고 일을 나뿌리서 몰랐
는데 낭중에 보이까네 야가 맨날 선생님 밴또를 뺏아 묵고 있은기라."

언젠가 그 당시의 일을 회상하며 엄마가 들려주신 말이다.

집에 오는 시간이 다른 1학년생들보다 두세 시간 늦었지만 엄마는
아이에게 도시락을 싸줄 생각은 안 해봤던 것 같다.

그러던 어느 날 성아네 선생님이 오빠를 만났을 때 성아에게 도시락
을 싸서 보내라는 얘기를 했다. 그렇잖아도 어린 것이 말도 안 통하는

데서 엄마 떨어져 사는 게 애처로웠는데 밥까지 굶는다고 생각하니 콧등이 시큰거렸다.

"성아야, 늦게까지 공부하고 집에 오는데 점심도 못 먹고 배고팠지?"

그날 저녁 오빠는 텔레비전에 빠져 있는 성아를 무릎에 앉혀놓고는 말을 걸었다.

"아니, 선생님이 밥 줘."

텔레비전에서 눈을 떼지 않은 채 성아가 떠듬거리며 대꾸를 했다. 잘못 알아들었나 싶어서 다시 물었다.

"선생님이 밥을 준다고?"

"응."

다음날 성아 담임 선생님에게 물어보고서야 식구들은 성아의 말이 이해가 됐다. 선생님은 매일 자기 도시락의 반을 성아에게 주고 있었다. 성아가 외숙모나 할머니에게 말을 했더라면 진작부터 도시락을 싸줬을 것이지만, 말이 서툴러 그 상황을 설명하지 못했을 뿐만 아니라 한국 학교에서는 아마 다 이렇게 하는가 보다고 생각한 것이었다.

나는 어렸을 때 집에 있는 것이 싫었던 만큼 학교에 가는 것이 즐거웠다. 집에서는 허드레 일꾼에 불과했지만, 학교에서는 공부 잘하는 모범생이었다. 선생님들도 귀여워해주셨고 친구들도 많아 학교는 내 악몽의 피신처였다.

성아도 학교에 가는 것을 좋아했다. 그러나 나와는 전혀 다른 이유에서였다. 학교에서는 선생님들을 비롯해 영어를 잘하는 사람이 없다 보니 영어를 잘하는 성아가 부러움의 대상이었다. 성아는 한국말을 못하는 바람에 수시로 영어가 튀어나왔다. 아이들은 물론 선생님들까지도 조그만 아이가 영어로 유창하게 얘기하는 것이 너무나 신기해 보였다. 수업 시간에도 선생님은 이러저러한 표현을 영어로 어떻게 하느냐며 성아에게 묻곤 했다. 선생님의 질문을 제대로 알아들었는지는 성아 자신도 알 수 없다. 설령 성아의 대답이 틀렸다 해도 그걸 알 수 있는 사람이 없었던 만큼 그들은 어쩌면 서로 동문서답을 하고 있었는지도 모르는 일이다.

그러나 말의 내용이 중요한 것이 아니었다. 성아가 영어로 대답을 하면 아이들은 손뼉을 치며 재미있어했다. 선생님도 그것이 즐거워 툭하면 성아에게 '영어 한 자리' 해보라고 시켰다.

"이러다가 난 언제 한국말 배워요?"

떠듬거리는 한국말로 성아는 때때로 선생님께 투정을 부리기도 했다. 그러나 학생들과 선생님들의 관심이 자신에게 쏠려 있는 것을 알고 우쭐해했다. 그렇게 많은 사람들의 관심과 인기를 끌어보기는 난생 처음이었기 때문이다. 누구를 만나든 스스럼이 없었다. 그 시절이 성아에 겐 그야말로 구름 위에서 보내는 한철이었다.

어린아이는 말을 빨리 배운다는 속설을 증명이라도 하듯 성아의 한국말은 날이 갈수록 늘어갔다. 사실 그동안 성아의 짧은 한국말 덕분에 웃지 못할 희극도 꽤 많았다.

운동회 날이었다. 할머니, 할아버지, 외숙모 그리고 명규 삼촌까지 온 식구가 먹을 것을 푸짐하게 싸들고 운동장 한귀퉁이에 자리를 잡았다. 달리기를 잘하던 성아는 전교생의 관심을 한몸에 받으며 한껏 실력을 과시했다.

운동회에는 담임 선생님의 가족들도 와 있었다. 두 식구가 같이 식사를 하는 중이었다. 선생님에게는 성아보다 두세 살 어린 딸이 있었는데, 성아는 김밥을 한입 물고 선생님의 딸을 가리키며 물었다.

"선생님, 저게 니 딸이야?"

풍선이 터지듯 이곳저곳에서 웃음이 터져 나왔다. 성아는 영문을 모른 채 포복절도하는 사람들을 번갈아 바라보며 고개만 갸우뚱거렸다.

또 하루는 성아가 '과외 공부'를 끝내고 집으로 가려고 교실을 나오던 중이었다. 운동장을 가로질러 교문으로 향하는데 선생님 몇 분이 나무 그늘에 자리를 깔고 식사를 하고 있었다. 성아가 지나가는 것을 보고 그중 한 선생님이 불렀다.

"얘, 너 영어 잘한다면서? 선생님들 앞에서 한번 좀 해봐라."

좀 멋쩍기도 하고 싱거운 생각도 들어 그냥 가만히 있었다.

"야, 그러지 말고 한마디 해봐."

재촉에 못 이겨 성아는 선생님이 한 말을 그대로 영어로 옮겼다.

"야, 잘한다! 수고했으니까 목 마를 텐데 물 한잔 마셔."

한 선생님이 성아의 머리를 쓰다듬으며 성아에게 잔을 내밀었다. 주저하며 잔을 받은 성아는 쭈뼛거리다 벌컥 들이켰다.

"우웩, 켁켁……."

입과 목이 활활 타는 것 같아 두 손으로 목을 쥐며 입에 넣었던 '물'을 그대로 뱉어냈다. 그 잔을 건넨 선생님은 우스워 죽겠다면서 꽥꽥거리는 성아의 등을 탁탁 쳤다. 그 짓궂은 선생님이 성아에게 준 '물'은 소주였다.

누군가의 배려를 받고 시선을 받는다는 건 이렇듯 행복한 일이었다. 성아는 그런 배려 덕분에 즐거운 학교 생활을 할 수 있었다. 학교 생활이 즐거웠으므로 한국어 실력이 쑥쑥 는 것은 물론이다. 만약 그때 선생님의 배려와 친구들의 우정이 없었다면 성아는 학교 생활에 좌절했을지도 모른다. 어려움은 용기만 있으면 극복된다. 그리고 그 용기를 주는 것은 주변의 사랑과 관심인지도 모른다.

자존심 강한 아이

성아는 아주 어릴 때부터 남 앞에서는
울지 않으려고 애쓰는 것 같았다. 나는 그것을 보고
이 아이가 자존심이 세다는 것을 알았다.

"오늘 우리 집에 놀러올래?"

"나…… 초대한 거니?"

"응, 엄마가 데리고 오래."

하루는 같은 반 아이가 성아더러 자기 집에 놀러 가자고 했다. 그 아이 집은 학교 후문에서 걸어서 5분 정도 거리에 있었다. 한국말을 잘 못하는 '미국 아이'가 왔다고 그 아이의 엄마는 신기해하며 연신 먹을 걸 내왔다. 두 아이들은 소꿉장난도 하고 텔레비전 만화영화도 보면서 시간 가는 줄 모르고 놀았다. 집에 가려고 밖으로 나왔을 때는 날이 이미 캄캄하게 저물어 있었다. 그 친구는 성아를 학교 후문까지만 배웅해 주고는 "그럼, 잘 가!" 하며 돌아서 가버렸다.

주변이 모두 낯설게 느껴졌다. 사람 없는 컴컴한 교정은 귀신이라도 나올 듯 으스스해 보였다. 정문으로만 다녔던 성아는 후문에서는 집으로 가는 길을 몰랐다. 내키진 않지만 교정을 가로질러 정문으로 가는 도리밖에 없었다. 다행히 후문은 열려 있었다. 후문과 교실 건물이 있는 곳으로부터 열 칸 이상의 층계 아래에 있는 운동장은 그야말로 칠흑 같은 어둠에 덮여 있었다. 운동장이 그렇게 넓게 느껴지기는 처음이었다. 정문에 도착하기가 무섭게 성아는 팔을 뻗어 문을 당겼다.

"아야!"

갑자기 눈앞이 캄캄해지면서 별들이 난무했다. 열리라는 문은 열리지 않고 재빨리 빠져나가려던 몸만 싸늘한 쇠창살에 부딪쳤다. 문은 굳게 잠겨 있었다. 온몸에서 맥이 한꺼번에 빠져나가는 것 같았다. 다시 어두운 교정을 가로질러 갈 생각을 하니 다리가 후들거렸다. 그러나 그대로 주저앉을 수는 없었다.

'귀신은 밤 12시에 나온다니까 아직은 괜찮을 거야. 늦기 전에 빨리 여길 빠져나가야 돼.'

콩닥거리는 가슴을 누르며 다시 운동장을 건넜다. 숨을 헐떡이며 겨우 층계를 올라서니 상점들의 불빛과 간간이 지나가는 사람들의 모습이 후문 너머로 보였다. 누가 낚아채기라도 하는 듯 잽싸게 후문을 빠져나오며 안도의 한숨을 쉬었다.

그러나 아직 안심하기엔 일렀다. 어떻게 집을 찾아가야 할지 눈앞이 깜깜했다. 후문 앞에서 집으로 가는 길을 찾느라 한참을 두리번거렸지만 한 번도 가본 적 없는 낯선 거리만 눈에 들어왔다. 엉엉 울고 싶었지만, 자존심이 우는 소리를 못 내게 했다. 눈물을 삼키느라 연신 훌쩍거리며 집이 있을 것 같은 방향으로 무조건 걸었다. 시골길은 사물을 분간하지 못할 정도로 어두웠다. 길가에 어른거리는 나무 그림자 속에서 금방이라도 머리를 풀어헤친 귀신이 튀어나와 목덜미를 잡아챌 것만 같았다. 소름이 끼치고 머리카락이 쭈뼛 서며 발걸음이 점점 빨라졌다.

코를 훌쩍거리며 한참을 뛰다시피 헤매던 성아의 눈앞에 어딘지 낯익은 거리가 나타났다. 가만히 살펴보니 틀림없이 집에서 학교에 가던 길이었다. 이제는 살았다 싶어 집을 향해 냅다 뛰었다.

"성아가? 가시나 어데 갔다 인자 오노? 식구들 수대로 다 걱정하구로!"

숨을 헐떡거리며 문을 왈칵 열고 뛰어들어가자 할머니의 야단치는 목소리가 날아왔다. 그 목소리가 너무나 반가워 성아는 할머니를 와락 껴안았다.

이날 있었던 일을 전화로 들려주며 성아는 자기가 울지 않았다는 걸 강조했다. 겁은 났지만 울지 않고 집을 혼자 찾아온 게 제가 생각해도 대견한 모양이었다.

성아는 아주 어릴 때부터 남 앞에서는 울지 않으려고 애쓰는 것 같았다. 그것을 보고 나는 이 아이가 자존심이 무척 센 아이구나, 라고 생각했다.

그리고 특이하게도 성아가 좋아하는 만화의 주인공들도 다들 잘 울지 않는다. 캔디, 소공녀, 빨강머리 앤. 특히나 빨강머리 앤을 좋아해서 자신도 언젠가는 앤처럼 모든 난관을 극복하고 성공하는 주인공이 되고 싶어했다. 심지어 성아의 미국 이름인 재스민(Jasmin)에 e자가 없는 것과 빨강머리 앤(Anne)의 이름에 e자가 있는 것이 어떤 운명적인 것은 아닐까 하고 상상할 정도였다. 재스민은 널리 알려진 꽃 이름이어서 대부분의 사람들은 e를 붙여 재스민(Jasmine)이라고 잘못 쓴다. 반대로 앤의 경우는 철자가 앤(Anne)인데 대부분의 사람들이 일상적으로 알려진 앤(Ann)으로 e를 빼고 표기한다.

성아가 남 앞에서 울지 않는 이유가 만화 주인공들의 영향 때문인지 어쩐지는 잘 모르겠다. 분명한 건 성아가 자존심이 무척 세고, 만화 주인공들을 닮으려고 애를 쓴다는 점이었다. 초등학교 때 좋아하는 남자 친구가 있었는데, 앤이 길버트에게 한 것처럼 좋아하지 않는 척 굴었다. 그 후에도 마찬가지였다. 아무리 마음에 드는 남자라도 그쪽에서 먼저 좋아한다는 신호를 보내오지 않으면 무관심한 척했다.

나이가 스물넷인 지금도 성아는 앤을 닮으려 한다. 일본에서 고등학교를 다니며 사귄 올리비아라는 친구가 있는데, 성아는 자신을 앤으로, 올리비아를 앤의 친구인 다이애너로 생각한다. 둘 다 〈빨강머리 앤〉의 주인공과 성격도 비슷하고 외모도 닮았다.

다혈질에다 무엇이든 해내고야 말겠다는 오기로 가득 찬 성아와 통통하면서도 푸근한 성격의 올리비아는 둘이 늙으면 앤의 고향인 캐나다의 프린스 에드워드섬에 가서 살기로 했다고 한다. 다음에 엄마도 자기네들이 사는 곳에 놀러오라고 하는데, 다 커서도 앤에게 빠져 있는 것이 귀여워서 피식 웃고 말았다.

그 어린 나이에 하고많은 만화 주인공들 중에 왜 하필이면 씩씩하고 자존심 센 여자애가 멋있어 보였을까? 신데렐라도 있고 백설공주 같은 화려한 주인공들도 많은데. 어쨌든 어떤 역경에도 굴하지 않고 씩씩하게 자기의 인생을 개척해 나가는 여자 주인공을 좋아하는 건 나도 마찬가지다. 나도 성아가 앤처럼 되었으면 좋겠다고 생각한다. 어떤 역경에도 굴하지 않는 자존심 센 여자는 아무리 봐도 멋지다.

운동을 통해 얻게 되는 것들

태권도는 성아에게 암행어사의
마패 역할을 톡톡히 했다. 그것을 무기로 성아는
친구들을 지켜주는 '영웅'이 되었다.

나는 성아에게 태권도를 배우게 했다. 건강에도 좋지만 호신술을 가르쳐주고 싶다는 욕심도 있었다. 그러나 무엇보다도 운동을 통해 성아가 인생을 살아가는 데 절대로 필요한 올바른 정신을 배우길 바랐다.

성아는 내 제의를 흔쾌히 받아들였다. 제천에서 함께 있던 쌍둥이 사촌오빠들이 검은띠를 매고 다른 아이들 앞에서 폼을 잡고 다닌 모양이었다. 으스대기 좋아하던 성아가 그 기회를 마다할 리 없었다. 성아는 오빠들을 따라잡기 위해 열심히 배웠다. 한 3년 열심히 도장에 다니니 성아도 검은띠가 되었다.

운동을 하면 얻게 되는 게 많다. 우선 힘든 훈련을 통해서 인내와 강인함을 기를 수 있다. 운동의 기술을 습득함으로써 자신감을 키울 수도 있다. 게다가 스포츠맨십을 통해 정의감을 배울 수 있으며, 트레이닝을 받는 과정에서 팀워크를 체득하게 되기도 한다. 확실한 연구를 한 것은 아니지만 이러한 내 추측은 대부분 맞아들었다고 생각한다. 꼭 태권도에서 기인했다고 말할 수는 없지만 아무튼 성아는 이러한 정신의 대부분을 소유한 아이로 자랐다.

태권도는 성아의 학교 생활에도 상당한 영향을 끼쳤다. 운동을 많이 한 탓인지 성아는 자기 반에서 팔씨름왕이 되었다. 덩치 좋고 키 큰 남자애들도 성아의 뚝심 앞에선 나자빠졌다. 때문에 다른 반 남자아이들도 겁을 내고 함부로 덤비지 못했다.

어느 학교나 마찬가지겠지만 그곳에도 짓궂은 남자아이들이 많았다. 여자아이들의 머리채를 잡아당기기도 하고 뒤에서 치마를 훌렁 들추기도 했다. 고무줄놀이 하는 데만 골라 다니며 칼로 고무줄을 끊고 도망치는 얌체들도 있었다. 그 나이 또래에는 말썽꾸러기들이 도처에 널려 있게 마련이다. 그때쯤 되면 남자애들은 자신들이 여자애들보다 힘이 세다는 걸 알고 그 힘을 과시하려 하기 때문이다.

그러나 성아네 반 남자아이들은 못된 짓을 못했다. 여자아이들이 조금이라도 피해를 보면 성아한테 일러바쳤기 때문이다. 성아는 여자아이들의 꼬마 대장이었다. 나쁜 짓을 한 아이를 잡아다 혼줄을 내고, 다음에 또 그러면 진짜 가만두지 않겠다는 엄포를 잊지 않았다. 성아가 힘도 세고 태권도도 하고 있다는 걸 아는 남자아이들은 더 이상 자신들의 운을 시험하지 않았다.

"엄마, 아이들이 혼내줘야 될 남자애들이 있으면 모두 나를 찾아와." 성아는 나에게 뽐내듯이 말했다.

"그랬니?" 하고 신난다는 듯이 내가 맞장구를 치면, 성아는 그날 있었던 무용담을 들려주곤 했다. 잘했다는 나의 칭찬에 "힘도 없는 것들이 약한 여자애들한테 까불어."라고 짐짓 어깨에 힘을 주곤 했다.

어릴 적 나의 꿈은 '암행어사'였다. 말이 그려진 마패를 차고 다니며 어사 출두를 외치는 역사책 속의 암행어사가 아니라, 약한 사람을 도와주고 나쁜 사람을 응징하는 일종의 정의의 사도로서의 암행어사 말이다. 홍길동이나 박문수, 로빈 후드 같은 인물들은 나의 영웅이었다.

그리고 엄마의 영웅은 딸에게도 영웅이 되었다. 어릴 때부터 박문수나 로빈 후드 이야기를 듣고 자란 성아는 자신도 그러한 사람이 되고자 했다. 비록 그때는 아직 어려서 흉내를 내는 수준이었지만 정의감 넘치는 행동을 하려고 나름대로 노력을 기울였다.

그런 성아에게 태권도는 암행어사의 마패 역할을 톡톡히 했다. 태권도의 검은띠는 감히 건드릴 수 없는 힘과 정의감의 상징이었던 것이다.

성아한테 혼이 난 남자애 중에는 "저 가시나 혼을 내줘야 해. 지가 뭔데."라고 뒤에서 쑤군대는 녀석도 있었다. 그러나 누군가 옆에서 일러주곤 했다.

"안 건드리는 게 나아. 걔, 검은띠야."

그 시절, 성아는 공부는 거의 꼴찌였지만 어디 가서 기가 죽는 법이 없었다. 친구들한테 인기가 있었던 탓도 있지만, 운동을 통해 길러진 자신감이 그애를 받쳐주었기 때문이다. 스스로도 자신을 친구들을 지켜주는 영웅으로 생각했는지도 모를 일이다. 아무튼 응석받이에다 까불이였지만 불의 앞에서는 의젓한 영웅이 되었다.

"선택은 네 자유야."

스스로 선택하도록 해라.
물론 결과에 대한 책임은 아이가 전적으로 져야 한다.
그 과정을 통해 아이들은 책임감과 독립심을 배운다.

어느 부모나 자기 아이들이 항상 올바른 선택을 하기를 바란다. 그러나 많은 부모들에게서 아이들이 스스로 올바른 선택을 하도록 기다려주는 인내가 부족한 경우를 자주 본다. 아이들을 실수로부터 보호하고 싶은 마음에서이리라. 그들은 아이들이 생각해볼 겨를도 주지 않고 원하든 원하지 않든 부모의 선택을 따르라고 강요한다.

그것은 너무도 근시안적인 행동이다. 그 부모들은 결국 자기 아이들이 혼자서 올바른 선택을 할 수 있는 방법을 배울 기회를 앗아가버리고 마는 것이다.

올바른 선택을 하는 법을 가르치기 위해서는 아이들에게 자신의 틀린 선택에 대해서도 책임을 지도록 해야 한다. 잘못된 선택의 결과로 인한 고통을 통해 아이들은 왜 올바른 선택이 중요한가를 깨닫게 된다.

자기가 직접 그런 고통을 경험해보는 것이 부모가 수십 번 일러주는 것보다 훨씬 더 효과가 크다.

성아가 초등학교 3학년 때였다. 다가오는 봄 소풍을 준비할 겸 일요일 오후에 부모님과 성아와 함께 부대 안의 커미서리(Commissary : 수퍼마켓)에 쇼핑을 하러 갔다. 내가 카트를 밀고 엄마와 성아는 쌀, 채소, 고기, 우유, 담배 등 우리 식구의 일주일치 보급품을 열심히 챙겨 담았다. 아버지는 우리 뒤에서 뒷짐을 지고 걸으며 성아가 까불며 뛰어다니는 것을 흐뭇하게 바라보셨다. 성아는 그날 흥분할 만했다.

"엄마, 소풍갈 때 가져갈 거 내가 골라도 돼요?"

과자들을 진열해놓은 통로에 들어서자 성아가 기대에 가득 찬 눈을 반짝이며 내 팔에 매달렸다.

"물론이지."

"와, 신난다!"

성아는 말이 떨어지기 무섭게 과자들이 쌓여 있는 진열대로 갔다. 초콜릿과 포테이토칩, 젤리, 껌, 비스킷 등 수십 가지의 과자들이 산더미같이 쌓여 있었다. 선택하기가 힘이 드는지 성아는 이것저것을 집었다 놨다 하며 고민했다.

"엄마, 몇 가지만 사야 돼요?"

성아는 종류가 다른 초콜릿들을 들고 나를 돌아보았다.

"글쎄, 한 너댓 가지면 되지 않을까?"

"몇 봉지씩 사면 돼요?"

"네가 필요한 만큼 사. 친구들이나 선생님 몫으로 조금 넉넉히 사도 되고."

성아는 신이 나서 거의 열 사람분의 과자를 카트에 담았다.

"이노무 자슥. 우얀 까자로 이래 마이 사노? 이빨 다 썩구로."

아버지가 성아의 욕심에 눈이 휘둥그래지며 가운데 손가락을 접어 머리에 꿀밤을 먹였다.

"성아 가시나, 오늘 내 말 안 듣더니 아주 후회가 되더란다."

소풍을 다녀온 날 저녁, 밥을 먹는데 엄마가 불쑥 말을 꺼냈다.

"헤헤 –."

옆에서 텔레비전을 보고 있던 성아가 멋쩍게 웃었다.

"왜요? 무슨 일이 있었어요?"

"가시나, 내가 김밥하고 계란 삶아서 싸준다카이 싫다카고 과자만 잔뜩 싸가드니 점심 때는 딴 아들 밥 묵는 기 묵고 잡아서 혼이 났단다."

"아무튼 알아줘야 된다니까. 아무리 그래도 그렇지, 이 녀석아. 어떻게 과자만 싸가지고 가나?"

나는 기가 막혀서 웃음이 나왔다.

"애들이 미제 과자 좋아하니까 뽐내기도 하고, 또 이럴 때 과자 한번 실컷 먹으려고 그랬는데…… 그런데 점심 시간에 애들이 김밥을 풀어놓으니까 그게 막 먹고 싶어지는 거 있죠. 내가 초콜릿이랑 젤리 같은 거 먹을 때 애들이 여기저기서 막 달라고 해서 많이 줬거든요. 그때 좀 으스대면서 줬기 때문에 나중에 다른 애들한테 김밥 좀 달랠려니까 너무 치사한 것 같아서 영 말이 안 나오잖아요."

웃음을 깨물며 나는 성아에게 그래서 어떻게 했는지 물었다. 성아가 자존심을 굽히지 않으려고 밥을 굶었느냐, 아니면 자존심을 굽히고 실리를 취했느냐 아무튼 둘 다 그애에게는 어려운 선택임에 분명했다.

"창피하기도 하고 또 자존심이 상하기도 했지만 할 수 없이 좀 달라고 했죠, 뭐. 배도 고프고 또 너무 먹고 싶어서 참을 수가 있어야지."

"우쨌거나 내 말 안 듣디 자알 됐다, 가시나."

"정말 얼마나 후회가 되던지. 할머니가 만든 김밥이 개네들 거보다 훨씬 맛있는데 말예요. 아무튼 다음에 소풍갈 땐 할머니가 싸주는 김밥 꼭 가지고 갈 거예요."

성아는 그날 돌아오자마자 아침에 엄마가 만들어두셨던 김밥을 순식간에 평소의 두 배 가량 먹어치웠다고 한다. 성아가 왜 자존심을 굽혀야 했는지 눈에 선했다. 뒤에 성아가 쓴 글을 보며 나는 고소를 참지 못했다.

"한국에서였는데 당시 나는 3학년이었다. 어머니는 소풍 가서 먹을 것을 내 마음대로 사도록 허락했다. 3학년생 입장에서 나는 당연히 온갖 군것질 거리로 가방을 가득 채웠다. 할머니는 내게 도시락을 챙겨 가라 했으나 나는 단호하게 거절했다. 그러나 점심 때가 되자 나는 초콜릿과 과자로는 고픈 배를 충분히 채울 수 없다는 것을 깨달았다. 그러자 나는 후회와 수치심이 뒤섞인 기분이 되었다. 할머니의 충고를 따르지 않았다는 게 후회였고, 친구들의 김밥을 얻어먹은 게 수치심이었다. 그날부터 나는 할머니가 싸주는 도시락에 거의 불평을 늘어놓지 않았다."

글의 말미에서 성아는 스스로 선택할 수 있었다는 것이 더욱 큰 책임감과 독립심을 심어줄 수 있었다고 밝혀놓고 있다. 어쨌든 성아는 그 일을 통해 자신의 행동에 대한 책임을 알게 되었다. 선택의 결과는 전적으로 자신이 책임져야 한다. 설사 잘못된 결정으로 고통을 겪는다 해도 그 어느 누구도 원망할 수 없다.

그때 자신이 잘못한 선택 때문에 혼이 났다고 해서 성아가 다시는 잘못된 선택을 하지 않은 건 아니다. 다만 그것을 통해 어리석은 선택을 되풀이하지 않으려 노력할 뿐이다.

고등학교 졸업을 며칠 앞둔 때였다. 당시 북한과 미국의 핵 협상 문제로 미군은 '준비상사태'였고, 나는 그 일로 한국에 파견나가 있었다. 성아가 대통령상을 타는 데조차 못 가게 한 것이 좀 미안했던지 군은 성아의 졸업식에 다녀오도록 배려해주었다. 그 소식을 알리려고 전화를 했더니, 성아가 다 죽어가는 목소리로 받았다.

전날 밤에 술을 너무 많이 마셔서 고생하고 있는 중이었다. 친구들하고 우리 집에서 술 마시기 경연 대회를 할 거라는 소리를 들은 적이 있었는데, 전날 밤 문제의 콘테스트가 열린 줄은 몰랐다. 성아는 화이트러시안을 진탕 마시고는 있는 대로 다 토한 뒤 뻗어버린 모양이었다. 성아의 친구 올리비아가 다 치워주고 닦아주었다며, 그애가 얼마나 착한지 알게 되었다고 연신 자랑을 늘어놓았다.

"술 마신 뒤 시달리는 게 어떤 건지 궁금했는데…… 아무튼 다시는 그렇게 안 마실 거야"

무모한 짓을 한 대가치고는 싱거운 결론이었다. 아무튼 나는 성아가 다시는 그런 무모한 짓을 안 하기를 바랄 뿐이었다.

앞으로도 성아가 잘못된 선택을 다시는 안 하리라는 보장은 없다. 중요한 것은 아이들에게 선택을 잘못할 기회도, 또 그로 인한 깨우침을 얻을 기회도 주려 하지 않는 것은 부모의 잘못된 판단이라는 것이다. 부모가 언제까지나 자식에게 인생의 지름길을 안내해줄 수는 없다. 사실, 인생에 있어 지름길이란 없는지도 모른다. 스스로 풀밭도 지나고 가시밭길도 지나면서 길을 찾아가는 것이다. 부모의 역할은 이런저런 길이 있다는 걸 알려주는 것이지, 아이의 의견은 무시한 채 이런저런 길로 손을 잡고 이끄는 것은 아니라고 생각한다.

물에 빠진 아이에게 수영 가르치기

강한 자식을 강하게 키우는 것보다
약한 자식을 강하게 키우는 것이
어쩌면 더 필요한 일인지도 모른다.

　내가 성아에게 강제로 시킨 것이 있다면 그것은 바로 수영이다. 어릴 때 성아는 물에서 첨벙거리며 노는 것을 좋아했다. 그러나 그렇게 물을 좋아했는데도 막상 수영을 배우러 보냈더니 물에 들어가기를 무서워했다.

　나 역시 물을 무서워해서 스물다섯이 되도록 수영을 못했다. 물 위의 다리 난간에 기대면 공연히 공포를 느꼈고, 배를 타는 것도 겁을 냈다. 그랬기 때문에 더 더욱 성아가 물에 대한 두려움에서 해방되기를 바랐다. 더구나 수영은 취미 활동 이전에 생존의 한 수단이라고 해도 과언이 아니다.

　그러나 성아는 한사코 수영 배우기를 거부했다. 왜 그러는지 곰곰 그 이유를 생각해보았다. 내가 물을 무서워한 이유가 아기였을 때 두 번이나 바다에 빠져 죽을 뻔한 경험 때문인 것처럼, 성아 역시 부주의한 엄마 때문에 물에 빠진 적이 있기 때문이 아닌가 하는 생각이 들었다.

성욱이가 한 살 때쯤이었으니까 성아가 세 살 때의 일이다. 무더위를 핑계로 우리 식구는 먹을 것을 한 보따리 싸들고 미군 부대 안에 있는 수영장에 갔다. 마침 제천에서 아버지, 어머니가 다니러 오셔서 함께 모시고 갔다. 시어머니와 우리 부모님은 수영장 밖 시원한 나무 그늘에 자리를 잡았다. 남편과 나는 성희와 성아, 그리고 성욱이를 데리고 물로 들어갔다. 한참을 놀다 보니 성욱이가 추운지 입술이 새파랬다. 남편은 성욱이를 어머니께 데려다주고는 마실 것을 사러 갔다. 나와 성희는 성아를 튜브에 태우고 이리저리 끌고 다니면서 노래를 불러주었다.

"퐁당 퐁당 돌을 던지자. 누나 몰래 돌을 던지자……."

성아가 박자에 맞춰 발로 물장구를 쳤다. 성희는 성아를 태운 튜브에 매달려 수영 연습을 하고 있었다. 초등학교 1학년이던 성희는 학교에서 수영을 배우는 중이었다.

이번에는 성아가 추운지 입술이 새파래져 칭얼대기 시작했다. 성아를 수영장 한쪽 가장자리에 올려놓고 큰 타월을 가져다 등을 덮어주었다. 성아는 두 발을 물에 담그고 텀벙거리며 놀았다.

나는 성아가 앉아 있는 근처에서 성희의 수영 연습을 도와주고 있었다. 한 사람 두 사람…… 갑자기 우리 주변에 사람이 많아져서 좀 한산한 쪽으로 자리를 옮겨야 했다.

"성희야, 성아는 어데 갔노?"

심심했던지 엄마가 수영장 주변에 쳐진 쇠 울타리 밖에서 우리를 불렀다.

"할머니, 저쪽 옆에요."

성희가 성아를 앉혀두었던 쪽을 가리키며 큰소리로 대답했다.

"그쪽에 안 보이는데……."

조급한 마음에 서둘러 성아가 있던 쪽을 향해 헤엄쳐갔다. 성아가 앉아 있던 자리 아래에는 머리가 벗겨진 백인 노인네가 헤엄을 치고 있었다. 그 남자 옆에 낯익은 수건이 물에 떠 있었다. 그 순간 수건 옆에서 작은 손이 허우적거리며 올라왔다가 사라졌다. 나는 갑자기 숨이 멎은 것같이 눈앞이 아득해졌다. 그때 누군가 물 속으로 첨벙 뛰어들어 수건 밑에서 허우적거리는 조그만 아이를 끄집어냈다.

아이는 밖에 나와서도 숨을 쉬려고 온몸으로 허우적거리고 있었다. 얼마 후 아이가 "와앙-!" 하고 울음을 터뜨렸다. 단 몇 분이 영원 같았다. 그런 일이 있었기에 더 더욱 나는 성아에게 수영을 가르치고 싶었다.

"할머니~ 할머니~!"

수영 학교에 등록한 후 처음 며칠 동안, 성아는 꼬리를 내린 강아지처럼 바들바들 떨면서 할머니에게 구원을 요청했다.

"수영 그까짓 거 안 배우면 어떻노? 싫다는데 마 안 나두고……."

손녀딸이 안쓰러워 엄마가 성아 편을 들었다.

"마 쪼매 더 크거든 가리키문 안 되겠나?"

울상이 된 손녀의 머리를 쓰다듬으며 아버지도 거드셨다. 그런 엄마, 아버지의 마음은 모르는 바 아니지만 나는 꺾이지 않기로 마음 먹었다.

"성아야, 늦겠다. 빨리 가야지."

성아는 결국 그렇게 며칠을 눈물이 번진 눈으로 수영장에 끌려갔다. 그 후에도 한동안은 할아버지가 성아를 수영장까지 바래다주느라 애를 먹는 것 같았다. 그러나 한 달도 안 되어 성아는 더 이상 물을 무서워하지 않게 되었다. 1년 반 정도를 배우고 나니 물개가 되어 있었다. 자유형, 배영, 평형은 물론 힘이 없으면 못 하는 접영까지 다 해냈다. 심심하면 저보다 큰 아이들과 수구를 하며 장난을 칠 정도로 물에서 노는 것을 즐겼다.

성아가 하버드에 있을 때였다. ROTC 야간 훈련 중 목표 찾기란 것을 한 적이 있었는데, 훈련을 끝내고 돌아오는 길에 일행은 월든호수를 지나게 되었다. 1백여 년 전 문명의 이기를 피해 헨리 데이비드 소로가 통나무집을 짓고 자급자족하며 살았던 바로 그 호수다. 성아는 주저 없이 호수에 몸을 던졌다. 새벽이라 물이 찼고, 게다가 호수가 얼마나 깊은지 어떤 여울이 있는지도 모른 채 풍덩 뛰어든 것이다. 그곳에서 한 시간 남짓 동료들과 수영을 즐겼다. 온몸이 얼어붙을 때까지 물 속에 있었는데, 조금만 더 있었으면 아마 해 뜨는 것을 보았으리라고 안타까워했다.

나는 성아 말이 끝나자마자 "네 올챙이 적 시절이 기억나니?"라며 수영 배울 때 이야기를 해줬다.

"엄마, 고마워요. 어린애 고집에 꺾이지 않아줘서."

성아가 어리광을 부리며 내게 안겨왔다. 수영을 통해 생존의 한 수단을 가르쳐줬을 뿐만 아니라, 친구들과 물에서 노는 즐거움을 느낄 수 있는 기회를 마련해주었기 때문이라고 했다.

아이를 강하게 키우려면 엄마가 강해져야 한다는 말을 나는 자주 한다. 사자처럼 새끼를 벼랑에서 떨어뜨려 강한 자식만 키울 수는 없다. 강한 자식을 강하게 키우는 것보다 약한 자식을 강하게 키우는 것이 어쩌면 더 필요한 일인지도 모른다.

나는 한 번씩 성아가 내게 한 말을 곰곰이 생각해본다.

'어린애 고집에 꺾이지 않아줘서.'

아이가 원하도록 유도하는 게 최선의 방법이겠지만, 때론 아이를 위해 단호한 결정을 내려야 될 때도 있음을 성아의 말을 통해 실감하게 되었다.

꼴찌가 아는 것

초등학교 시절의 성적표는 내게 아무런 의미가 없었다.
그 시절 성아가 꼴찌를 감수함으로써 나와 성아는 바라던
모든 것을 얻을 수 있었다.

한국에서 성아의 초등학교 성적은 거의 꼴찌 수준이었다. 우선 배움의 수단인 한국어가 수준 미달이었다. 제천 동명초등학교에서 선생님이 특별 지도를 해주셨지만 반 년은 너무 짧은 기간이었다. 말이 잘 통하지 않고 보니 다른 과목 모두 부진할 수밖에 없었다. 물론 태권도와 수영을 배우며 체력을 키운 덕에 체육에는 문제가 없었다.

언젠가 성아가 이런 말을 했다.

"학교에서 시험을 봤거든. 문제가 25개였는데 나는 10개 정도 맞았던 거 같아. 그런데 내 친구 하나가 막 걱정을 하더라구. 그래서 왜 그러느냐고 했더니 시험 문제를 20개밖에 못 맞혀서 그렇다는 거 있지. 그래서 '야, 나는 10개밖에 안 맞았는데도 괜찮은데 너는 20개나 맞아놓고 무슨 걱정이야?' 그랬지. 그랬더니 그애가 뭐라는지 알아요? '이렇

게 많이 틀리면 엄마한테 매 맞는단 말야' 하잖아. 와, 그 엄마 너무해! 그애가 너무 불쌍하더라구요. 엄마는 내가 공부 못한다고 한 번도 야단친 적 없는데."

또 한 번은 이런 적도 있었다. 서울로 전학와서 처음 성적표를 받았을 때였다.

"나도 양심은 있어서 성적표 받아 올 때 좀 고민이 되더라구요. '야, 이건 좀 너무했다. 엄마한테 어떻게 도장을 찍어달라 그러지?' 하며 걱정했지. 어떤 땐 '그냥 할아버지보고 대신 도장 찍어달랠까?' 하는 생각도 했고, 또 '그냥 아무도 몰래 찍어갈까?' 하는 생각도 했지. 엄마가 도장을 엄마 책상 서랍 속에 두고 다니시던 거 알고 있었거든요. 한참 고민하다가 '에이, 그냥 잘못했다고 하고 엄마한테 도장 찍어 달래야겠다'고 결정을 했지. 내 성적표 보고 엄마가 뭐라 그러셨는지 아세요?"

"글쎄……."

기억이 나지 않는 건 아니었지만, 그때 일을 생각하면 재미가 있어서 나는 그냥 웃고만 있었다.

"지금처럼 그냥 웃기만 하면서 아무 말도 안 하고 그냥 도장 찍어주시더라구요. 밖에 나오면서 '아휴, 살았다!' 했지. 그리고 거짓말 하지 않은 것이 참 잘했다 싶었어. 그 다음부턴 그런 고민 안 하고 엄마한테 도장을 받아갔죠. 또 성적도 점점 올랐고……. 그런데 엄마는 다른 엄마들하고는 천지 차이야. 나한테 공부 못한다고 야단친 적도 없고, 한 번도 공부하라고 한 적도 없고. 엄마, 왜 그랬어?"

내가 빙긋 웃고 있자 성아는 자기가 대답까지 다 해버렸다.

"하긴, 그렇게 놔두고 적당하게 관심을 보이면서 도와주니까 내가 스스로 공부를 하게 되잖아. 다른 애들 엄마들 보면 숨통이 막힐 것 같아.

난 그러면 폭발해버릴 거야. 아무튼 나는 엄마가 그런 엄마들 같지 않아서 너무 좋은 거 있죠. 나도 나중에 아이 낳으면 엄마가 나한테 했던 것처럼 그렇게 키울 거야."

그랬다. 나는 성아에게 공부 못했다고 야단을 쳐본 적도, 또 공부하라고 성화를 부려본 적도 없다. 성아의 학교 생활에 관심이 없어서 그랬다고 생각한다면 엄청난 오산이다. 내가 성아를 염려하고 사랑하는 마음은 세상 누구에게도 지지 않는다. 바로 그 아이를 너무도 사랑하는 마음이 나를 그리하도록 이끈 것이다.

성아의 성적표는 체육과 음악을 빼고는 몽땅 '양', '가'로 반에서 꼴찌였다. 그런 성적표를 나한테 보여야 한다는 것에 대해 성아는 무척이나 참담해했다. 괴로운 나머지 어렸을 때 치과에 가야 했을 때처럼 배가 아픈 꾀병이 되살아날 정도였다.

어쩌면 그때 나는 성아가 우등생보다는 꼴찌의 경험을 쌓기를 바랐는지도 모른다. 말이 안 통하는 아이에게 공부 잘하기를 바란다는 것 자체가 무리이기도 했지만, 선생님이나 다른 아이들에게 인정받지 못하는 꼴찌의 서러움을 터득할 수 있는 좋은 기회가 될 수도 있다고 생각했다. 그러면 나중에 꼴찌가 되지 않기 위해 스스로 노력하고 싶어질 것이었다. 또한, 이미 꼴찌의 경험이 있는 사람은 함부로 남을 무시하지 않게 된다. 꼴찌의 비참함을 누구보다도 잘 알고 있기 때문에 나중에 우등생이나 리더가 되었을 때 자기보다 못한 사람을 배려할 줄 알게 될 것이다.

한국에서 초등학교를 다닐 때 성아에게는 공부보다 더 중요한 것이 있었다. 한국말을 배우는 것이었다. 미국에서의 초등학교 시절에도 마찬가지였다. 학과 공부보다 영어를 배우는 것이 더욱 중요했다. 이 나라 저 나라 옮겨다녀야 하는 가정 환경의 특수성 때문이었다. 하지만 나는 이렇게 생각했다. 초등학교에서 공부하는 동안 대부분의 아이들은 읽기, 쓰기, 더하기, 빼기 정도의 기초는 배우게 된다. 그것을 조금 더 잘하는 것 혹은 좀더 빨리 배우는 것은 그리 중요하지 않을지도 모른다.

중요한 것은 학과 공부가 아니라 건강한 생활 태도와 외국어를 배우는 것이었다. 나는 성아가 많은 한국 아이들을 사귀면서 그 아이들의 생활과 생각을 이해하게 되기를 바랐다. 이런 살아 있는 지식은 급속도로 국제화되어가는 세상에서의 경쟁에 큰 도움이 되기 때문이다. 외국어는 말할 나위도 없다. 보다 많은 일을 할 수 있는 기회를 준다.

초등학교 시절의 성적표는 성아와 내게 아무런 의미가 없었다 해도 과언이 아니다. 성아가 아이들과 마음껏 뛰어 노는 것, 또 좋아하는 만화를 실컷 읽는 것은 한국말을 배우는 데 학교에서 가르치는 것 이상의 효과를 낼 수 있었다. 그 때문에 나는 공부하라고 잔소리를 하는 대신 만화방에서 몇 시간이고 죽치고 있도록 허락했다. 또한 정의감과 자신감을 가질 수 있게 운동을 하도록 적극 권유했던 것이다.

공부에 시달리지 않은 덕분에 성아는 많은 것을 얻을 수 있었다. 서울 신동초등학교에 와서 성아는 한국말을 웬만큼 알아듣게 되었고, 친구들도 많이 사귀었다. 그 중에서도 혜현이라는 얌전하고 예쁘장한 아이와 아주 친했다. 같은 아파트에 살았는데, 서로의 집에 왔다갔다하며 소꿉도 살고 그림도 그리고 만화도 읽고…… 둘은 같이 다니며 많은 정겨운 추억을 만들었다. 떠돌이로 자란 성아가 한국을 고향같이 푸근한 곳으로 느끼는 것도 바로 그 시절의 추억 때문이다.

나는 성아가 행복하기를 바랐다. 어릴 때 잠깐 느끼는 반짝 행복이 아닌 긴 행복. 그리고 성취의 기쁨도 초등학교 시절의 1등이 아닌 인생의 성취를 희망했다. 나는 그 시절, 성적표를 무시함으로써 내가 바라던 거의 모든 것을 얻었다고 자신할 수 있다.

사랑한다는 것에 대하여

한번 사랑을 준 것에는 끝까지
의리를 지켰다. 사랑을 한다는 것은 그런 것일 것이다.
배려해주고 끝까지 최선을 다해 책임져주는 것.

성아가 초등학교 3학년 때였다. 그날도 흐뭇한 마음으로 현관 툇마루에 걸터앉아 군화 끈을 풀고 있었다. 그때 어디선가 삐약삐약하는 병아리 소리가 희미하게 들려왔다. 따스함이 마음을 스치고 지나갔다.

'나도 봄을 타나?'

혼자서 피시식 웃고는 방으로 들어가 옷을 갈아입었다. 안방에는 아버지와 명규 그리고 성아가 코미디 프로그램을 보며 깔깔거리고 있었고, 엄마는 부엌에서 내 저녁상을 차리고 계셨다. 저절로 미소가 지어지는 평온한 모습이었다.

저녁을 먹고 식탁에서 책을 보고 있는데, 다시 어디선가 삐약삐약하는 소리가 들렸다. 가만히 귀를 기울이며 병아리 소리를 따라갔다. 현관 옆에 있는 작은방에서 나는 소리였다.

사과 궤짝만한 종이 상자 안에 노란 병아리들이 옹기종기 모여서 작고 까만 눈으로 나를 올려다보고 있었다.

"귀엽지, 엄마? 오늘 내가 사온 거야."

언제 왔는지 등 뒤에서 성아가 자랑을 했다.

"네가? 어디서?"

"응, 학교에서 나오는데 교문 밖에서 어떤 아저씨가 팔았어. 다른 애들도 막 사가더라구. 그리구 내 짝꿍 반장애 있잖아요, 걔도 사갔어. 나도 사고 싶었는데 돈이 없잖아. 집에 와서 할아버지한테 막 졸랐지 뭐."

어때요, 잘 샀지요, 라는 듯한 표정으로 생글생글 웃으며 성아가 말했다.

"내사 성아한테 쫄려서 몬 살겠다."

두런두런 말소리가 나자 아버지가 참견을 하며 안방에서 나오셨다. 아버지는 손녀의 머리에 꿀밤을 주는 척하며 활짝 웃으셨다. 성아는 할아버지 팔에 매달리며 "헤헤ㅡ." 하고 특유의 헛웃음으로 애교를 부렸다.

"그런데 넌 이 병아리들 키울 줄은 알아? 괜히 데려다가 다 죽이는 거 아냐?"

"알기는 뭐로 알아. 괜히 쓸데 없이 사가지고 와서 집만 더러버지지."

기다렸다는 듯이 엄마가 핀잔을 주었다.

"키울 줄 안단 말예요. 우리 반 반장 같은 남자애도 키우는데 나라고 못 키울까 봐."

그날부터 성아는 쥐 풀방구리 드나들듯 작은방을 드나들었다. 마치 자기가 병아리 어미라도 된 듯이 물도 주고 모이도 주며 온갖 정성을 쏟았다. 때로는 병아리들을 상자 밖으로 꺼내 놀다가 병아리들이 도망가는 바람에 집 안을 퉁탕거리며 휘젓고 다니기도 했다.

"방이 더러워진다." "냄새 난다." 등등 수시로 할머니와 파출부 아주머니의 잔소리를 감수해야 했지만 성아는 병아리 어미 역할을 성공적으로 수행해 나가고 있었다.

깜찍하게도, 병아리를 핑계로 성아는 자기가 좋아하는 반장애하고도 서로 오가는 사이가 되었다. 둘은 무얼 먹이면 좋고, 물은 어떻게 주고 등등을 의논하며 마치 아기 키우는 엄마들같이 굴었다. 나도 퇴근 후 집에 오면 습관처럼 작은방부터 들여다보게 되었다.

그러던 어느 날, 집에 돌아와보니 현관까지 나와서 안기며 한바탕 수선을 떨어대는 까불이 성아의 모습이 보이지 않았다.

"성아는 어디 놀러 갔어요?"

"있다. 성아야, 느그 어마이 왔다."

엄마가 안방 쪽을 향해 성아를 불렀다.

"……?"

집에 있는데도 나오지 않는 것이 이상하다 싶었다. 삐죽 방문을 열고 어쩔 수 없이 나오는 성아의 얼굴에 운 흔적이 역력했다.

"왜, 무슨 일이 있었어요?"

"가시나, 지 뺑아리 죽었다고 안 그카나. 그라문 그기 죽지 내 살아 있을 줄 알았나. 즈그 어마이가 죽기나 한 거매로 찔찔 운다 아이가."

병아리가 있던 방은 텅 비어 있었다. 병아리를 묻어달라는 손녀의 간청에 못 이겨 할아버지는 양지 바른 곳에 묻어주었다. 성아는 무덤 앞에 십자가를 세워주었다고 했다. 할아버지는 담배만 뻑뻑 태우셨을 것이고 성아는 할아버지 품에서 엉엉 울었을 것이었다.

"왜 죽었어요?"

"장사들이 원래 살 거는 다 빼뿌고 죽을 거만 갖다 판다 아이가. 아들 장난감인기라. 괘이 사갖고는 멀쩡한 아만 울린다 아이가."

아버지는 혀를 쯧쯧 차시더니 고개를 푹 숙인 채 방바닥만 뚫어지게 쳐다보고 있는 손녀의 머리를 쓰다듬었다. 성아의 발 밑으로 굵은 눈물 방울들이 떨어졌다.

나는 성아가 왜 그렇게 상심하는지 이해할 수 있을 것 같았다. 나와 달리 성아는 동물을 무척 사랑했다. 길을 가다가도 강아지나 고양이가 보이면 "아! 귀여워!" 하면서 반가워했다. 버려진 떠돌이 동물이라도 겁도 없이 다가가 쓰다듬곤 했다.

나는 '저러다 물리기라도 하면 어쩌려고' 하는 마음에 "애, 조심해. 손 더러워져." 하며 주의를 주곤 했다. 그럴 때면 성아는 그냥 접근하는 게 아니라 혹시 병은 안 걸렸는지 다 살핀 다음 안심해도 된다고 확신할 때만 만진다며 나의 염려를 일축했다.

아무튼 성아는 길을 가다가도 낯선 개가 앞에 오면 덜컥 겁부터 나는 나와는 달라도 많이 달랐다. 동네 떠돌이 고양이가 새끼 낳은 걸 데려다 키운 적도 있었다. 더 이상 키울 수 없게 되자 바구니에다 먹을 것, 고양이 이름과 기타 주의 사항이 적힌 간단한 메모를 담아 사람 왕래가 많은 수퍼마켓 앞에서 키울 만한 사람을 물색하기도 했다.

하버드에 있을 때는 조깅하다 갑자기 발을 멈추곤 했는데, 그때마다 발 밑의 지렁이를 집어들고는 길 옆의 풀섶에다 놓아주었다. 이화여대 교환 학생으로 잠시 한국에 나와 있을 때는 토끼를 키우기도 했다. 애완용이 아닌 집토끼였던 까닭에 토끼장에서 키우지 않고 아파트에다 풀어놓고 키웠다. 냄새 난다, 똥을 아무데나 싸댄다는 할머니의 구박도 웃어 넘겼다. 외출에서 돌아와 온 집에 널린 토끼 똥을 손으로 집어 버리더라며 올케는 두고두고 고개를 내둘렀다. 화물칸에 실려 미국까지 갈 뻔한 토끼는 지금은 어느 선교사네 집에서 잘 자라고 있다. 화물칸에서 열 몇 시간을 버티지 못할 것이라는 데 생각이 미치자 토끼를 키울 만한 사람을 백방으로 물색한 덕분이다.

무덤덤하다 싶은 나와 달리 성아는 잔정이 많다. 한번 사랑을 준 것에는 끝까지 의리를 지켰다. 최선을 다해 동물을 돌보는 모습에서 나는 감동을 느꼈다. 사랑을 한다는 것은 그런 모습일 것이다. 배려해주고 최선을 다해 책임져주는 것.

강아지를 싫어하는 할아버지의 속뜻

반가운 마음에 아버지는 맨발로 뛰어내려가
개의 머리를 안았다. 개도 가슴이 메이는지 끙끙거리며
아버지의 뺨에 흐르는 눈물을 핥았다.

"성아야, 강아지 한 마리 사줄까?"

병아리 때문에 며칠이나 시무룩하게 풀이 죽어 있는 성아를 달래고 싶었다. 순간 성아의 얼굴이 언제 울었나 싶게 활짝 개었다.

"정말? 언제? 내일?"

내 목에 매달리며 신이 나서 물었다.

"강아지는 무신! 내사 싫다."

성아를 위해 제일 먼저 찬성하리라 믿었던 아버지가 오히려 엄마보다 먼저 반대를 하고 나섰다.

"할아버지~ 강아지 사요~. 내가 잘 키울게요~."

성아는 할아버지와 할머니 등에 교대로 매달리며 강아지를 사서 키우자고 졸랐다. 그런데 손녀가 저렇게 조르면 못 이기는 척 져주시던

분이 그날 밤은 웬일인지 조금도 질 기색이 없었다. 아버지의 그런 모습은 처음이라 의아했다.

한참을 성아의 성화에 시달리던 아버지는 슬그머니 일어나 방을 나갔다. 나는 아버지가 왜 그러시나 물어보고 싶어서 따라나갔다.

아버지는 베란다에 서서 담배를 피우고 계셨다. 담배 연기가 흩어지는 어둠 속의 어딘가를 무심히 바라보는 아버지의 뒷모습에서 알 수 없는 슬픔이 배어났다.

'병아리의 죽음에 저렇게 상심을 하시는 건가? 아버지의 저런 면은 전엔 전혀 몰랐는데……'

도무지 이해가 안 갔지만 물어보기를 포기했다. 혼자 있고 싶어하시는 것 같았다. 조용히 다시 방으로 들어왔다. 성아는 여전히 할머니 등에 매달려 강아지 타령이었다.

"그런데 아버지가 왜 저렇게 반대를 해요? 난 아버지가 강아지 좋아하실 줄 알았는데."

손녀가 그렇게 원하는데도 끝까지 반대하시는 이유가 궁금해서 견딜 수가 없었다.

"옛날에 디서 안 그렀나."

"옛날에 왜요? 개한테 누가 물리기라도 했어요?"

"그기 아이라 개 때문에 너무 속썩은 일이 안 있었나."

성아도 궁금했던지 조르던 것을 멈추고 할머니를 쳐다보고 있었다.

내가 태어난 곳, 월래에서의 일이니 나는 아기였을 때다. 당시 우리 집은 엿공장을 하고 있었는데 집도 지킬 겸 개를 한 마리 키웠다. 개는 아버지를 유난히 따랐다. 아버지가 일을 하다가 밖에 나오기라도 하면 꼬리를 치면서 졸랑졸랑 따라 다녔다. 아버지도 개를 무척 아꼈다. 밥을 먹다가 마당에서 아버지를 쳐다보고 있는 개를 보면 먹던 걸 던져주곤 했다. 몇 년을 같이 살다 보니 개는 완전히 한식구가 되어 있었다.

그러던 어느 날, 마실 나간 개가 집에 돌아오지 않았다. 곧 들어오겠지 하고 기다렸건만 이튿날 저녁이 되어도 나타나지 않았다. 전엔 한 번도 그런 일이 없던 터라 아버지는 개를 찾아 나섰다. 동네사람들에게 물어봤지만 개를 보았다는 사람은 없었다. 터덜거리며 집에 돌아오니 아랫마을에 사는 사람이 와 있었다. 마루 밑에는 피 묻은 조그만 자루가 던져져 있었다.

"아까 낮에 기찻길로 걸어오는데 개가 기차에 치잇는지 철길 옆에 죽어 있는기라요. 누집 갠가 싶어 자시이 보이 이 집 개라예. 그래서 우리가 국 끼리 묵고 다리 하나는 보신탕이라도 끼리 잡술라나 싶어 가아 왔는기라요."

아버지는 급히 담배를 들고 집 뒤로 갔다. 그때만 해도 고기 사먹기가 힘든 시절이었다. 사람들은 대개 보신탕을 먹으며 몸보신을 하곤 했다. 직접 개를 사서 끓여 먹기도 했고, 개장수들이 개를 대주는 보신탕 집도 많았다. 기차에 치여 죽은 개를 끓여 먹는 것은 그 당시 사람들에게는 충분히 있을 수 있는 일이었다.

엄마는 아버지보다 마음이 강한 편이었고 현실적이었다. 이웃 사람이 가져다놓은 개 다리를 받았다. 엄마는 다리를 푹 삶아 살을 죽죽 찢어서 밀가루 반죽을 씌운 후 넓은 소쿠리에 펴서 널었다. 큰아버지와 함께 사시던 친할아버지가 오셨을 때 엄마는 꾸들꾸들하게 말려둔 개고기를 꺼내 맛있는 보신탕을 끓여 저녁상에 올렸다.

"야야, 고기가 연한 기 아주 맛있네. 한 그릇 더 도고."

할아버지는 맛있게 잡수셨지만, 그날 아버지는 그 국에 입도 안 댔다.

그날 이후 아버지는 맥이 빠진 사람 같았다. 엄마가 개집을 치우려 하자 "기양 나나라!"며 신경질을 부렸다. 어떤 때는 툇마루에 걸터앉아 담배를 빼어 물고 멍하니 마당을 쳐다보고 있었다. 마음 속에 남아 있는 개의 모습을 보고 있었는지도 모른다.

얼마 지나지 않아 아버지는 조그만 강아지를 한 마리 얻어왔다. 지난번 개와 같은 누렁이였다. 아버지는 죽은 개의 새끼라도 되는 양 강아지를 귀여워했고, 강아지도 아버지를 무척이나 따랐다. 집에 들고 날 적마다 아버지는 쫄랑거리며 따라다니는 강아지를 수시로 쓰다듬어주었다. 마치 옛날로 다시 돌아간 모습이었다.

그렇게 정을 나누는 사이에 여러 해가 지났다. 엄마가 양푼에 푸짐히 담아주는 밥을 먹고 강아지는 눈깜짝할 사이에 퉁퉁한 개로 자랐다. 그 당시 사람들은 개를 5년 이상 키우면 주인을 해친다고 믿었다. 그래서 5살이 되기 전에 모두들 서둘러 잡아먹든지 아니면 보신탕집에 팔아넘겼다. 오래 망설인 끝에 결국 아버지도 누렁이를 개장수에게 팔기로 마음을 굳혔다.

저녁이 이슥해서 좌천의 보신탕집 사람이 자전거를 타고 개를 데리러왔다. 아버지는 내키지 않는 마음으로 겨우 개 목에 줄을 감아주었다. 멋도 모르는 개는 꼬리를 흔들며 좋아했다. 그것이 더욱 아버지의 가슴을 적셔놓았는지, 아버지는 방으로 들어가 문을 탁 닫아 걸었다.

보신탕집 남자는 몇푼의 돈을 엄마에게 건네주고는 개 목줄을 자전거에 묶었다. 눈치를 챘는지 개가 낑낑거리며 울어댔다. 살려달라고 낑낑대는 애절한 개 울음소리만 집 안 가득 남겨둔 채 보신탕집 남자는 자전거를 끌고 삽작을 나섰다. 누렁이는 네 발을 땅에 붙이고 엉덩이를 뒤로 뺀 채 흙먼지를 날리며 질질 끌려갔다.

　밤늦도록 도무지 잠을 이룰 수 없던 아버지는 담배를 물고 툇마루에 걸터앉았다. 모든 것이 적막하게 보였다. 달도 없이 컴컴한 마당 한구석에 주인을 잃은 텅 빈 개집이 덩그러니 놓여 있었다. 꼬리를 치며 아버지의 발 옆에서 촐랑거리던 모습이 눈앞에서 어른거렸다.

　'내 또다시 개로 키우믄 사람이 아이다. 다시는 안 키울끼구마는. 이기야말로 참말로 사람 할 짓이 아이구마는.'

　한참을 뒤척이다 아버지는 새벽녘에야 설풋 잠이 들었다.

　"일로 좀 나와바요, 야-."

　엄마의 다급한 목소리에 퍼뜩 잠을 깼다. 무거운 눈꺼풀을 비비며 문을 열고 나온 아버지는 엄마가 가리키는 쪽을 쳐다보곤 귀신을 본 듯 깜짝 놀랐다. 어제 개장수에게 끌려갔던 누렁이가 마당에 엎드려 꼬리를 흔들고 있었다. 반가운 마음에 아버지는 맨발로 뛰어내려가 개의 머리를 안았다. 개도 가슴이 메이는지 끙끙거리며 아버지의 뺨에 흐르는 눈물을 핥았다. 개의 털은 땀으로 푹 젖어 있었고 몸에서는 후끈거리는 열기가 느껴졌다.

　"그런데 여까지 우예 왔제? 거서 여까지는 암만 몬 되도 한 20리는 넘을 긴데. 밤새도록 걸었는지 몸이 푹 젖었구마는……."

　엄마도 가엾다는 듯 혀를 쯧쯧 찼다. 순간 아버지는 가슴이 미어졌다. 이미 보신탕집에 팔린 개는 더 이상 아버지의 소유가 아니었다. 개장수는 오늘 개를 찾으러 다시 올 것이었다.

　"마, 돈을 돌리주고 기양 데리고 있지 머."

　아버지는 그 흥정을 물리고 싶었다. 이렇게 죽을 힘을 다해 다시 찾아온 가엾은 짐승을 다시 사지로 몰 수는 없다 싶었다.

"그 사람이 그렇게 해주겠는교?"

엄마도 개가 가엾다는 마음이 들었던 모양이다. 다른 때 같으면 '쓸데 없는 정'이라며 반대했을 엄마도 그때만은 아버지 말을 따랐다. 마치 두 사람의 말을 알아듣기라도 한 듯 힘없이 땅에 엎드려 있던 누렁이는 꼬리를 흔들어 고마운 마음을 나타냈다.

아버지가 예상했던 대로 아침 일찍 보신탕집 남자가 자전거를 끌고 삽작에 들어섰다. 누군지 알아차린 누렁이는 짖어대다가 낑낑 울다가 안절부절못했다. 엄마 말대로 그 남자는 다시 무를 수 없다고 잡아뗐다. 아버지가 어제 받은 값의 곱으로 쳐주겠다는데도 오기 때문인지 막무가내였다. 그러고는 내 물건 내가 찾아간다는 태도로 개를 다시 자전거에 묶었다. 그 모습을 차마 볼 수 없었던 아버지는 집 뒤의 대나무밭으로 향했다.

먼지투성이가 된 개는 살려달라고 낑낑대며 몸을 한껏 뒤로 뺐다. 화가 난 보신탕집 남자가 발길로 사정없이 걷어차버리자 개는 힘없이 고꾸라졌다. 번거롭게 두 번 일을 시킨 데 대한 복수라도 하려는 듯 그 남자는 자전거 페달을 힘껏 밟았다. 자전거 속도를 따를 수 없었던 개는 마치 고깃덩어리처럼 길바닥을 쓸며 끌려갔다.

"내 다시는 개 안 키울끼구마는! 인자 다시 개고 뭐고 키운다카믄 내가 개새끼인기라!"

한참이 지나서야 집에 들어온 아버지는 엄마에게 맹세를 했다. 아버지의 눈에는 눈물이 그렁그렁했다.

눈물은 내 눈에서도 넘쳐 흐르고 있었다. 성아는 내 무릎에 얼굴을 묻고 흐느끼고 있었다. 우리는 강아지를 포기했다.

인간 사회는 힘센 자들이 판을 치게 돼 있어

"약한 자들이 **힘센 자**를 이기려면 각자가
실력을 쌓고 또 같이 도와가며 힘을 합해야 돼. 그러지 않으면
억울하지만 **약한** 자는 당하고 말아."

1985년 2월부터 1986년 2월까지 열두 달 간 나는 경기도 남양주시 퇴계원에 본부를 둔 유류 중대의 중대장을 지냈다. 중대장 시절, 우리 부모님은 난생 처음 귀빈 대우를 받으며 딸의 성공을 눈시울이 젖도록 기뻐하셨다. 한국에서 근무하면서 나는 용산 부대 내의 메릴랜드 야간 대학에서 공부를 계속했고, 1987년 1월 학사 학위를 받았다. 뉴욕에서 공부를 시작한 지 14년 만의 대학 졸업이었다. 그리고 미국으로 발령을 받았다.

1986년 6월. 병참 장교 상급 교육을 받기 위해 버지니아의 포트 리로 가야 했다. 아버지와 엄마, 성아 그리고 나는 미국으로 가는 도중에 도쿄에 들르기로 했다.

내가 처음으로 미국행 비행기에 오르던 만 22살에 아버지는 일본의

한 광산으로 끌려갔다. 심한 허기와 같이 일하던 사람이 하루에도 몇 명씩 매몰되는 두려움에 몸과 마음이 갈가리 찢겨갔다. 아버지는 오직 살아남기 위해 탈출을 꾀했다. 탈출은 아버지를 마음까지 얼어붙는 지시마열도(지금 러시아의 쿠릴열도, 일본 홋카이도 위쪽 섬)로 내몰았다. 하늘과 바다가 만나는 '땅끝 마을'에서 아버지는 밀기울과 바다 미역으로 연명하며 군용 활주로를 지어야 했다.

그런 일본땅인데도 아버지는 때로 향수 비슷한 것을 느끼곤 하셨다. 엄마와 언니가 일본으로 건너가 가족의 정을 나눴던 오카야마현, 그리고 첫 아들을 얻었던 히로시마의 추억 탓이었다.

우리는 도쿄 나리타 공항에 내렸다. 터미널 밖으로 나오자 아버지는 주변을 두리번거리며 40년 전의 모습을 더듬는 것 같았다. 부모님과 성아를 기쁘게 해준다는 것에만 들떠 있던 나는 무조건 택시를 잡았다.

"동경 시내 부탁합니다."

아버지가 일본어로 택시 운전사에게 말했다. 운전사가 의아한 표정으로 아버지에게 물었다. 동경 시내 어디를 가느냐는 것이었다. 나도 어디라고 해야 할지 몰랐다. 운전사가 다시 무언가를 물었다.

"호텔이 어데냐꼬 묻는다, 야야."

"호텔은 아직 안 정했는데요. 어디 소개해줄 만한 곳이 있나 좀 물어보세요."

한참 운전사와 대화를 주고받던 아버지가 다시 나를 쳐다보며 말했다.

"이 사람 말이 도쿄는 호텔비도 택시비도 엄척 비싸단다. 그라이 도쿄 시내까지 나가지 말고 가다가 싸고 깨끗한 데 여관을 정하란다. 그라고 도쿄 시내에 갈라믄 전철 타고 가믄 값도 싸고 빠르단다."

친절한 택시 운전사 덕분에 우리는 깨끗하고 아담한 여관에 여장을 풀었다. 여관 주변에 대나무들이 빼곡했고 현관 앞에는 작은 연못이 있었다. 연못에는 앙증맞은 돌다리가 걸쳐져 있었고, 돌다리 밑에는 연꽃 이파리들이 마치 우물 덮개인 양 펼쳐져 있었다.

'일본에 왔구나!' 하는 실감이 들었다.

깔끔하게 기모노를 차려 입은 여자가 우리를 깍듯이 맞았다. 41년 전까지만 해도 아버지는 식민지에서 온 노동자였다. 일본인들 앞에서 고개도 제대로 못 들던 가난한 밑바닥 인생이었다. 그러나 지금은 일본인들도 굽실거리는 미군 장교의 가족에다, '손님은 왕'이라는 일본에 돈을 쓰러 온 손님이었다. 나는 이 뜻깊은 행복을 성아에게도 전하고 싶어 전철을 타고 우에노역으로 가면서 아버지의 옛날 이야기를 해줬다.

아버지도 이 변화에 대해 감개가 무량한 듯했다. 그리고 그건 아버지만이 아니었다. 엄마는 한술 더 떠 그 변화를 좀더 여유 있게 즐기고 싶어하셨다. 옛 일을 한풀이하듯 잔뜩 거드름이라도 피우고 싶은 그 심정을 나도 모르는 바 아니었다.

"일본에 왔시이 그 흔한 시계 하나 사주소."

우에노역 근처의 카레집에서 점심을 먹고 나자 엄마는 아버지께 생전 한 번도 해보지 않은 엉뚱한 요구를 했다.

"사주지. 그까짓 거 얼매나 하겠노."

마치 아이에게 말하듯 아버지는 웃으며 흔쾌히 승낙하셨다. 우리는 가까운 곳에 있는 큰 시장을 찾았다. 한참을 이 가게 저 가게 기웃거리고 다니는데 앞장서 걷던 엄마가 그 중 제일 고급스러워 보이는 시계점으로 들어가셨다.

"이기 제일 낫네. 성아야, 이거 이쁘제?"

진열장을 빽빽이 채운 시계들 속에서 어머니는 금줄이 달린 동그랗고 자그마한 시계를 하나 고르셨다. 성아와 나는 시계들이 너무 많아서 어느 것을 고를지 몰라 망설이는데 역시 엄마가 제일 결단력이 있었다.

"이거 사주소."

시계에 붙은 가격을 보고 나는 눈이 둥그래졌다. 고작해야 3~4만 원 짜리밖에 안 차던 나는 60만 원이 넘는 시계를 사달라고 하는 엄마가 이해가 안 갔다.

"너무 비싸다 아이가."

아버지도 어이가 없다는 표정이다.

"생전에 비싼 거라고는 한 번도 몬해봤는데 이번에 비싼 거 한 번 해볼란다."

엄마는 양보하기를 거부했다. 시계점을 나올 때 엄마는 시계를 팔목에 찬 채 싱글벙글하셨고 아버지는 자두를 한 입 베어문 표정이 되었다.

"사실 그렇죠. 소원이시라는데 눈 한 번 질끈 감으시면 되잖아요."

내 말에 아버지는 그도 그렇다며 허허 웃고 마셨다.

평생 소원이 60만 원짜리 시계 한 번 차보는 것이라면 너무 소박한 것 아닐까. 그동안 부모님이 걸어오신 길을 생각하니 목이 메었다. 특히 이 일본땅에서 겪으신 고초는 말로 다 할 수 없을 터였다.

"그런데, 할아버지는 왜 돌아가실 뻔했어요?"

할머니 배에 손을 올려놓고 누워 있던 성아가 불현듯 물었다. 낮에 전철에서 들었던 이야기가 잠을 자려고 누우니 머리 속에서 뱅뱅 맴돌

왔던 모양이다.

"일본 광산에 끌리가 일하다가 안 그랬나."

어둠 속에서 아버지가 성아의 질문을 받으셨다.

"그렇게 위험하면 왜 광산에서 일했어요? 그만두지."

"그때는 일제 시대라서 조선 사람이 지가 하고 싶다케도 지 맘대로 할 수 없던 때 아이가."

"일제 시대가 뭐예요?"

"일본 사람들이 우리나라를 삼키뿌리가지고 일본 사람 맘대로 하던 때라. 조선 사람은 자유라는 기 없었다 아이가. 니는 인자 태어났으이 얼매나 잘 됐노."

"나도 일본에서 반장이 일본말 몬한다고 얼매나 혼을 냈는지 모린다 카이."

조용히 듣고만 있던 엄마가 아버지만 손녀의 동정을 받고 있는 것이 샘이 나셨는지 끼여들었다.

"할머니두? 두구보라 그래. 우리 할머니, 할아버지한테 그렇게 못되게 한 거 내가 꼭 복수해줄 거야!"

씩씩거리는 손녀의 태도가 흐뭇한지 아버지가 허허허 웃으셨다.

"그런데 성아야. 복수도 좋지만 한 가지 알아둬야 할 게 있어. 힘센 일본이 힘 없는 한국을 잡아먹은 것은 확실히 옳지 않은 일이야. 그런데 잡아먹힌 한국도 죄가 없다고 할 수는 없어."

"힘이 없는 게 무슨 죄예요?"

무슨 엉뚱한 소리를 하느냐는 듯 금방 반박이 터졌다.

"한국은 왜 힘이 없었니?"

작은 일본이 힘을 키워 일본을 지켰듯이 한국도 힘을 키웠더라면 적어도 일본한테는 안 잡아먹혔을 수도 있다. 그때 한국 사람들, 특히 나라를 통치하던 지도자들이 자기들 이익만 찾느라 서로 헐뜯고 싸우는 통에 나라의 힘이 다 빠져버렸는데, 만약 애국심과 희생 정신으로 서로 돕고 힘을 합쳐서 나라를 강하게 만들려고 했다면 일제 시대 같은 건 없었을 것이다. 나는 어느새 엄마에서 군인이 되어 성아에게 설명을 해 주고 있었다.

"받아들이기 싫은 사실이긴 하지만 인간 사회는 힘센 자들이 판을 치게 되어 있어. 약한 자들이 힘센 자를 이기려면 각자가 실력을 쌓고 또 같이 도와가며 힘을 합해야 돼. 그러지 않으면 억울하지만 약한 자는 당하고 말아. 할아버지, 할머니도 힘이 없는 나라의 한 희생자들이야. 중요한 건 앞으로는 당하지 않게 너부터 실력과 힘을 키우는 노력을 해야 된다는 거야."

할 말을 잃어 답답한 듯 까불이 성아가 "흠－." 하고 코로 숨을 내몰아 쉬었다.

이튿날 우리는 황궁으로 향했다. 높은 돌벽 너머로 웅장한 황궁이 솟아 있었다. 봄날의 오리떼를 연상케 하는 단체 관광객들이 황궁 앞 넓은 공원을 기웃거리며 일본 '신'의 오랜 역사를 배우고 있었다. 나는 부모님과 성아를 나란히 세워 카메라에 담았다. 훗날 성아가 사진을 보며 일본에서 우리가 나누었던 대화들을 기억하기를 바라면서.

그날 오후에는 엄마가 좋아하는 절에 갔다. 성아와 나는 엄마가 시키는 대로 부처님께 공손히 절을 했다.

"나무아미타불……"

부처님이 자비로운 표정으로 '중생'을 맞아주는 것 같았다. 그 모습을 바라보고 있으니 왠지 마음이 편안했다. 그런데 뭐가 우스운지 성아가 낄낄거리며 절을 하고 있고, 할머니는 살짝 눈을 흘기고 계셨다. 웃음을 참지 못하고 밖으로 뛰어나간 성아는 영문을 모른 채 같이 빙긋이 웃으시는 할아버지를 안고 겅중거리며 춤을 추었다. 그 모습을 보며 피식피식 웃음을 흘리는데, 갑자기 내 머리에 떠오르는 것이 있었다.

"너 방구 꼈지!"

고개를 끄덕이며 성아는 다시 폭소를 터뜨렸다.

"가시나, 뭐 잘했다고 웃노? 울어도 시원찮을 낀데."

엄마가 웃음을 참으면서 성아의 등을 탁 쳤다. 그래도 성아가 깔깔거리자 이번에는 아버지가 성아의 머리에 꿀밤을 먹이셨다. 아버지 얼굴에도 웃음이 번져 있었다.

"이노무 자슥!"

세 사람의 모습에서 그날 나는 행복의 얼굴을 보았다.

'행복이 따로 없는 것을……. 그러나 행복을 찾기까지는 얼마나 고된가.'

한가로운 풍경소리가 내 마음을 어루만지고 있었다.

"엄마 군화 닦으면 2달러 줄게."

힘들고 비싸게 얻은 것은 더러 **싫증**이 나더라도
함부로 다루거나 버리지 않는다. 또 얼마 안 되는 돈도
자신이 힘들게 번 것은 결코 **만만하게** 느껴지지 않는다.

    나는 아이 용돈을 넉넉하게 주는 편은 아니었다. 장난감이나 옷을 사주는 데도 좀 인색한 편이었다. 장교 월급으로 부모님을 모시고 살려면 돈을 펑펑 쓸 형편은 아니었지만, 그렇다고 가난한 편도 아니었다. 하지만 아이 용돈에 인색한 데는 그만한 이유가 있었다. 돈도 돈이지만 나는 아이에게 돈의 가치를 알려주고 싶었다. 그래서 필요한 용돈의 70%만 주고 나머지 30%는 스스로 벌게 했다.

    미국에서는 일 안 하는 아이는 별종이다. 아이를 제대로 키우려는 부모들은 아무리 부자라도 아이에게 일을 하게 한다. 미국 노동 통계국의 조사에 따르면, 12세 어린이의 절반이 아이보기, 잔디깎기 등 아르바이트를 하고 있다고 한다. 15살쯤 되면 10명 중 7명이 일을 한다. 대학으로 가면 방학 때 한두 가지 일을 안 하는 학생들은 별종 취급을 받는다.

인간은 모순 덩어리라고 해도 과언이 아니다. 무엇이든 쉽고, 싸게 얻고 싶어한다. 그렇게 얻은 것에는 쉽게 싫증을 내고 귀하게 여기지 않는 경향이 있다. 그러나 힘들고 비싸게 얻은 것은 더러 싫증이 나더라도 함부로 다루거나 버리지 않는다. 또 얼마 안 되는 돈도 자신이 힘들게 얻거나 번 돈은 결코 만만하게 여기지 않는다. 어렵게 마련한 돈으로 원하는 것을 샀을 때 그것이 일반 상식으로 굉장히 싼 것이라도 결코 싸게 느껴지지 않는다. 값으로 그 물건의 가치를 계산하는 것이 아니라 자기의 힘든 노력으로 가치를 측정하려 하기 때문이다. 결국 그 사람은 작은 돈으로 큰 행복을 살 수 있게 된다.

"성아야, 엄마 군화 안 닦아볼래? 한 켤레 닦는 데 2달러 줄게!"
"2달러라고? 정말?"
성아는 만세삼창이라도 할 포즈였다. 그러나 구미는 당기지만 선뜻 나서지 못하는 눈치였다.
"해보고는 싶은데 어떻게 해야 하는지 자신이 없어요……."
"처음부터 닦을 줄 아는 사람이 어디 있니? 내가 가르쳐줄게."
텔레비전에서 눈을 떼지 않으셨지만 우리 모녀가 하는 양을 주시하던 엄마가 기어이 참견을 하며 나섰다.
"야야, 가가 무신 구두를 닦노. 그저 까불 줄이나 알지."
"와 몬할까봐. 해봐라. 내가 도와주꾸마."
손녀의 기를 꺾어놓는 할머니의 말이 마음에 걸렸는지 옆에 있던 할아버지가 성아의 응원군을 자청했다.
"며칠이나 가나 보자!"
할머니가 짓궂게 다시 도전장을 냈다.

"엄마, 해볼래요."

할머니의 도전장이 성아의 자존심을 건드렸다. 순전히 오기 때문에 성아는 그 순간부터 구두닦이가 되었다. 내가 구두 닦는 방법을 꼼꼼히 가르쳐주었지만 처음부터 잘될 리가 없었다. 텔레비전을 보는 척하며 흘깃 보니 고사리 손으로 낑낑거리며 자기 무릎까지 오는 군화를 닦느라 열심이었다. 이마와 콧등에는 땀이 송글송글 맺혀 있었다.

"어데 보자, 내가 한번 해보꾸마."

손이며 얼굴에 온통 구두약으로 앙괭이를 그린 채 한 시간 이상을 군화와 씨름하는 손녀가 안쓰러웠는지 할머니와 10원 내기 화투를 치던 할아버지가 화투장을 놓고 손녀 옆에 다가앉으셨다.

"그럼 할아버지하고 용돈을 나눠야 하잖아요."

"야야, 돈은 니가 다 가지라. 니가 애쓰는 기 하도 안씨러버서 그란다."

"할아버지, 정말? 와, 신난다! 그럼 할아버지는 다른 한 짝을 닦아주세요."

할아버지와 손녀는 방바닥에 널찍이 신문지를 깔아놓고 나란히 앉아 구두를 닦기 시작했다. 팔이 아플 정도로 꽤 오랜 시간 공을 들였지만 아무리 해도 광이 안 나자 성아는 그만 울상이 되었다.

"인내라. 내가 마저 닦아노꾸마. 니는 고마 됐다."

"엄마!"

한참 후 성아가 자랑스러운 듯 두 사람의 합작품을 내밀었다.

"어디 봐. 응, 처음 닦는 솜씨치고 제법 잘했는데……. 아, 우리 성아 대단해."

"사실, 할아버지가 많이 도와줬어."

"그럼 할아버지랑 돈은 나누어야겠네."

"할아버지가 돈은 나 혼자 가져도 된다고 했는데……."

성아는 좀 시무룩한 표정이 되었다. 나누기는 아깝고 혼자 가지자니 미안하고……. 그 마음을 나도 모르는 바 아니었다. 지갑에서 1달러짜리 두 장을 꺼내 주었다. 성아는 그 즉시 할아버지에게로 가서 1달러를 내밀었다.

"얼라 입에 든 사탕 빼사 묵지. 마 니 다해라."

"야! 신난다!"

성아는 1달러씩 두 손에 들고 펄쩍 뛰며 만세를 불렀다.

두 사람의 합작은 내 기준에는 턱없이 미달이었다. 식구들이 잠든 틈에 나는 다시 광을 냈다. 밑손질을 잘해둔 터라 광은 쉽게 났다. 성아가 성심껏 하지 않았다면 광이 날 때까지 더 열심히 닦을 것을 강요했을 것이다. 하지만 최선을 다하는 모습을 보여주었기 때문에 나는 그것으로 만족했다.

성아의 구두 닦는 실력은 하루가 다르게 늘어갔다. 더 이상 내가 몰래 마무리하지 않아도 될 정도가 되었다. 성아는 그렇게 모은 돈으로 갖고 싶던 장난감을 사기도 하고, 명규 삼촌에게 공책이나 연필을 사주기도 했다. 때로는 자기가 좋아하는 사탕을 사서 할아버지와 할머니 입에 넣어주며 까불어댔다.

성아의 구두닦이 사업은 이듬해 우리가 버지니아로 이사를 간 다음에도 계속되었다. 구두 닦는 데 자신이 생기자 성아는 이웃들을 찾아다니며 구두를 닦으라고 권했다. 좀더 많은 돈을 벌어보고 싶은 욕심에서였다. 군인 관사에서 산 덕분에 성아의 고객은 충분했다.

"이건 제가 닦은 엄마 구두예요."

자신의 실력을 인정받기 위해 내 군화를 가지고 다니며 과시하는 모습이 사업가다웠다. 하나 둘씩 단골이 생기는가 싶더니, 곧 입소문이 나서 이웃들이 우리 집에 군화를 가지고 찾아오기도 했다. 성아의 사업은 날로 번창해가는 듯했다.

그러던 어느 날, 퇴근을 하고 집에 오니 성아가 울상이 되어 인사를 했다.

"엄마, 나 좀 도와줄 수 있어요."

어려운 부탁이라도 하는 듯 주저하는 티가 역력했다.

"무슨 일인데?"

"사실 제가 욕심을 너무 부린 것 같아요. 내일까지 닦을 군화를 너무 많이 받아서 밤을 꼬박 새워도 다 못 닦을 것 같아요."

집은 관사에서 거둬온 군화들로 내 구두를 벗어놓을 데조차 없었다. 사태는 파악이 되었지만 나는 짐짓 모르는 척 물었다.

"그래서?"

"엄마가 좀 도와주시면……."

자기가 대단하다고 생각해온 엄마에게 다른 군인의 구두를 닦아달라고 부탁하는 게 착잡했던 모양이었다. 목소리가 기어들어가 제대로 말을 잇지 못했다.

"오늘 딱 한 번뿐이다. 앞으로는 네가 해낼 수 없는 일은 아예 맡지 말아."

과욕은 좋지 않지만 그래도 나름대로 약속을 지키려는 모습이 대견하다 싶었다. 덕분에 나는 밤이 이슥하도록 성아와 함께 땀을 뻘뻘 흘려야 했다. 구두닦이 모녀라……. 짬짬이 성아 쪽을 보니 가늘고 긴 손가락이 리드미컬하게 구두를 닦아나가고 있었다. 열한 살짜리 가시나의 손끝에서 낡은 구두들이 반짝반짝 광을 냈다. 구두 닦는 솜씨는 10년을 닦아온 나를 능가하고 있었다.

성아는 돈의 가치를 깨닫기 위해, 나는 그것을 가르쳐주기 위해 땀을 흘리며 군화들을 닦은 밤이었다.

장대비 속에서 잔디를 깔던 날

부모가 죽은 후에 자식들이 꿋꿋이 살아갈 준비가
되어 있지 않다면 그들은 불행한 삶을 살게 된다. 부모는
자기 자식들의 미래의 삶을 상상해볼 필요가 있다.

구두닦이로 일에 자신이 생긴 성아는 좀더 큰 사업을 시작해보고 싶다고 했다. 마침 그때 조카인 승희와 승용이가 같이 하겠다고 나섰다. 1987년 초에 언니가 고등학교를 막 졸업한 승희와 중학교를 졸업한 승용이를 데리고 미국으로 온 것이었다.

든든한 일꾼 셋. 이들은 그럴싸한 계획을 세우고 광고지까지 만들어 이웃에 돌렸다. 세차, 잔디깎기, 잔디깔기 등 허드렛일을 도맡아하는 삼총사가 탄생한 것이다. 영어를 할 줄 아는 사람은 성아뿐이었기 때문에 일거리는 주로 성아가 구해 왔다. 그러나 일은 셋이서 같이 하고 돈도 셋이서 같이 나누기로 했다.

무더운 일요일인데도 일꾼 셋은 씩씩하게 집을 나섰다. 그날 오후에 나는 방에서 공부를 하고 있었다. 엄마와 아버지는 밖에서 세 일꾼들이

하청받은 미니버스 세차하는 걸 구경하고 계셨다. 한참을 지켜보던 엄마가 집 안으로 들어오며 땅이 꺼지게 탄식을 하셨다. 영문을 모르는 나는 한참을 멀뚱히 있었다.

"……?"

"마, 니가 용돈 좀 더 주믄 안 되나?"

"갑자기 웬 용돈을요?"

"니 밖이 얼마나 더븐지 아나? 기양 서 있어도 겨드랑이가 푹 젖는데이. 그란데 큰 거 둘이는 어슬렁어슬렁하고 있는데 그 쪼그만 기 차 지붕에 올라가가 끙끙거리매 차를 씻는데 참말로 몬 봐주겠데이. 힘이 들어가꼬 아 얼굴이 벌겋게 익었다카이."

연신 "안씨러버 죽겠다."고 혀를 차시며, 엄마는 성아의 모습을 묘사했다. 사실 열한 살짜리 아이에게는 힘든 일이어서 나 역시 안쓰럽다는 생각이 들었다. 마음 같아서는 당장 나가서 "그만 해도 돼! 내가 필요한 용돈을 줄게."라고 말하고 싶었다.

이것이 바로 약한 부모들의 선택일 것이다. 나도 내 아이를 뙤약볕에서 고생시키고 싶지 않은 부모 중 하나다. 세차 5달러, 잔디깎기 10달러, 잔디깔기 30달러, 하루 저녁 내내 아이 봐주는 데 20달러. 이 정도를 용돈으로 더 준다고 내가 파산할 것도 아니지 않는가.

그러나 나는 성아의 의지를 방해할 생각은 없었다. 성아는 무더위 속에서 힘든 일을 하며 인내력을 키우고 있는 중이었다. 인내 끝에 받은 돈의 가치를 성아는 결코 잊지 않을 것이다. 그 돈으로 진정 자기가 원하는 것을 살 것이고, 그렇게 산 것을 소중하게 간직할 것이다. 나는 그것이 성아에게 너무나 중요한 경험이라는 걸 알기 때문에 안쓰러운 마음을 꾹꾹 누르며 보던 책으로 눈을 돌렸다.

그 며칠 뒤, 성아와 승용이는 이웃집 잔디를 새로 까는 일을 하청받았다. 완전히 벌거벗은 정원에 가로 세로 30센티미터 정도의 떼들을 입혀 나가는 일이었다. 마침 날이 좀 흐려서 더위는 그런 대로 견딜 만했다. 그러나 작업이 반쯤 진행되었을 때 장대비가 쏟아졌다.

우리가 살던 페이어트빌에는 엄청난 태풍이 불 때가 가끔 있었다. 비바람에 큰 소나무가 쓰러져 옆에 있는 집을 덮치기도 한다. 비가 올 때는 잠깐 동안이지만 그야말로 장대 같은 비가 퍼부어 1~2분만 밖에 서 있어도 흠씬 젖는다.

비가 쏟아지고 천둥과 번개가 번갈아 때려대는데도 아이들이 돌아오지 않자 엄마와 아버지는 애가 닳으셨다. 엄마는 차고 문을 열어놓은 채 행여 손자들이 올까 길을 살피고, 아버지는 우산을 쓰고 아이들을 찾으러 나가셨다. 거센 비바람에 우산은 곧 무용지물이 되었다. 아버지는 숫제 우산을 접고 빗속을 뚫고 나가셨다. 아이들이 일하던 곳에 도착한 아버지는 빗물에 젖은 얼굴에 눈물을 보탰다. 앞도 잘 보이지 않는 장대비 속에서 두 아이들이 잔디를 깔고 있었다.

"이노무 자슥들. 비가 쏟아지는데 집에 안 오고 뭐하노?"

목이 메는 걸 감추기라도 하려는 듯 할아버지가 고함을 치셨다.

"할아버지!"

빗소리에 할아버지가 오는 기척을 몰랐던 아이들이 갑작스런 고함소리에 놀라 벌떡 일어섰다.

"고마 가자! 일은 나중에 하고"

"할아버지 먼저 가세요. 이제 얼마 안 남았어요."

원체 말이 없는 승용이가 가만히 서 있는 사이 성아가 잽싸게 손을 놀리며 대꾸했다. 할아버지는 성아가 일이 끝날 때까지 일어나지 않으리라는 걸 알았다. 우산을 한쪽에 치워놓고 할아버지도 막일꾼이 되었다. 세 사람이 일을 끝냈을 때는 이미 날이 저물어 사방이 깜깜해져 있었다. 엄마와 언니는 현관에서 물에 빠진 생쥐 꼴로 돌아온 세 사람을 맞았다. 몸은 이미 녹초가 되어 있었지만, 장대비 속에서도 맡은 일을 완수했다는 뿌듯함에 성아의 얼굴은 환한 대낮처럼 밝았다. 안쓰러움과 걱정이 뒤범벅이 된 어른들의 마음까지 맑게 개게 하는 밝음이었다.

어릴 때 스스로 노력하는 법을 배우지 않은 아이는 성인이 되었을 때 더 큰 좌절에 부딪칠 수가 있다. 강한 자녀로 키우기 위해서는 홀로 설 수 있는 힘을 키워주어야 한다. 자식들이 꿋꿋이 살아갈 준비가 되어 있지 않다면 그들은 불행한 삶을 살게 된다. 부모들은 자기 자식들의 미래의 삶을 상상해볼 필요가 있다. '그러고도 나는 진정 내 자식을 사랑했노라 장담할 수 있겠는가' 라는 질문을 지금 하지 않으면 안 된다.

한번 터뜨린 상처는 오래도록 남는다

자제력을 잃기는 쉬운 일이다.
자제력의 둑은 한순간에 무너져내린다.
둑 안에 갇혀 있던 잔인성은 홍수처럼 순식간에
모든 것을 휩쓸어간다.

버지니아에서 성아는 내 좁은 소견 때문에 곤욕을 치르기도 했다. 하루는 저녁을 먹는데 엄마가 내가 먹다 남긴 밥을 성아에게 주었다. 성아가 얼굴을 찡그리며 싫다고 밀어냈다. 순간 나는 기분이 무척 상했다.

"더러우면 안 먹어도 돼!"

내 귀에조차 서늘하게 느껴지는 얼음장처럼 차고 낮은 목소리였다. 세 사람 모두 놀란 표정 그대로 얼어붙었다. 천천히 일어나 내가 먹던 것을 쓰레기통에 쏟아버리고 내 방으로 올라갔다. 괘씸하다는 생각이 가슴 속에서 메아리쳤다.

'어쩜 나와 가장 가깝다고 생각해온 딸이 자기 엄마 것을 더러워하다니……'

야속하다는 생각이 원망과 미움을 몰고 왔다. 한편으로 나의 속좁음이 곤혹스럽기도 했다. 얼키고 설킨 마음의 타래를 풀지 못해 나는 밤새 잠을 설쳤다.

이튿날 새벽, 부대에서 체력 단련 집합이 있어 일찍 집을 나섰다. 새벽잠이 없는 부모님이 어느새 마당에 나와 계셨다.

"야야, 머로 그렇구로 화로 내노?"

엄마도 어제 저녁 일이 마음에 걸리셨던 모양이다.

"애가 화나게 하잖아요."

"그라믄 아가 다 그렇지. 가는 아직 얼라 아이가. 우쨌거나 어젯밤에 내 울다가 자드라. 얼매나 안됐던지……."

엄마의 혀 차는 소리를 귓가에 흘리며 차를 몰고 나왔다. 대문 앞에 서서 담배만 뻑뻑 빨고 계시는 아버지도 풀기가 없어 보였다. 마음이 버려진 휴지처럼 형편없이 너덜거리는 기분이었다.

"다녀……오셨어……요……."

운동이 끝나고 집에 들어오니 성아가 쭈뼛쭈뼛하며 인사를 했다. 성아를 보자 어젯밤 일이 다시 떠올라 공연히 속이 끓었다. 굳은 얼굴을 펴지 않은 채 아무 대꾸도 안 하고 거실로 들어가버렸다. 아버지는 손녀가 애처로워 애가 타셨는지 나를 따라 들어오셨다.

"마 고만하믄 됐구마는. 아가 인사하는 데 그럴 거는 머 있노."

모두가 한편이고 나만 외톨이로 고립되었나, 하는 생각이 들었다. 그 순간, 여태껏 잘도 참아온 내 잔인성이 불쑥 고개를 들었다.

"자기를 낳고 길러준 엄마의 것이 더럽다고 하는 아이잖아요. 내가 더 이상 그애에게 잘해줄 필요가 없잖아요!"

한쪽 구석에서 고개를 떨구고 서 있는 성아를 무시한 채 부모님께 역정을 냈다. 성아의 발 위로 눈물 방울이 떨어졌다. 그것도 못 본 척하며 휙 이층으로 올라갔다. 나의 서릿발처럼 차가운 행동이 며칠 간 계속됐다. 성아는 늘 풀이 죽어 있었다. 억지로 인사를 하는 목소리에도 항상 울먹임이 섞여 있었다. 내가 냉정하게 옆을 스쳐 가버릴 땐 눈물을 쏟았다.

사실 보이지는 않았겠지만 내 눈도 젖어 있었다. 아이가 점점 가엾다는 생각에 내 고집을 원망했다.

며칠 뒤 조용히 성아를 방으로 불렀다. 감정의 동요를 최대한 억제한 목소리로 그동안 서운했던 마음을 털어놓았다. 성아는 내 앞에서 무릎을 꿇은 채 훌쩍거리고 있었다. 잠시 내가 말이 없자 성아가 눈물에 젖은 얼굴을 조금 들었다.

"엄마…… 잘못…… 했어요."

눈을 아래로 뜨고는 입을 삐죽거리며 사과를 했다.

"……."

눈물이 쏟아져 뭐라 대꾸할 수가 없었다.

"그런데…… 사실…… 그런 뜻이…… 아니었는데……."

"그럼…… 무슨 뜻이란…… 말이야?"

"엄마 잡숫던 게…… 더러워서 안 먹는다는 게 아니고……."

성아는 말을 잇지 못하고 한동안 훌쩍거렸다.

"……."

"배가 부른데…… 할머니가 먹으라고 해서…… 그랬는데……."

쿵 하고 절벽에서 떨어진 기분이었다. 얼마나 어리석은 엄마였던가! 전에 늘 그랬던 것처럼 아이에게 해명할 기회를 주었더라면 아무 문제가 없었을텐데……. 어처구니없는 오해로 나는 애매한 사람들에게 억울한 마음 고생을 시키고 말았다. 그것도 세상에서 가장 사랑하는 내 부모와 내 자식에게! 성아는 속으로 울음을 삼키려 했지만 간간이 흐흑흑 하고 터져나오는 것은 어찌지 못했다.

"여태껏 한 번도 엄마 걸 더럽다고…… 생각해본 적…… 없어요."

"미안하다, 성아야. 엄마가…… 잘못했어. 우리 착한 성아를 그렇게 가슴 아프게……."

아이를 안고 그동안 닫아놓았던 마음의 문을 활짝 열어버렸다.

때론 내가 어쩔 수 없는 울보 엄마라는 생각이 든다. 요즘도 가끔 뜬금 없이 그때 일이 떠올라 혼자 가슴 아파할 때가 있다. 마침 성아가 옆에 있으면 또다시 성아에게 사과를 한다.

자제력을 잃기는 쉬운 일이다. 자제력의 둑은 한순간에 무너져내린다. 둑 안에 갇혀 있던 잔인성은 홍수처럼 순식간에 모든 것을 휩쓸어간다. 그런 불행한 사태와 대면하고 싶지 않거든 부모는 자식 앞에서 끊임없이 인내해야 한다. 나는 부단히 인내하려 노력해왔다고 할 수 있다. 그러나 한번 내가 터뜨린 상처는 이렇게 오래도록 깊게 남아 있다.

타고난 성품과 길러진 품성

어찌 보면 아이는 부모의 작품이다.
타고난 성품을 잘 관찰해서 거기에 적합한 양육 방식을
택한다면 아이의 장점은 점점 살아난다.

1987년 초, 언니가 미국으로 이민을 왔다.

'이제야 언니도 희망 있는 삶이 가능하게 되어 정말 다행이다.'

공항에서 여독으로 피곤해하면서도 환하게 웃는 언니를 보며 나는, 언니를 위해 비로소 무엇인가를 한 느낌이 들어 뿌듯했다.

언니와 나를 비교해보면서 나는 인간이 가지고 있는 선천성과 후천성에 대해 생각하게 되었다. 언니와 나는 우선 성격이 판이하게 달랐다. 언니가 외향적인 반면 나는 내성적이었다. 언니는 화나는 일이 있으면 주로 그 자리에서 폭발하는 타입이었다. 반면에 나는 계산을 해봐서 승산이 없다는 결론이 나오면 폭발하려는 분노를 그대로 삼키곤 했다.

이러한 차이는 부모님의 양육 방식을 받아들이는 데도 큰 영향을 끼쳐서, 전혀 다른 결과를 가져오기도 했다.

엄마의 행동 방식에 언니는 겉으로는 시끄러울 정도로 반항하면서도 그것을 어쩔 수 없는 '인생의 철칙'으로 여겼다. 초등학교밖에 나오지 못한 언니는 부모님이 시키는 대로 모든 걸 받아들였다. 결혼 역시 부모님이 정해준 대로 했다. 그러나 '착한' 딸로 산 대가는 허망했다. 내게 비친 언니의 인생은 살아 있기에 어쩔 수 없이 삶을 지속하는 듯한 모습이었다.

우리 부모님은 당시의 많은 사람들이 그러했듯 평생을 가난에 쓰러지지 않으려 안간힘을 쓰기에 급급했다. '자녀 교육'에 대해 깊이 생각할 여유가 없었다 해도 과언이 아니다. 특히 엄마는 자식은 그저 낳았으니까 키워야 한다고 생각했다. 무엇보다도 나를 자극한 것은 엄마의 남존여비 사상이었다. 엄마는 가시나는 집안의 살림꾼 정도로밖에 취급하지 않았다.

내가 자란 환경을 본 많은 사람들은 오늘의 내 성취를 무척 신기해한다. 그렇게 열악한 환경에서 어떻게 그런 야무진 꿈을 키울 수 있었는지 도무지 이해가 안 간다는 반응이다.

"엄마의 차별에 대한 분노와 그런 부당함에 대한 복수심이 나 자신을 포기하지 않게 하는 힘을 키워주었어요."

나의 이 말을 사람들은 엉뚱하게도 역시 엄마가 훌륭했기 때문에 오늘의 내가 있다고 단정해버린다. 그럴지도 모른다. 엄마가 내 분노와 반항의 불씨에 불을 댕기지 않았더라면, 나는 차별에 대한 복수로 성공을 다짐하지 않았을지도 모른다.

그렇다면 앞서 말한 언니의 경우는 어떻게 설명해야 하는가?

나는 언니의 불행을 보며 이 사회나 부모님의 낡은 고정 관념을 골라가며 따르기로 결심했다. 가시나는 공부보다 살림을 배워 시집이나 가서 아이 낳고 시부모와 남편 잘 받들면 된다는 식의 삶을 거부했다. 학교에서 우등생이 됨으로써 사회적인 성취를 이루려는 포부를 세워 나갔다. 파란과 역경의 골짜기에서도 나는 꿈이 있었기에 불빛을 볼 수 있었고, 결국 그 골짜기를 벗어날 수 있었다.

이렇듯 같은 양육 환경이라도 각자의 타고난 성품에 따라 이루어지는 결과가 다르다는 것은 자식을 키우는 데 있어 중요한 이치를 말해준다. 한 아이에게 좋은 조건이 무조건 다른 아이에게도 좋다는 법은 없다는 것이다.

"엄마는 내게 무관심한 것 같았는데, 지나고 나서 보니까 언제나 나를 지켜보고 있었던 것 같아."

성아의 말대로 나는 아이에게서 눈을 떼지 않고 나름대로 관찰하고 연구했다.

누가 강요하지 않았는데도 서너 살 때부터 남 앞에서 눈물을 보이지 않으려 애쓰는 걸 보고 나는 성아가 자존심이 무척 센 편이라는 것을 깨달았다. 그래서 야단을 쳐야 할 경우에, 또 어떤 일을 하도록 권유하는 과정에서 그 아이의 자존심을 건드리지 않는 방법을 강구하려 애썼다.

어떤 일을 시킬 때도 그냥 "해라!" "하지 마!"라고 말하는 것보다 "나 같으면 그렇게 하지 않고 이렇게 하겠다."라는 식의 우회 전술을 써왔다. 동시에 가능한 한 아이가 납득할 수 있도록 사소한 일까지도 증명, 혹은 설명해주려 애썼다.

성아가 성장한 후에 나는 성아를 만나본 사람들로부터 그 아이의 명랑하고 씩씩한 성격에 대해 칭찬하는 얘기를 자주 듣는다. 그러나 성아는 선천적으로 그렇게 명랑하고 용감한 성격을 지녔던 것은 아니었는지도 모른다.

어린 시절, 특히 내가 성아 아빠와 헤어지기 전에 성아는 욕심이 많고 짜증을 잘 냈으며 겁이 무척 많은 아이였다. 한 예로 동생 성욱이와 치과에 갈 때마다 두 살이나 어린 성욱이가 의젓하게 치료를 받는 데 비해 성아는 겁이 나서 연신 배가 아프다며 칭얼대곤 했다.

욕심도 대단해서 무엇이든 자기 것은 남들과 나누려고 하지 않고 이것저것 다 가지려 했다. 그리고 친할머니의 빽을 믿고 독불장군 행세를 하던 동생에 대한 미움과 경계심으로 어딘지 불안한 태도를 보이곤 했다. 성욱이와 할머니에 대한 미움이 얼마나 컸던지 떨어져 살면서도 마음이 풀리는 데는 많은 세월이 필요했다.

이러한 성격과 태도는 그때 성아가 자라던 환경 탓도 컸다고 생각한다. 군대 생활로 바빴던 나는 성아와 성욱이 그리고 집안일의 대부분을 시어머니께 맡겨야 했다. 그 시절 성욱이만 편애하던 친할머니의 태도가 성아에게 가장 결정적인 영향을 끼치지 않았나 생각한다.

그러나 아이의 그러한 편협한 마음과 행동은 자라면서, 더욱이 환경이 바뀌면서 급격히 변해갔다.

내가 이혼을 한 후부터 성아는 집안의 막내로 많은 사랑과 자유를 누리며 살게 되었다. 물질적으로도 누구와 싸워야 할 이유가 거의 없었다. 눈에 띄게 드러나던 성아의 욕심과 짜증은 서서히 줄어들었다. 사람이나 일에 대한 겁도 줄어들었다. 나와의 대화, 자신감을 길러주기 위해 한 여러 가지 운동, 허드렛일, 그리고 실패할 각오로 했던 도전 등을 통해 얻은 용기로 성아는 씩씩해져 갔다.

또한 성아의 남에 대한 배려도 선천적으로 타고났다기보다 자라면서 길러진 태도라 생각된다. 집안의 분위기가 그것을 만들었다. 막내이기 때문에 심부름을 시켰고, 식구 중 한 구성원으로서의 의무와 협조를 '강요'했다. 그런 환경 속에서 남에 대한 배려가 몸에 배게 되었고 또 그것이 옳은 일이라고 믿게 되었던 것 같다. 이렇게 후천적으로 얻어진 옳은 행동들은 성아를 많은 사람들로부터 환영받는 아이로 만드는 데 중요한 요인이 되었다.

어찌 보면 아이는 부모의 작품이다. 아이의 타고난 성품을 잘 관찰해서 거기에 적합한 양육 방식을 택한다면 아이의 장점은 점점 살아난다. 또한 바람직한 품성을 길러준다면 아이는 누구에게나 칭찬받는 아이가 될 것이다.

앞에서 말했듯이 다른 아이에게 성공한 양육 방식이 내 아이에게 그대로 적용되지는 않는다고 생각한다. 다시 말해서 지금, 내 아이를 눈여겨보아야 한다. 그리고 그에 걸맞은 노력을 기울여야 한다. 아이를 키우는 데 있어 요행이란 없다. 타고난 품성이 아무리 좋다고 한들 제대로 키워주지 못하면 그 아이는 결국 벌레 먹은 과일이 되고 마는 것이다.

3부

용기와
  사랑을 깨달을 때까지…

"내 옷이 피범벅되어 있으니까 무서웠어.
그런데 이모가 죽을지도 모른다는 생각이 들었어.
그래서 용기를 냈지. 나까지 허둥지둥하면 식구들은 어떡해."
성아는 내가 모르는 사이 부쩍 커 있었다.
더 이상 열한 살짜리 응석받이가 아니었다.
나는 성아에게서 그 전까지는 발견하지 못했던 용기와 사랑을 보았다.
아이에 대해 욕심을 가져도 될 것 같았다.

1986년 중대장 이임식 날

일본에서 게이메이가쿠엔에 다니던 시절. 맨 오른쪽이 성아

성아와 그녀의 단짝 올리비아

땅바닥에 그림을 그리는 아이

"막대기로 뜻 모를 그림을 많이 그렸지.
애들 근처에 못 갔으니까. 그애들은 모두 그곳에서 나서
그곳에서 자란 아이들인데 나는 이방인이었잖아."

성아는 다시 미국에 와서 5학년에 편입했다. 한국에서처럼 역시 말이 문제였다. 빠른 데다 간간이 사투리까지 섞여 있는 영어를 통 못 알아들어 몹시 답답해했다.

"성아가 그때 버지니아에 와서 영어 때문에 울기도 많이 울었다더라."

며칠 전 저녁을 먹다가 오빠가 뜬금없는 말을 했다.

"응, 나도 들었어. 그때 말이 잘 안 통해서 애들하고 어울리지도 못하고 혼자서 쭈그리고 앉아 많이 울었대."

올케 언니가 거들었다. 괜히 콧등이 시큰했다.

"처음 학교에 가서 친구도 없고, 또 옆에 있는 애들한테 말을 걸래도 영어에 자신이 없으니까 애들이 놀고 있는 데서 좀 떨어진 곳에 혼자

앉아 막대기로 땅에다 그림만 그리며 시간을 보냈대. 어떤 때는 애들이 무슨 말을 하나 싶어 조금 가까이 다가가서 앉아 있기도 했대나. 그런데 들어도 무슨 말인지 통 못 알아듣겠더래. 그러고 있으면 자기도 모르게 눈물이 주르르 흐르고. 그러는 사이 쉬는 시간이 다 지나가버리고……"

말을 하는 오빠의 목소리도, 듣고 있던 나의 눈도 슬며시 젖어왔다.

성아는 낯선 곳에 던져지는 데는 이미 베테랑이었다. 미국에서, 독일에서, 한국에서 말이 통하지 않아 고생을 해본 경험이 풍부했다. 하지만 미국에서 5학년에 편입했을 때는 힘들어하는 티가 역력했다. 한국에서는 한국말을 못해도 영어를 잘한다는 것 때문에 학교 생활이 고달프지 않았다. 게다가 선생님들이 배려해주어 아무런 문제가 없었다.

성아는 학교에서의 좌절로 집에서까지 우울하게 지내지는 않았지만, 누군가의 도움이 필요한 건 사실이었다. 가장 큰 문제가 숙제였다. 수업 시간에 선생님이 하는 말을 잘 알아듣지도 못하는 아이에게 숙제는 혼자서 감당하기에 너무 벅찼다. 내가 숙제 검사도, 숙제하라는 말도 안 했지만, 성아는 숙제만큼은 꼭 해야겠다고 생각했는지 부단히도 노력했다. 숙제도 제대로 못하는 아이라는 사실이 성아의 자존심에 상처를 준 듯했다. 이번에는 내가 아이의 노력에 대해 손을 내밀어줄 차례였다.

담임 선생님께 전화를 걸어 과외 선생님을 한 분 구해줄 수 없느냐고 부탁했다. 마침 다른 여선생님이 성아의 과외 교사를 자청했다. 하루에 두 시간씩 그 선생님과 숙제를 하면서 성아의 자신감은 서서히 돌아오고 있었다.

"나는 정말 미국에 처음 올 때 미국 아이들은 모두 다 나쁜 줄 알았는데, 이제 보니 정반대야. 오늘 어떤 여자아이를 만났는데, 그애는 나보다 한 살이 많은데도 나한테 꼭 친구처럼 터놓고 말을 한다. 머리는 금발, 파란 눈동자, 키는 조금 크고……. 너를 미국으로 데려와서 소개시켜주고 싶은데……. 물론 방값과 밥값은 네가 내고……."

한국에 있는 친구 혜현이한테 쓴 편지를 보며 나는 이제 성아가 제법 학교 생활에 적응해가고 있는 것 같아 마음이 놓였다.

그 시절, 성아가 학교에서 아이들과 어울리지 못해 땅바닥에 그림이나 그리고 앉아 있었다는 사실을 나는 최근에야 알았다. 자존심 강한 아이는 그런 걸 일체 엄마에게 이야기하지 않았다.

"그래, 그림을 얼마나 그렸니?"

구석에 쭈그리고 앉아 막대기로 뜻 모를 그림을 그리는 아이를 상상하니 가엾은 마음이 들었다.

"에이, 엄마도. 난 또 무슨 얘기라구. 처음엔 많이 그렸지. 애들 근처에 못 갔으니까. 그애들은 모두 그곳에서 나서 그곳에서 자란 아이들인데 나는 이방인이었잖아."

"그럼 언제부터 안 그렸니?"

"글쎄. 숙제를 잘 해갈 수 있게 되고부터였나? 몰라, 시간이 좀 흐르니까 아이들한테 말을 걸 용기가 생겼어."

성아는 교회나 동네뿐만 아니라 학교에서도 많은 친구들을 사귀었다. 성아의 약점이 곧 장점이 되었기 때문이다. 그곳 아이들은 모두 토박이라 다른 지역에 가본 적이 없었다. 반면 성아는 독일, 한국 등을 떠돌아다녔기 때문에 낯선 세계에 대해 많이 알고 있었다. 말은 잘 통하지 않았겠지만 성아의 이런 점은 그 아이들에게 매력으로 작용했다. 게다가 태권도에서 얻은 힘과 의협심은 미국 아이들에게도 인기가 있어서 곧 한국에서처럼 해결사로 나서게 되었다.

특히 성아는 선생님들에게 인기가 많았다. 한국 학교에서, 또 집에서 어른을 공경하는 태도를 몸에 익혔기 때문에 구김살 없이 까불긴 해도 행동은 반듯했다. 또한 학급 아이들에게 선생님 말씀을 잘 듣게 하려고 애를 쓰기도 했기 때문이다.

성적은 중간쯤에 머물렀지만 아이들과 어울리면서 영어는 부쩍부쩍 늘었다. 그때 나의 딜레마는 성아가 영어를 빨리 익히기를 바랐지만, 영어에만 집중시킬 수는 없다는 것이었다. 무엇보다도 성아가 힘들여 배운 한국어를 잊어버리는 것을 원치 않았다.

그 문제는 의외의 곳에서 해결되었다. 하루 생활의 반 이상을 영어를 전혀 못하는 할머니, 할아버지와 보내는 덕분에 성아는 한국어를 잊어버리지 않을 수 있었다. 계획했던 바는 아니지만 결과적으로 할머니, 할아버지는 성아가 또 하나의 중요한 능력을 기르는 데 좋은 기회를 마련해주었다. 가게에 가든 집배원을 만나든 아무리 사소한 일에도 할아버지, 할머니는 성아의 통역을 필요로 했다. 그러는 과정에서 할아버지나 다른 어른들의 생각이 성아의 귀를 통해 입으로 흘러나왔다. 성아의 생각은 아이들하고만 있는 것과는 비교가 안 될 만큼 빠르게 성숙해갔다.

"누가 우리 이모 좀 도와주세요!"

나는 그 아이의 용기와 책임감을 보았다.
그 전까지 성아는 단지 말 잘 듣는 아이에 불과했다.
아이에 대해 욕심을 가져도 될 것 같았다.

1987년 여름이었다. 나는 여느 때와 다름없이 동료 장교들과 장교 클럽에서 술을 마셨다. 그날 나는 좀 과음을 했다. 우리 집은 부대에서 약 10분 거리에 있었는데, 이튿날 차를 가지러 오는 번거로움을 덜려고 정신을 바짝 차리고 집으로 차를 몰았다. 비가 쏟아질 듯 하늘이 잔뜩 찌푸려 있었다.

"아이고, 야야, 와 인자 오노? 큰일났다."

현관문을 열고 들어서는데 엄마가 허둥대며 나왔다.

"차 사고가 나서 다 어데로 갔는지도 모린다. 느그 언니는 머리가 깨지고 난리났단다."

엄마는 연신 눈물을 닦으며 울먹이셨다. 가슴이 철렁했다.

"어디서요? 딴 사람은?"

"누나한테서 전화가 왔는데 저기 큰길 로즈 백화점 앞에서래요. 주차장에서 나와서 좌회전하다가 사고가 났나 봐요. 벌써 한참 됐는데 이모 전화번호를 몰라서……"

엄마가 말을 잇지 못하자 뒤에 서 있던 조카 승용이가 대답을 했다.

"어느 병원에 있대?"

엄마도 승용이도 모른다고 했다. 답답하고 초조했지만 술 때문에 흐려진 내 머리는 당장 무엇을 어떻게 해야 할지 갈피를 못 잡고 있었다.

"내가 나가 보고 올게요. 너무 걱정 마세요."

서둘러 큰길로 나가서 사고 지점에 가봤지만 아무런 흔적이 없었다. 주변 사람들을 붙들고 오후에 사고가 있었다는데 혹시 아느냐고 물었지만, 아는 사람은 단 한 사람도 없었다. 꼭 무슨 귀신에 홀린 기분이 들었다. 일단 다시 집으로 돌아가기로 했다.

"이모, 저 승훤데요. 여기 부대병원이에요. 엄마는 앰뷸런스가 와서 시내에 있는 종합병원으로 모셔갔고 할아버지, 성아와 저는 여기로 왔는데……"

"다친 데는?"

"엄마가 좀 심하게 다쳤고, 성아는 얼굴을 많이 다쳐서 지금 얼굴에서 유리를 뽑고 있어요. 저는 목만 좀 삐었고, 할아버지는 괜찮으신 것 같아요."

서둘러 부대병원으로 향했다. 비가 조금씩 뿌리기 시작해 길이 젖어가고 있었다. 아직도 술기운이 꽤 남아 있던 터라 머리 속의 뿌연 안개를 걷어내려고 와이퍼를 틀었다. 10분 거리가 마치 몇십 리나 되는 것 같이 느껴졌다.

"니 볼 맨목이 없다."

아버지는 보기에도 안타까울 정도로 초췌해져 있었다. 눈물을 닦으시며 목이 메인 듯 말을 잇지 못했다.

"다치신 데는요?"

"나는 개안타. 차라리 내가 다칫스믄 좋았을 낀데……. 니 언니는 우예됐는지……."

승희 역시 나를 보자 눈시울부터 적셨다.

"성아는?"

"저기 응급실에 있어요."

나는 승희가 가리키는 쪽으로 서둘러 들어갔다. 을씨년스러운 응급실 군용 침대에 누워서 발발 떨고 있는 조그만 여자아이. 이 악몽이 현실이 아니기를 빌었다. 성아 얼굴에서 열심히 유리 조각을 집어내던 군의관이 인기척을 느끼자 뒤를 돌아보았다.

"정말 훌륭한 따님을 두셨습니다. 여태껏 이렇게 의젓한 아이는 처음 봅니다."

어리둥절한 표정으로 군의관을 쳐다보는데 옆방에서 고통스러워 죽겠다는 듯 고래고래 비명을 질러대는 소리가 들려왔다.

"술 취한 젊은 남자인데 손을 좀 다쳤어요. 작은 상처인데도 저렇게 엄살을 떤다니까요."

군의관이 고개를 설레설레 흔들며 혀를 찼다.

"재스민의 얼굴은요? 어떻습니까? 괜찮겠습니까?"

"얼굴에 유리 조각이 꽤 많이 박혀서…… 그걸 다 제거하고 꿰매려면 아직도 몇 시간 더 걸릴 것 같은데요. 상처를 좀더 잘 아물게 하고 흉터를 줄이기 위해서는 마취를 시키지 않는 것이 좋거든요. 설명을 했더니 재스민이 그렇게 하겠다고 하더군요. 아무튼 두세 시간의 수술 동안 재스민은 한 번도 소리를 지르거나 몸을 움직이지 않았어요. 잘 참고 있는 모습에 감동해 저도 더욱 분발하고 있어요."

내 귀를 의심했다. 치과에만 가도 배가 아프다고 엄살을 떨던 성아가 아닌가. 몇 시간이나 맨살을 헤집고 유리를 꺼내고 또 찢어진 곳을 꿰매고 있는데 한마디 비명도 없이 참고 있다니……. 다시 한 번 무언가에 홀린 기분이었다.

군의관이 잠깐 옆방에 간 사이, 성아가 누워 있는 침대에 걸터앉아 손을 잡았다. 손가락이 긴 가냘픈 손이었다. 얼굴은 군데군데 피로 얼룩진 채 부어 있었고, 강한 에어컨 바람 때문인지 손이 얼음장처럼 차가웠다. 옆방의 간호사에게 부탁해서 군용 담요를 한 장 얻어와 떨고 있는 성아의 몸에 둘러주었다.

"아프지?"

"응."

"그런데 어떻게 그렇게 참았니? 마취도 안 한 생살을 꿰매는데……."

의사 선생님이 얼굴의 흉터를 줄이려고 애쓰는데 자신이 소리를 지르면 당황해서 실수할 수도 있을 것 같고, 또 소리를 지른다고 아픈 게 없어지는 것도 아니어서 참았다며 꼭 쥐고 있던 수건을 보여주었다. 피 묻은 수건은 비틀려진 나머지 찢어지기 일보 직전이었다.

응급실 밖에서 눈물을 훔치시는 아버지를 뒤로 하고 나는 승희와 함께 언니가 실려간 병원으로 향했다. 잘 보이지 않는 길을 안간힘을 다해 살피며 승희의 설명에 귀를 기울였다.

"나는 이번 사고로 성아를 정말 다시 봤어요."

"어떻게 된 일인데?"

"가게에서 몇 가지 사 가지고 나와서 집으로 가는 길이었거든요. 할아버지가 운전을 하고 내가 운전석 옆에 앉고 엄마가 내 뒤에, 성아가 할아버지 뒤에 앉았어요. 할아버지가 주차장을 나와 좌회전을 하는데 갑자기 '꽝' 하더니 차가 휙 돌더라구요."

생각도 하기 싫은 듯 승희는 머리를 설레설레 흔들었다.

"왼쪽에서 오던 차가 성아가 앉은 쪽을 세게 들이받았는데 문이 안으로 밀려들어가면서 그쪽으로 향하고 있던 엄마의 머리를 받았던 것 같아요. 엄마는 그대로 기절해버렸어요. 그리고 창유리가 박살나면서 성아 얼굴로 튀어 얼굴이 온통 피투성이가 됐죠. 엄마 머리에서 쏟아진 피가 성아 옷을 벌겋게 적셔놔서 처음엔 모두 성아가 다친 줄 알았어요."

승희는 다시 한동안 말이 없었다. 장대 같은 비가 사방에서 차를 때리고 있었다.

"아무튼 경찰이 오고…… 사람들이 피투성이가 된 성아를 보고 놀라서 비명을 지르고……. 앰뷸런스 사람들하고 경찰이 성아더러 괜찮냐고 묻는데 성아는 '우리 이모가 많이 다쳤어요. 빨리 이모부터 구해주세요. 돌아가실지도 몰라요. 저는 괜찮으니까 빨리 우리 이모부터 구해주세요' 하잖아요. 더구나 우리가 영어를 못하는 바람에 성아가 얼굴에 피를 줄줄 흘리면서 경찰들 조사하는 데 혼자 통역을 다 했죠. 한참 후에 부대 앰뷸런스가 와서 우리를 이리로 싣고 왔어요. 병원에 오면서도 성아는 신음 한 번 안 하더라구요."

또다시 꿈을 꾸고 있는 듯한 착각이 들었다. 어떻게 열한 살짜리가 어른도 허둥댈 사고 현장에서 다른 사람 걱정을 하며 모든 일을 그렇게 '태연하게' 처리할 수 있단 말인가. 도무지 믿어지지가 않았다. 더욱이 그 아이가 바로 내 딸이라니…….

"아이고 야야, 내 등더리가 와 이렇게 땡기고 아프노? …… 아파 죽겠다, 진술아. 내 등더리가 와 이래 아프노?"

응급실로 들어서자 아직도 비몽사몽 헤매며 어찌된 영문인지 모르는 언니가 통증을 호소했다. 어디를 얼마나 다쳤는지는 정확한 검사를 해봐야 안다며 담당 의사는 진통제 사용을 허락하지 않았다. 한 시간을 그렇게 답답하게 조사 결과를 기다려야만 했다. 의사한테 대충 언니 상태를 전해 듣고 의사가 묻는 대로 사고 정황을 설명해준 뒤 나는 다시 부대병원으로 향했다. 저녁부터 시작된 비는 자정을 넘기자 폭우가 되어 쏟아붓고 있었다.

'정말 이대로 어디론가 없어져버릴 수만 있다면…….'

내가 직면하지 않으면 안 되는 현실이 못 견디게 무섭다는 생각이 들었다. 순간 어찌할 바를 몰라 공포에 덜덜 떨고 있는 식구들의 얼굴이 스쳐갔다.

'성아를 봐! 어쨌든 지금 너에겐 성아가 겪고 있는 것 같은 피부에 닿는 고통은 없잖아. 마음이 괴로운 거야 너만이 아니잖아. 아버지는 지금 얼마나 괴로우실 거야? 아마도 죄책감에다 자식과 손녀가 가여워서 가슴이 찢어질 거야. 언니는 또 영문도 모르면서 고통을 견뎌야 하는데…….'

나는 쏟아지는 빗줄기를 헤치려는 듯 눈을 부릅떴다. 길이 조금 더 잘 보이는 것 같았다.

아버지와 성아를 태우고 집으로 향할 때는 이미 새벽이었다. 그렇게 퍼부어대던 비도 천둥 번개도 자취를 감추었다. 하늘에는 총총한 별들이 젖은 아스팔트를 비추고 있었다.

"너 아까 안 놀랐니?"

"응, 놀랐어. 내 옷이 피범벅되어 있으니까 무서웠어. 이모는 많이 다쳐 있고. 이모 머리가 갈라져서 끊임없이 피가 솟더라구. 이모가 죽을지도 모른다는 생각이 들었어. 그래서 용기를 냈지. 나까지 허둥지둥하면 식구들은 어떡해."

성아는 내가 모르는 사이 부쩍 커 있었다. 더 이상 열한 살짜리 응석받이가 아니었다. 책임감을 갖춘 한 사람의 어른으로 나와 어깨를 나란히 하고 있었다.

나는 이 일을 계기로 성아를 다시 평가했다. 그 전까지는 단지 내 말을 잘 듣는 아이에 불과했다. 치과에 갈 때마다 동생보다 더 겁을 내는 겁쟁이에다 인내력도 없어 나를 다소 실망시켰다.

하지만 이 일을 겪으며 나는 그 아이의 용기와 책임감을 보았다. 아이에 대해 욕심을 가져도 될 것 같았다. 그 사건을 통해 성아의 성격 중에서 내가 전혀 몰랐던 한 면을 발견하게 되었기 때문이다.

숏다리가 되고 싶니, 곱슬머리가 되고 싶니?

"어차피 바꿀 수 없는 바에야 못생긴 쪽만 생각해
불만에 빠지지 말고 잘생긴 쪽을 집중적으로 생각해
만족하면서 사는 게 낫지 않니?"

사춘기가 되면 아이들은 얼굴이라든가 몸매 등 자신들의 생김새에 민감해진다. 성아는 나이에 비해 키도 적당하게 컸고 몸도 날씬했다. 특히 아빠를 닮아 다리가 늘씬하게 길었다. 친한 친구인 대니얼이 좀 통통한 편이라서 성아가 더 두드러지는 것 같았다.

그런데 성아에게 한 가지 고민이 생겼다. 자신의 곱슬머리가 싫었던 것이다. 물론 갑자기 곱슬머리가 된 것은 아니었고, 사춘기 전에는 별로 신경도 쓰지 않았다. 또 전에는 머리가 단발머리였고 그렇게 심한 곱슬도 아니었던 것 같다. 그런데 사춘기에 접어들면서 성아가 머리를 기르자 곱슬머리가 확연하게 드러나기 시작했다. 더욱 큰 충격은 미장원의 한국 아주머니들이 주었다.

"애, 너 혼혈아지? 아빠가 흑인이니?"

한참 머리를 다듬던 미장원 아줌마가 넌지시 성아에게 물었다.

"아녜요! 우리 아빠 한국 사람이에요."

성아가 펄쩍 뛰며 부인했다.

"뭐가 아냐. 머리가 흑인 머리 같은데……. 얘 아빠 흑인 맞죠?"

짓궂은 건지 좀 모자라는 건지 이번에는 성아를 데리고 온 언니를 돌아보며 확인하려 들었다. 잡지를 뒤적이던 언니가 화들짝 놀라 대답했다.

"아이라예. 한국 사람이라예. 가가 꼬시메라서 그라예. 우리 식구가 다 꼬시메라예. 나도 어리서 하도 빠글빠글해서 한 보따리로 붕 떠가 다녔서예. 야 어마이도 학교 다닐 때 머리카락이 돼지털 맨치로 뻣뻣해 갖고 또 숱은 얼매나 많았는지 내가 맨날 쳤쳤서예. 그래도 머리로 길라갖고 따주이 좀 괜찮았는데……."

언니가 목청을 높여 집안의 곱슬머리 족보를 시시콜콜 늘어놓았다. 그래도 미심쩍은지 그 여자는 고개를 갸우뚱했다.

성아는 엄청난 충격을 받은 것 같았다. 저녁에 집에 오니 인사하는 얼굴에 구름장이 잔뜩 껴 있었다.

"왜 그러니? 무슨 일 있었어?"

"아니, 아무 일도 없었어요."

힘없이 대답하는 성아의 눈은 초점이 맞지 않는 듯 텅 비어 있었다.

"오늘 미장원에서 즈그 아바이가 흑인 아이냐고 물어노이 속이 상해서 그란다 아이가."

언니가 대신 내 궁금증을 풀어주었다.

"왜 갑자기?"

"가 머리가 좀 빠글빠글하는 꼬시메 아이가. 그래노이 자꾸 흑인하고 혼혈아 아이냐고 하대. 내가 설명을 해도 자꾸 우기는 기라."

"뭐 그런 미친 여자가 다 있어. 아니라면 아닌 줄 알지 애 앞에서 그렇게 우기고 있어? 설사 그렇다 하더라도 애한테 상처줄 수도 있으니까 어른들이 조심을 해야 하는데 말이야. 아니라서 아니라는데 그렇게 우겨서 애 마음을 상하게 하는 건 무슨 심뽀야? 정신 나간 여자들 같으니라구."

흥분하면 혀가 총이 되는 내가 집중 사격을 퍼붓자, 엄마가 그렇게 대놓고 화를 내며 누굴 욕하는 것을 처음 들어본 성아가 눈이 동그래져서 나를 바라봤다. 내심 자기 속도 좀 후련해졌는지 얼굴에 생기가 돌았다.

저녁을 먹고 나서 성아와 산책을 나갔다. 가을이 성큼 다가온 듯 군데군데 단풍 든 나무들이 보였다. 바람이 선선해 걷기에 딱 좋은 날이었다. 미장원에서의 일은 이미 잊은 듯 성아는 은근히 마음에 두고 있던 남자애들에 대해 신이 나서 재잘거렸다. 얘기가 좀 식어가자 내가 말을 꺼냈다.

"성아야, 오늘 미장원 아줌마 때문에 속상했지?"

"응. 아까는 아줌마가 미워 죽을 뻔했어. 그런데 내 머리는 정말 너무 빠글거리는 거 같애. 그러니까 그 아줌마가 그렇게 생각하지. 학교에서도 흑인 애들이 나한테 친하게 군 적이 많았거든. 내가 자기네하고 같은 피가 섞여 있다고 생각하나?"

"그러니? 난 몰랐네. 아무튼 우리 조상 중에 내가 아는 한도 내에서는 없었어. 나도 어릴 때 곱슬머리가 싫어서 참 속상했는데……."

"그런데 왜 엄마는 나한테 하필이면 곱슬머리를 줬어요. 아빠는 곱슬머리가 아니니까 차라리 아빠를 닮았으면 좋았을 텐데……."

"내가 골라서 전해줄 수 있었다면 그렇게 했겠지. 하지만 대신 너에게 길고 늘씬한 다리를 줬잖아. 엄마 닮았으면 숏다리가 돼서 바지 살 때마다 접든지 줄여야 하지 않았겠니? 또 이빨도 그렇잖아. 아빠 닮았으면 쥐이빨처럼 보기 싫었겠지만 엄마를 닮아서 고르고 예쁘잖니. 눈도 동그랗고 크고."

"사실 그렇긴 해요."

성아는 이제 기분이 완전히 풀렸다는 듯 희고 가지런한 이를 드러내며 활짝 웃어 보였다.

"중요한 건 네 마음이야. 곱슬머리가 속상하고 싫어도 바꿀 수 없잖아. 허긴 파마로 펼 수도 있다지만……. 그러고 보니 그래도 넌 행운아잖아! 영구적이진 않지만 곱슬머리는 펼 수가 있으니 말야. 나처럼 다리가 짧거나 키가 작게 태어난 사람은 고칠 수도 없는데. 그래서 말인데 어차피 바꿀 수 없는 현실은 마음을 달리 먹으면 행복할 수가 있어."

나는 또 한 번 내가 좋아하는 비유인 물 반 잔의 예를 들었다.

"사람의 생김새도 마찬가지야. 누구나 자기 생각에 잘생긴 곳과 못생긴 곳이 있거든. 어차피 바꿀 수 없는 바에야 못생긴 쪽만 생각해 불만에 빠지지 말고 잘생긴 쪽을 집중적으로 생각해 만족하면서 사는 게 낫지 않니?"

엄마 말을 받아들일까 말까 망설이는 눈치지만 아무튼 진지하게 듣는 중이었다.

"사람들이 영화배우들 참 잘생겼다고 생각하며 부러워하지? 그 사람들도 나름대로 불만이 많다구. 우리가 보기엔 예쁘고 잘생겼는데 그 사람들 주변에는 잘생긴 사람들만 있으니까 자기는 못생긴 것같이 느껴지거든. 아무튼 아무리 멋있는 몸매와 잘생긴 얼굴도 자신이 몰라주면 아무 소용이 없지. 마릴린 먼로 좀 봐. 그렇게 매력적이라고 전세계 남성들이 반했어도 그만 자살해버렸잖아. 이왕이면 나의 장점을 찾아 단점을 덮어주면 스스로 만족할 수 있지. 그 미장원 아줌마같이 생각할 가치도 없는 사람들 말까지 다 신경 쓰다간 아무 일도 못해."

　성아는 이미 낮의 일을 염두에 두지 않는지 몰라도 나는 그 주책맞은 미장원 여자 생각을 하면 분해서 마지막 말은 쐐기를 박듯 단호하게 말했다. 우리의 산책은 어느덧 끝이 나고 있었다. 동네 어귀에 들어서니 먼 곳부터 땅거미가 깔리기 시작하고, 한집 두집 불을 밝힌 창문들이 눈에 띄었다.

사춘기의 파도

사소하다 해도 아이의 행동 때문에 가슴이 아프다면,
공연한 한을 만들기 전에 속을 터놓고 풀어야 한다.
가장 사랑하고 가까워야 할 부모와 자식 사이에
금이 갈 일은 미리 제거하는 게 좋다.

1989년 가을, 몬트레이. 성아가 중학교 2학년 때의 일이다. 어느 날 오후 성아와 함께 수퍼마켓에 갔다가 성아 학교 친구를 만났다.

"성아, 안녕!"

"아, 미셸!"

성아와 미셸은 학교 선생, 친구, 학교 수업 등 그 나이 또래의 관심사들로 이야기꽃을 피웠다. 나는 엉거주춤 그 옆에 서서 이런저런 갈등에 시달리고 있었다.

몬트레이에 온 이후 벌써 여러 차례 이런 일이 있었다. 성아는 친구와 마주칠 때마다 사춘기 특유의 우쭐함을 보이며 엄마를 완전히 무시하는 태도를 보였다. 친구들 앞에서 엄마를 무시함으로써 그들에게 인정받고 싶어하는 기색이 역력했다.

사춘기 아이들한테 친구들의 인정이 얼마나 중요한가는 나 자신도 잘 알고 있다. 성아가 본심으로 나를 무시하는 것이 아님을 알면서도, 나는 무척 기분이 상했다. 한편으론 야속하기도 했다. 반대의 경우에 나는 늘 성아를 자랑스럽게 소개해왔던 것이다.

어쩌면 저렇게 태연하게 엄마의 마음을 아프게 하는지……. 슬슬 부아가 치밀어오르기 시작했다. 무시를 당하면서 옆에 서 있자니 화도 나고 눈물도 났다. 나는 그 아이들을 무시하고 성큼성큼 가던 방향으로 먼저 걸어나갔다.

잠시 후, 성아가 숨을 헐떡거리며 뛰어왔다.

"아휴, 숨차. 아니, 엄마, 왜 그렇게 말도 없이 그냥 가버리세요? 미셸이 이상하게 생각하잖아요!"

나는 하나 둘, 호흡을 가다듬으며 나직이 말했다.

"나하고 얘기 좀 하자!"

"화 나셨어요?"

"응. 화도 나고 슬프기도 하고."

예상치 못한 엄마의 반응에 성아는 무척이나 당황하는 기색이었다.

"……엄마, 내가 뭐 잘못했어요?"

"글쎄, 네가 잘못을 했는지 내가 속이 좁은 건지……. 아무튼 엄마는 속이 상해."

"……."

"나는 너를 여태껏 한 인격체로 대해 왔어. 네가 어떻게 차려 입었든 나는 내가 아는 사람들에게 너를 아주 자랑스럽게 소개해 왔다고 생각해."

"……."

몇 발짝 옆에서 성아가 고개를 푹 숙인 채 걷고 있었다. 풀이 죽어 땅만 보고 걷고 있는 딸의 모습을 보니 얘기를 계속할 의욕이 사라지려 했다. 하지만 곧 마음을 다잡아먹기로 했다.

'안 돼. 이왕 꺼낸 말이야. 꼭 야단치려는 게 아니잖아. 성아가 모르고 그런 건지도 알 수 없고……. 아무튼 서운함이 쌓여 공연한 한을 만들기 전에 풀어야 해.'

"벌써 여러 번 네 친구들을 만날 때마다 어쩐지 넌 엄마를 창피해하는 것 같았어."

말은 또박또박 독하게 하면서도 공연히 내 모습이 초라해지는 것 같아 목이 메어왔다.

"……엄마를 창피하다고 생각해본 적 없어요."

"네가 마음 속으로 어떻게 생각하는지 내가 어떻게 훤히 알겠니? 그런데 네 행동은 나에게 그렇게 느끼게 하고 있잖아. 아무튼 네 태도는 엄마의 존재를 완전히 무시하거나 잊어버리고 있어."

성아의 태도가 제 아빠를 닮은 것 같아서 나를 더욱 화나게 했는지도 모른다. 지난날 남편은 남들 앞에서 아내를 무시하는 행동을 함으로써 자신의 열등감을 보상받으려고 했다. 조그만 자존심이나마 살려보려는 그 발버둥을 이해는 하면서도 속으로는 편할 리 없었다.

"아무튼 그런 식으로 남들 앞에서 엄마를 대할 것 같으면 앞으론 엄만 어디든 너하고 같이 안 갈 테니까 그렇게 알아! 그렇게 무시당하면서까지 네 옆에 붙어 있고 싶은 마음은 조금도 없다. 다시는 무시당하지 않는 삶을 살려고 얼마나 발버둥쳐 왔는데 지금 와서 딸에게 무시를 당할 수는 없어."

내 말에 내가 취한 듯 격해져서 가슴 속에 있던 말까지 몽땅 뱉어버렸다. 나는 눈앞을 흐리게 하는 눈물을 주먹으로 문지르며 성큼성큼 앞서 걷기 시작했다. 내 마음 깊은 곳에서 서운함, 분노, 참담함 같은 모든 격한 감정들이 들썩거려 혼란스럽기 그지없었다.

얼마를 그렇게 걸었을까. 묵묵히 뒤따라오던 성아가 슬그머니 내 팔짱을 끼었다.

"……엄마 …… 미안해……."

목이 메이는지 성아가 울먹거렸다. 겨우 진정되어가던 내 마음이 다시 젖어왔다.

누가 먼저랄 것도 없이 우리는 걸음을 멈추고 묵묵히 언덕 밑 저편에 펼쳐진 해변을 내려다보았다.

"엄마를…… 무시하려 한 건 아니고……."

철썩이던 내 마음 속의 파도가 잦아들어감을 느꼈다.

"……아이들 눈치 보느라 …… 그러다 보니 나도 모르게 그만……."

"입장 바꿔놓고 생각해봐. 나는 나름대로 훌륭한 엄마, 좋은 엄마가 되려고 애를 쓰고 있는데…… 그리고 내가 가장 사랑하는…… 가장 가까운 딸한테 무시를 당했다고 느꼈을 때의 그 배신감과 서러움……."

"엄마, 정말 미안해……. 앞으론 안 그러도록 조심할게요……."

긴 백사장을 적시며 파도는 밀려오고 다시 밀려갔다. 아무 말 없이 나는 성아가 팔짱을 낀 팔에 힘을 주었다. 석양이 마지막 빛을 그림처럼 아름다운 몬트레이 해변에 던지고 있었다.

마음이 잔인한 사람이 부러울 때가 있단다

올바른 마음가짐과 행동이 필요한 이유를
설명해줄 때는 방법이 중요하다. 그냥 하라고 하는 것보다
스스로 깨닫고 실행할 수 있도록 유도하는 것이 효과적이다.

"성아야, 난 어떤 때는 마음이 잔인한 사람이 부러울 때가 있단다."

산책을 하다 내가 슬픔에 찬 얼굴로 말을 건네자 성아가 의아한 표정으로 나를 쳐다본다.

"난 바보처럼 불쌍한 사람만 보면 가슴이 미어지도록 아프거든."

"그건 좋은 거 아녜요? 마음이 착하다는 뜻이잖아요."

"내가 마음이 착하면 뭐하니? 그 불쌍한 사람들이 필요한 건 내 가슴이 아니고 돈이나 힘이잖아. 그런데 그 사람들한테 진짜 필요한 건 하나도 못해주면서 내 가슴만 아프면 결국 하나도 도움이 안 되잖아, 둘다에게. 아무 도움도 안 될 바에야 마음이나 덤덤하면 내 속이라도 편할 거 아냐?"

"엄마 마음을 이해는 하지만…… 그래도 그런 마음이 있으면 언젠가

엄마가 부자가 되면 그런 사람들을 도와줄 가능성이 있잖아요. 아예 그런 마음도 없다면 아무리 돈이 많아도 자기만 알고 어려운 사람을 도와줄 생각도 안 할 거 아녜요. 엄마가 가슴 아픈 건 안됐지만, 그래도 난 불쌍한 사람을 가엾게 보는 엄마가 더욱 좋아요."

기회가 닿을 때마다 나는 내 마음을 털어놓으며 성아에게 올바른 인간의 태도를 스스로 재확인할 수 있게 하려 애썼다. 성아는 엄마를 위로하고 자신의 생각을 말하는 과정에서 어려운 사람을 도우려는 마음씨가 아름답다는 것을 다시 한 번 확인하는 셈이다.

성아가 내게 한 말은 사실은 내가 성아에게 들려주고 싶었던 말이다. 그러나 그 반대로 말을 함으로써 성아에게 생각할 기회를 준 것이다. 그렇다고 내가 성아에게 한 말도 틀린 말은 아니다. 마음이 잔인한 사람이 부럽다고 느껴질 정도로 나는 한 번씩 좌절할 때가 있다. 반어법으로 말했지만 그 말의 이면에 깔린 것은 나의 진실이었다.

아이들에게 올바른 마음가짐과 행동이 필요한 이유를 알아들을 수 있게 설명해줄 때는 방법이 중요하다. 그냥 하라고 하는 것보다 심리전을 써서 아이 스스로 깨닫고 실행할 수 있게 유도하는 것이 더욱 효과적이라고 생각한다. 때로는 선의의 연출이 좋은 효과를 내는 데 한몫을 할 수 있다. 그 연출에 진실이 많이 섞일수록 성과가 있다고 생각한다. 나는 이 방법을 20여 년 동안 유효적절하게 써왔다.

못말리는 삼총사

성아는 할머니, 할아버지와 다니며 마음껏 놀기도 했지만,
책임감을 배우기도 했다. 할머니, 할아버지는 영어를 못하기 때문에
성아가 따라다니며 뒤치다꺼리를 해야 했다.

1986년 6월에 우리는 행복했던 서울 생활을 접고 버지니아주 포트
리에 왔다. 명규를 두고 올 수밖에 없어 엄마는 한국을 떠나지 않으려
고 했다. 그러나 막상 오고 보니 그곳은 부모님과 성아에게 파라다이스
였다. 아버지, 엄마 그리고 성아는 언제나 붙어다니는 삼총사가 되었다.
삼총사는 짧은 1년 동안 행복의 주머니에 즐거운 추억을 듬뿍 주워 담
았다.

미국에 들어오기 전 아버지는 66세의 적지 않은 나이에 처음으로 운
전면허증을 땄다. 열 번 이상 낙방의 고배를 마신 끝에 면허시험장에
새로운 기록을 남겼다. 최다 낙방자에다 최고령 취득자라는.

나는 아버지께 자동차를 한 대 마련해드렸다. 독일서 쓰던 1982년형
도요타 셀리카였다. 아버지에게 도요타는 벤츠 이상이었다. 아버지는

밤잠을 설치며 즐거워하셨다.

내가 출근하고 나면 아버지는 엄마와 성아를 태우고 집을 나섰다. 부대 안은 물론 부대 밖 제법 먼 곳까지 돌아다니셨다. 나와 달리 아버지는 길눈이 무척 밝아서, 영어를 몰라도 멀리 가는 것을 두려워하시지 않았다. 게다가 많이 잊어버리긴 했지만 길 찾는 정도의 영어 회화는 가능한 손녀가 옆에 있었고, 여차하면 항상 지도를 펴놓고 누구에게든 물어보면 되지, 하는 배짱도 있으셨다.

삼총사는 부대 문에 들어올 때를 유난히 즐거워했다. 정문을 지키던 멋진 헌병이 차에 붙은, 장교임을 표시하는 짙은 청색 출입 패스를 보고 척 하고 삼총사에게 경례를 부친다. 그러면 아버지도 활짝 웃으며 경례로 답례를 하셨다. 옆에서 할머니와 손녀는 손뼉을 치며 즐거워했다.

세 사람은 너무나 잘 어울리는 콤비였다. 손이 큰 할머니는 언제나 맛있는 음식을 푸짐하게 만들었고, 운전을 즐기던 할아버지는 두 사람을 싣고 어디든지 다녔다. 손녀는 재롱으로 두 사람을 마냥 즐겁게 했다. 게다가 유사시에는 의젓하게 통역관 역할까지 해냈다. 삼총사는 무서울 것이 없는 양 언제나 용감하게 외출을 감행했다.

"아니, 엄마 이게 뭐예요?"

미국에 온 지 일주일쯤 되었을 때, 퇴근해서 보니 못 보던 얇은 이불과 담요가 거실에 잔뜩 널려 있었다.

"오늘 PX 갔다가 어떤 한국 아주무이로 만났는데 그 아주무이가 가왔다 아이가."

밖에서 도토리를 까다가 밥상을 차리러 들어온 엄마가 궁금증을 풀어주셨다.

"요 부근에 있는 교회에 나가는데 일요일날 우리 데리고 가겠다 카더라."

이번에는 잔디를 깎다가 들어오신 아버지가 웃으면서 알려주었다.

"엄마, 그 아줌마가 그릇 같은 것도 되게 많이 가져왔어요."

성아도 신이 나서 끼여들었다.

그때 우리의 미국 생활은 한마디로 엉망이었다. 한국에서 부친 이삿짐이 도착하지 않아서 당장 필요한 것 몇 가지만 부대에서 빌려 쓰고 있던 터라 여간 불편한 것이 아니었다.

미국에 오자마자 나는 갑자기 외국에 놓여진 부모님을 위해서 한국 교회를 찾았다. 한국 사람들과 어울리면서 미국 생활의 이모저모를 배울 수도 있고, 혹시 향수병이 생기더라도 도움을 받을 수 있을 것 같아서였다. 삼총사와 교회의 인연은 그렇게 시작되었다. 그날부터 교회 사람들은 삼총사의 생활에 뺄 수 없는 중요한 일부가 되었다. 수시로 만나 같이 예배를 보고, 여럿이 모여 밥도 해먹고 야유회도 가면서 내가 풀어주지 못한 미국 생활에 대한 궁금증을 해결해주었다.

이때부터 삼총사의 활약상은 본격적으로 전개된다. 그 첫 번째는 엉뚱하게도 도토리 줍기 작전이었다. 엄마는 부대 잔디밭을 덮듯 널려 있는 도토리를 보고 눈이 휘둥그래졌다. 허리와 다리가 아픈 것도 무시하고 다람쥐들에게 '전쟁'을 선포하셨다. 엄마의 성화에 아버지도 동원되었다. 엄마는 두 일꾼을 거느리고 하루에 한 자루씩 도토리를 주웠다. 주워온 도토리로는 묵을 쑤었는데, 한 번에 몇 자루씩 쑤어 교회 사람들한테 돌리고도 남았다.

두 번째는 고사리 뜯기 시합이었다. 고사리의 계절엔 엄마의 욕심이 극에 달했다. 아버지와 성아를 재촉해 날마다 고사리 언덕을 찾아다녔다. 뱀이 있다는 교회 사람들의 경고도 엄마를 말리지 못했다. 세 사람은 한나절 동안 경쟁하듯 고사리를 맹렬히 뜯었다. 할머니의 억척을 닮은 성아는 얼마 안 되어서 고사리 뜯기의 일인자가 되었다. 삼총사가 뜯어온 고사리를 엄마는 푹 삶아 독을 빼고, 잔디밭에 이불 깔듯 이리저리 널어 말렸다. 엄마는 바짝 말린 고사리를 한국에 갈 때 가져가 이웃과 친척들에게 선심 쓰듯 그 '비싼' 걸 나누어주었다. 또한 나를 위해 밥상에 언제나 고사리나물을 올리는 바람에 나는 때아닌 호사를 누리기도 했다.

시간이 흐를수록 삼총사의 무용담은 늘어만 갔다. 삼총사는 청동기 시대로 돌아간 듯 자연에서 수렵과 채취의 기쁨을 누렸다. 교회 사람들과 어울려 해변으로 가서 조개를 주워오고, 가까운 개천에 가서 망태기로 물고기를 잔뜩 잡아와 매운탕을 끓여 먹기도 했다. 가끔은 버지니아 해안으로 게를 잡으러 갔다. 다리 난간에 서서 게망태에 생닭다리를 넣고 물 속으로 드리웠다 2~3분 후에 올리면 영락없이 몇 마리씩 게가 들어 있었다.

시골에서 잔뼈가 굵은 부모님은 농삿일을 잊을 수가 없었다. 부대에서 빌린 땅을 일구어 배추, 무, 고추, 깨, 호박 등을 심어놓고 온갖 정성을 쏟았다. 새들은 미국에서도 농부를 괴롭혔다. 성아는 할아버지와 같이 허수아비를 만들어 세웠다. 지나가던 부대 신문 기자가 재미있는 풍경이라 생각했던 모양인지 허수아비 옆에 선 삼총사의 사진을 찍어 신문에 싣기도 했다.

삼총사에게 웃지 못할 희극도 있었다. 엄마의 등쌀에 그날도 아버지는 엄마와 성아를 태우고 고사리밭으로 돌진했다. 전에 목사 부인이 한

번 데리고 갔던 곳이었다. 아버지는 대충 방향만 잡아 그쪽으로 차를 달렸다. 도중에 고사리 이파리들이 흐드러지게 언덕을 덮고 있는 곳을 만나게 되었다. 엄마가 그걸 놓칠 리 없었다.

"차 시아요! 여 - 꼬사리 세 - 빠졌네!"

아버지가 급하게 브레이크를 밟았다. 뒷자리에서 넋놓고 자던 성아가 앞의자에 이마를 찧었다. 아이 머리엔 혹이 났다. 아버지가 차를 고사리밭에 좀더 가까이 대려고 길 옆으로 후진하는데, 순간 자동차 오른쪽 뒷바퀴가 기우뚱하며 아래로 내려앉았다. 아버지는 차를 다시 앞으로 빼려 했지만 헛바퀴만 돌 뿐 차는 움직이지 않았다. 오른쪽 뒷바퀴가 길 옆 진창에 빠진 것이었다.

"허허 - 골치 아프게 됐네. 다 내려서 뒤에서 좀 밀어라."

아버지의 명령에 두 조수는 자동차 뒤로 가서 손을 차에 얹고 밀 준비를 했다. 아버지는 자동차의 기어를 '드라이브'에 놓았다. 아버지는 힘껏 액셀러레이터를 밟았다. 그러나 차는 움직이기는커녕 헛바퀴만 돌았다.

"우웩, 퉤퉤퉤!"

갑자기 두 조수가 뒤에서 소리를 질렀다. 백미러에 얼굴과 옷 앞자락이 진창으로 범벅이 된 두 조수가 비쳤다. 머드팩을 쓴 듯한 얼굴에는 갑자기 당한 일이라 어쩔 줄 몰라하는 표정이 역력했다.

아버지는 억지로 웃음을 참으며 차에서 내렸다.

"와이고 사람들아, 우예된 일고? 마 각설이가 따로 없네."

두 조수는 운전사에게 눈을 흘기며 입에 들어간 진흙을 뱉어내느라 계속 웩웩거렸다.

차를 끌어내기 위해 삼총사가 한참을 이 궁리 저 궁리 하고 있는데 지나가던 트럭이 멈춰섰다. 문이 열리고 흑인 남자 두 사람이 내렸다.

"무슨 일이오? 도와드릴까요?"

아버지가 자초지종을 설명하고 성아가 통역을 했다. 두 남자는 한참 이리저리 궁리하더니, 한 사람이 자동차에서 나무 막대기들을 꺼내왔다. 막대기들을 빠진 바퀴 앞에 늘어놓자, 다른 한 사람이 트럭을 후진해 와서 아버지의 차 앞에 세운 뒤 체인으로 두 차를 연결했다. 서서히 트럭이 앞으로 전진했다. 아버지의 차도 말 잘 듣는 아이처럼 순순히 끌려나왔다.

"땡큐! 땡큐!"

"Thank You."

"No Problem. Have a nice day(천만에요. 좋은 하루 되세요)."

"빠이 빠이-."

성아가 없는 날도 코미디는 있었지만 바람 빠진 풍선격이었다. 삼총사가 뭉쳐야 확실한 사고가 일어났다. 그러다 보니 퇴근해서 성아와 부모님으로부터 그날 있었던 각종 사건 사고 소식부터 접하는 게 나의 일과가 되었다.

성아에게는 이 시기가 마음껏 논 시기이자, 책임감을 배운 시기이기도 했다. 할머니, 할아버지는 영어를 못할 뿐 아니라 미국식 관습에 익숙지 않기 때문에 물가에 내보낸 어린애 같았다. 누군가 따라다니며 뒤치다꺼리를 해야 했다. 두 사람을 데리고 다니며 짧은 영어로 통역을 하다 보니 성아의 영어 실력이 늘어난 것은 물론 할머니, 할아버지의 생각이 성아의 입을 통해 흘러 나와 세상을 보는 눈도 그만큼 넓어졌다. 할아버지, 할머니와 용감한 손녀딸의 무용담은 그래서 더욱 즐거웠다.

그럼, 누구 딸인데!

"한 번도 배구를 해본 적 없지만,
이 아이 성격상 한 번만 기회를 준다면
누구보다 잘해 나갈 것입니다."

나의 언니는 내 삶에 영향을 끼쳤듯이 성아의 삶에도 적지 않은 영향을 주었다. 이민 와서 2년 동안 페이어트빌에서 우리와 같이 살면서 엄마를 대신해 성아를 챙겨준 것이다.

또한 부득이 '외동딸'이 된 성아에게 사촌언니와 사촌오빠는 형제의 빈 자리를 채워주는 역할을 했다. 그들은 또한 성아 성격의 재미있는 한 면을 들춰주기도 했다.

"야들이 바나나 귀신이 붙었나? 어제 한 보따리 사왔는데 벌써 다 먹었다카이."

또 바나나를 사달라는 성아의 성화에 기가 차다는 듯 아버지가 머리를 설레설레 흔들었다. 한국에서는 너무 비싸서 자주 못 먹던 바나나를 한 보따리 사다주자 언니네 아이들이 눈이 휘둥그래져서는 한자리에서 대여섯 개씩 먹어치웠다. 옆에서 보고 있던 성아가 같이 덤벼들었다.

"야는 전에는 바나나 본 척도 안 하디마는……"

성아가 게걸스럽게 바나나를 먹는 것이 신기한지 엄마도 한마디 거들었다. 전에는 어쩌다 몇 개 사온 것도 먹는 사람이 없어 썩어서 내버리곤 했다. 우리는 성아가 바나나를 좋아하지 않는다고 생각했다.

그런데 승희와 승용이가 온 후론 바나나에 대해서 전혀 다른 태도를 보이는 것이었다. 부모님이 바나나를 사다주면 먼저 자기 몫의 바나나부터 챙겼다. 그러고는 누가 뺏어 먹기라도 할까 봐 한꺼번에 다 먹어버리는 것이었다.

성욱이와 같이 살 때도 성아는 식탐을 보일 때가 많았다. 제천에서 오빠네 아이들과 같이 살 때도 욕심을 부렸다 한다. 그러나 서울에서 살 때부터는 잘 먹지 않아서 엄마가 속을 끓일 때가 많았다. 그때는 먹는 걸로 다툴 경쟁 상대가 없는 '외동딸'이었다.

성아를 보며 나는 또 하나의 인생 철학을 확인할 수 있었다. 언제나 원하면 바로 가질 수 있는 것은 어른에게나 아이에게나 매력이 없다. 무엇이든지 좀 모자란 듯하거나 없을 때 그것을 갈망하게 된다.

성아한테서 또 한 가지 발견한 것은 경쟁심이었다. 그 아이는 누군가 옆에 있으면 분명히 경쟁을 할 것이 틀림없었다. 나는 성아가 가진 경쟁심을 활용할 방도를 강구했다.

미국의 대학은 예술이든 스포츠든 봉사 활동이든 과외 활동을 중시한다. 그것으로 성적을 매기는 것은 아니지만 경험과 성과를 인정받을 수 있고 또 추천장을 써가면 심사에 많은 참고가 되기도 한다.

성아는 경쟁심이 강하기 때문에 스포츠를 하면 잘할 것 같았다. 그러나 어릴 때 했던 수영이나 태권도말고는 정식으로 다른 운동을 배워본 적은 없었다. 뭔가 하나 배우게 할 요량으로 나는 배구를 권했다. 덕분에 성아는 중학교 2학년 때 난생 처음으로 배구를 시작했다.

배구팀은 일정 기간 훈련을 시킨 뒤 테스트를 통해 선수를 뽑는데, 이미 훈련 인원이 모두 차 있었다. 하지만 시작도 안 해보고 앉아서 포기할 수는 없었다. 나는 코치를 직접 찾아가 사정을 설명했다.

"이 아이는 한 번도 배구를 해본 적은 없지만, 이 아이 성격상 한 번만 기회를 준다면 누구보다 잘해 나갈 것입니다."

나는 성아에게 한 번만 기회를 주라고 하는 대신 엄마인 나한테 한 번만 기회를 달라고 했다. 내 말이 맞는지 안 맞는지 증명해 보일 기회를 달라고 말이다. 아무튼 내 정성에 감복해서 코치는 성아를 배구팀 훈련생으로 받아주었다.

그런데 하필이면 그날이 배구팀 원서를 내는 마지막날이라서 우리는 콩 볶듯 뛰어다녀야 했다. 신체 검사를 받아 그 결과와 입단 원서를 학교에 제출해야 했기 때문이다. 시간을 재어가며 병원과 학교를 오간 덕에 각종 서류를 아슬아슬하게 마감 시간에 접수시킬 수 있었다.

"엄마, 참 대단해."

접수가 끝나자 한숨 돌렸다는 듯 성아가 말했다.

"그럼, 이왕 매니저를 하려면 확실하게 해야지."

나는 어떤 상황이든 내가 해줄 수 있는 것은 다 해줄 수 있다는 자부심으로 좀 뻐기며 대답했다.

성아는 배구를 처음 하다보니 이미 훈련을 받은 다른 아이들보다 못할 수밖에 없었다. 성아는 자기가 못하는 게 너무너무 창피해서 누구보다도 열심히 연습을 했다. 매일 어둑어둑하니 땅거미가 진 뒤에야 연습을 끝내고 패잔병처럼 발을 질질 끌며 현관에 들어섰다. 손목이며 팔에 퍼렇게 든 멍이 가실 날이 없었다. 그렇게 악착을 떤 끝에 나중에는 교체 멤버 6명 안에 들게 되었다.

"엄마, 이게 뭐게요?"

어느 날, 성아가 등 뒤에 뭔가를 감추고 입이 함지박이 되어 나를 맞았다.

"내가 못 알아맞추기를 바라면서 뭘 그래!"

눈을 흘기며 내 눈앞에 성아가 들이댄 것은 가장 눈부신 발전을 이룬 사람에게 준다는 '발전상(Most Improved Player, MVP를 패러디한 말)'이었다. 코치는 성아의 노력에 '발전상'을 주었다. 반 년 동안 손목과 팔에 피멍이 든 대가였다. 당장 샴페인이라도 터뜨릴 기세로 기뻐해주었다. 그러나 성아가 알면 김빠져 하겠지만 사실은 딸이 상 받은 게 전혀 놀랍지 않았다. 그애가 반드시 해낼 것이라고 나는 믿고 있었기 때문이다.

배구를 통해 성아는 자신을 위한 경력을 쌓았을 뿐 아니라, 누군가와 경쟁을 해서 멋지게 이기는 쾌거를 기록했다. 더욱이 경쟁 상대가 그 아이 자신이었다는 게 성아를 더욱 빛나게 했다.

'누구 딸인데……, 절대로 지고 살지는 않지.'

한동안 흐뭇한 미소가 내 입가에서 떠나지 않았다.

우정은 영원히

"친한 친구들은 오래, 또 멀리 떨어져 있다가도
다시 만나면 반갑고 좋거든. 잠깐 헤어진다고 해서
우정이 끝나는 건 아니야."

컬리지 레이크 공립학교로 옮겨온 후 성아의 성적은 중위권을 넘어 상위권으로 향하기 시작했다. 영어가 부쩍 는 데다 경쟁심이 발동한 탓도 있었다. 노스캐롤라이나에서 살 때 우리 집안에는 학생이 두 사람 더 있었다. 언니의 딸은 대학에, 아들은 고등학교에 다니고 있었다. 버지니아에서의 바나나 사건처럼 옆에서 공부하는 사촌언니, 오빠는 성아의 경쟁 의식을 자극했다.

이웃에도 좋은 친구가 생겼다. 대니얼이라는 백인 여자아이인데 마음씨가 착하고 다정했다. 지나가다가도 우리 식구를 보면 반갑게 인사를 했다. 아침에 학교 갈 때도 우리 집에 들러 성아와 같이 갔고 집에 올 때도 같이 다녔다. 둘은 단짝이 되어 서로의 집을 찾아다니며 같이 공부도 하고 마음을 털어놓기도 했다. 둘을 보고 있으면 〈빨강머리 앤〉

이 생각나곤 했다.

성아에게는 좋아하는 남자아이도 생겼다. 사춘기는 사춘기였던 모양이다. 로비라고 하는 금발에 파란 눈을 한 백인 아이가 성아의 '길버트'였다. 그 아이도 우리 동네에 살았기 때문에 아침 저녁으로 같은 버스를 타고 다녔다. 성아는 틈만 나면 "로비가 어쩌구……." "로비가 저쩌구……."라며 그 아이 얘기를 했지만 로비는 성아의 그런 마음을 전혀 몰랐을 것이다. 성아는 아무리 자기가 좋아하는 사람이라도 상대가 자기를 좋아한다는 확신이 서기 전에는 좀 쌀쌀맞게 구는 경향이 있었다.

그렇게 어린 성아의 가슴을 태우던 연정은 성냥불 한 번 못 켜본 채 끝나게 되었다. 1989년 6월, 어렵게 주어진 동북아 지역 전문가 교육을 받으러 우리 가족은 캘리포니아로 떠나야 했기 때문이다. 성아에게 또 한 번의 희생(?)을 강요해야 하는 처지가 된 것이다. 나는 이사에 대해 어떻게 이야기를 꺼내야 할지 망설였다.

성아는 2년 동안 사귀어온 친구들과의 작별을 못내 아쉬워했다. 풀이 죽어 있는 성아를 데리고 우리가 자주 찾던 중국집으로 갔다. 성아가 좋아하는 달고 새콤한 수프와 오렌지를 곁들인 왕새우 요리 그리고 탕수육을 시켰다. 맛있는 음식을 먹자 성아의 기분이 좀 좋아진 것 같았다. 은근히 친구와 헤어지는 것으로 화제를 돌렸다.

"친한 친구들과 헤어지기가 섭섭하지?"

"응."

성아의 목소리는 금방 비가 올 듯 젖어버렸다.

"엄마도 처음 미국 올 때 그랬어. 친구들도 부모 형제도 언제 만날 수 있을지 기약이 없고……. 떠나기 전에 혼자 숨어서 많이 울었어."

성아는 고개를 푹 숙인 채 내 말을 듣고 있었다.

"한국에 갔을 때 엄마 친구들 집에 갔던 일 생각나지? 남영이 아줌마, 희숙이 아줌마. 그 아줌마네 언니, 오빠들이 너를 친동생처럼 귀여워해 줬잖아."

"응. 특히 혜선이 언니하고 준경이 언니가 나한테 참 잘해줬어. 예쁜 머리핀도 주고 그림도 그려주고. 그 언니들도 보고 싶어."

성아의 목소리에 잔뜩 끼어 있던 구름이 조금 걷혔다.

"그 언니들의 엄마들은 내 고등학교 친구들이야. 엄마 초등학교 동창 들 집에도 갔었는데, 혜란이 아줌마, 은숙이 아줌마, 옥자 아줌마……."

옛날 얘기를 듣는 아이처럼 성아의 눈이 반짝반짝 빛나기 시작했다.

"엄마 친구들은 만난 지 벌써 몇십 년이 됐지. 그런데 친한 친구들은 그렇게 오래, 또 멀리 떨어져 있다가도 다시 만나면 언제 헤어졌느냐는 듯이 반갑고 좋거든. 잠깐 헤어졌다고 해서 우정이 끝나는 건 아니야."

"……."

"엄마가 제천에만 살고 서울로 고등학교를 가지 않았더라면 희숙이 아줌마나 남영이 아줌마 같은 친구는 못 만났겠지? 서울로 갔기 때문 에 제천의 친구는 그대로 있고 또 거기에 친한 친구가 보태지고……."

성아의 얼굴이 점점 밝아지고 있었다.

"성아가 한국 친구들과 헤어지기 싫다고 그냥 한국에 있었더라면 노 스캐롤라이나에서 만난 친구들은 평생 모르고 살았을걸. 여기 오기 전 엔 대니얼이나 로비 같은 아이들을 만날지 몰랐잖아. 몬트레이도 마찬 가지겠지? 거기에서 또 어떤 친구와의 우정이 널 기다리고 있을지 모 르잖아. 설사 아무도 없다 해도 이곳 친구들은 네가 여기 올 때마다 다 시 만날 수 있고. 한번 친해진 친구는 계속 남게 되고, 새로운 곳에서 또 좋은 친구를 만나게 되는 거야. 그럼 성아는 날이 갈수록 친구가 늘어가니 얼마나 행운아야. 아마 네 친구들은 네가 무척 부러울 거야."

서울에서 알았던 혜현이나 그 밖의 친구들의 예를 들어주자 새로운 흥분의 물결이 성아에게 밀려왔다. 밀물과 썰물이 교차되는 듯 아쉬움과 새로운 흥분의 파도가 성아를 번갈아가며 덮쳤다. 성아는 서서히 새로운 세계에 대한 기대로 차올랐다.

그날 성아는 한국에 있는 단짝 혜현이에게 편지를 썼다.

"와, 정말 너무나 오래 되어서 무슨 말을 먼저 해야 할지 모르겠다. 여긴 여름방학이 시작되어서 나는 지금 편히 앉아 커피 한 잔을 마시며 '삶의 보람을 느낀다고 말할 수 있었으면 얼마나 좋을까' 라고 생각하고 있어. 나는 이 편지를 새벽 1시 29분에 쓰고 있어. 나도 이제 늙었나 봐. 밤늦게 우리의 옛 시절이 생각나는 걸 보면. 아차! 깜박 잊을 뻔했네! 나 8월 말쯤이면 캘리포니아로 이사가게 된다. 그곳에 가면 많은 친구들을 사귀게 되겠지. 그러나 가자마자 네게 편지를 쓸게."

그동안 친했던 친구들한테 편지를 쓰고 전화통에 매달려 있느라 성아는 한동안 바빴다. 그러면서 마음의 정리가 되었는지 우리가 노스캐롤라이나를 떠날 때는 석별의 정을 아쉬워하는 친구들에게 자신의 경험을 얘기하며 위로해주는 여유를 보였다. 성아는 아마 내가 제게 얘기해준 걸 친구들에게 그대로 했을 것이다.

"친한 친구들은 몇십 년씩 오래, 또 멀리 떨어져 있다가도 다시 만나면 언제 헤어졌느냐는 듯이 반갑고 좋은 거야. 잠깐 헤어졌다고 해서 우정이 끝나는 건 아니잖아. 네가 나를 잊지 않는다면 우리의 우정은 앞으로도 계속될 거야."

귀중한 유산

이것은 가족의 푸근한 사랑을 받아온 사람만이 가지는
마음의 여유 같은 것인지도 모른다.
구름 저편에 계신 아버지는 나한테뿐만 아니라
손녀에게도 귀중한 유산을 남겨주신 것이다.

여름방학 동안이나마 친구들과 석별의 정을 나눌 수 있도록 성아를 남겨두고, 나는 부모님만 모시고 집을 나섰다. 벌써 여름의 폭염이 느껴졌다. 끈적끈적한 노스캐롤라이나의 더위를 피해 망망대해에서 불어오는 듯한 시원한 바람이 땀에 젖은 등을 식혀주는 캘리포니아로 갔다. 현철의 〈내 마음 별과 같이〉를 목청껏 따라 부르며 내 시보레는 뭉게뭉게 피어난 구름꽃을 따라 광대한 미국 대륙을 건넜다.

도중에 우리는 텍사스와 뉴멕시코를 거쳤고 그랜드 캐니언을 보았다. 라스베이거스, 로스앤젤레스, 샌디에이고를 거쳐 몬트레이에 도착한 것은 노스캐롤라이나를 떠난 지 14일째 되던 날이었다. 운전이 힘들긴 했지만 멋진 여정이었다. 그리고 그것은 여행을 좋아하시던 아버지와의 마지막 여행이었다.

미국에서 가장 아름다운 곳이라고 할 수 있는 몬트레이. 나는 그 '천국'에서 우리 식구에게 너무나 소중했던 한 사람이 허무하게 시들어가는 모습을 보았다. 처음으로 하느님을 영접하셨던 그곳을 아버지는 천국이라고 착각하셨던 걸까? 마치 당신의 영혼을 신께 바치듯, 아버지의 영혼은 한순간에 흰 연기처럼 홀연히 하늘로 날아가버렸다.

"성아야, 훌륭하게 자라거라. 할아버지는 그것을 소망한단다. 항상 우리 성아가 '할아버지, 꽈자' 하는 소리를 듣고 싶단다. 만화 보지 못하게 녹음한 것도 잊지 말아라……."

항상 손녀를 염려하던 할아버지는 녹음 테이프에 당부의 말을 남겨두셨다. 성아가 전에 한국에서 장난 삼아 녹음해둔 아버지의 목소리는 언제까지나 그렇게 손녀를 격려하고 있다.

몬트레이에 도착한 지 채 2주일도 안 지났을 때, 엄마와 나는 아버지에게 무언가 이상이 생겼음을 직감했다. 무척이나 길눈이 밝은 아버지가 길을 잃고 헤매기도 하고, 화장실에 갔다가는 옷을 제대로 못 입어 한참을 고생하셨다. 이미 폐암 말기로, 암세포가 아버지의 뇌를 잠식해버린 뒤였다.

엄마는 미국에서 초상을 치를 수 없다고 서둘러 한국행을 재촉했다. 비행기 예약을 서두르고, 성아를 예정보다 좀더 일찍 오도록 했다. 영어도 못하는 부모님이, 더구나 환자인 아버지를 엄마 혼자 감당하며 한국으로 나가는 것은 아무래도 무리였다.

아버지의 상태는 급속도로 악화되었다. 집 안에서도 방을 못 찾아 헤매고, 화장실 가는 것도, 밥을 먹는 것도 혼자 할 수 없는 식물인간이 되었다. 심지어 당신이 그렇게도 귀하게 여기던 손녀가 와도 못 알아보셨다.

나는 성아가 놀랄까 봐 염려가 되었다. 그런데 성아는 생각했던 것보다 강했다. 최소한 겉으로는……. 할아버지의 엄청나게 변한 모습을 보고 당황하긴 했지만 그런 대로 잘 받아들였다. 어린애를 달래듯 어르기도 하고, 등을 다독거리기도 하며 할아버지를 위로했다. 그러나 그날 밤 성아는 기어이 눈물을 쏟고 말았다. 나와 이층침대를 쓰던 성아의 소리 없는 흐느낌은 내 마음까지 흔들어놓았다.

한국으로 떠나던 날, 나는 태어나서 처음으로 아버지를 등에 업었다. 당신 혼자서는 걷지도 못하고 층계를 내려올 수도 없었다. 아버지는 마치 아이를 업은 듯 가뿐했다.

"딸이 우째서? 내사 이쁘기만 하구마는."

엄마가 나를 구박할 때면 으레 내 편에서 내 마음을 달래주시던 아버지. 형제들끼리 투닥거릴 때 "이-누무 자슥들!" 하시며 빗자루를 머리 위까지 들었다가도 눈만 한 번 부릅뜨고는 그냥 내려놓으시던 아버지. 그 추운 제천의 겨울밤, 자전거를 타고 미끄러운 눈길을 달려가시던 모습이 아직도 눈에 선한데…….

'아버지, 조금만 더 계셔주세요. 약속대로 내 일본말 배우는 걸 도와주세요. 아버지의 향수가 담겨 있는 오카야마도 히로시마도 같이 가세요……'

내 마음을 아는 듯 아버지는 층계의 난간을 꽉 쥐며 내려가지 못하게 하셨다. 차마 발길이 안 떨어져 나도 그 자리에 멈춰섰다. 눈물이 내 시야를 그대로 삼켜버렸다. 그러나 한국으로 갈 비행기는 이러한 우리의 슬픔을 받아주지 않을 것이다. 있는 힘껏 난간을 쥐고 있는 아버지의 손을 억지로 풀어야 했다. 아버지와 엄마와 성아를 실은 비행기는 무심하게 샌프란시스코 공항을 떠나갔다.

이튿날 아버지가 한국에 도착했을 즈음 동두천의 동생네 집으로 전화를 했다.

"오야, 니 고생 마이 했제. 인자 개안타."

내 귀를 믿을 수가 없었다. 그렇게 정신이 오락가락하던 아버지가 마치 아무 일도 없던 것처럼 말씀을 하고 계시는 것이었다.

"아니, 아버지. 정말 괜찮으세요?"

"하모, 참말로 개안체. 니 공부나 잘해라."

"아버지도 몸조리 잘하셔서 다시 미국에 오셔야죠. 그래서 제 일본말도 좀 도와주시고 일본도 같이 가시고…… 참 하버드도요."

"가야제. 니 공부하는 데도 같이 가야제."

그러나 그것은 아버지에 대한 하느님의 마지막 배려였는지도 모른다. 한 많은 이 세상을 하직하기 전에 짧은 순간이나마 맑은 정신으로 가족들과 마지막 작별 인사를 하도록 한.

이튿날 아버지는 상태가 더욱 나빠지셨고 헬리콥터로 용산의 121 미군병원으로 옮겨졌다. 병실에는 엄마와 성아만 남았다. 한밤중에 아버지는 괴로운 듯 얼굴을 찡그리며 벌떡 일어났다. 머리가 몹시 아프신 듯 두 손으로 머리를 감쌌다. 엄마가 간호사를 부르러 나간 사이 아버지는 낮에 먹은 젤리를 전부 토해내셨다. 그리고 외마디 비명과 함께 성아의 품으로 쓰러졌다. 그것이 아버지의 마지막이었다.

그렇게 아버지는 당신이 사랑하던 손녀의 품에서 유랑의 삶을 마쳤다. 성아는 할아버지이자 삼총사의 대장이며 친구이자 그리고 자신을 누구보다도 사랑해주던 한 사람을 잃었다.

아버지를 떠나보낸 뒤 만약 아버지가 없었다면 성아는 어떻게 되었을까 곰곰이 생각해본 적이 있다.

'반쪽 가족으로 언제나 옮겨다니며, 그리고 언제나 바쁘기만 한 엄마를 둔 성아가 지금과 같이 자랐을까?'

질문에 대한 확신이 서지 않았다. 성아는 가족을 잘 챙긴다. 그 점이 미국식으로 자라난 다른 아이들과 다른 점이다. 아르바이트해서 번 돈으로 식구들에게 작은 선물을 하는 것이 성아의 가장 큰 즐거움이다. 고무장갑, 사탕, 젤리, 연, 요요, 아이스크림…… 성아가 사오는 것들은 엉뚱하다 못해 기발한 것이지만, 사소한 것을 보면서도 가족을 생각하는 그애의 마음을 느끼게 해준다.

이것은 가족의 푸근한 사랑을 받아온 사람만이 가지는 마음의 여유 같은 것인지도 모른다. 구름 저편에 계신 아버지는 나에게뿐만 아니라 손녀에게도 귀중한 유산을 남겨주신 것이다.

"할아버지, 저 할아버지가 보고 싶어서 못 살겠어요. 할아버지 한국 가시면 꼭 나으셔야 해요. 그래서 미국 다시 오셔서 할아버지께서 사랑하시던 성아가 공부 1등 하는 것을 보셔야죠. 그리고 나중에 제 결혼식에도 참석해야지요. 얼마나 멋있고 잘생긴 남편을 만났는지 보시구요. 나중에 머리를 까맣게 물들이고 가죽 바지 입고 밍크 코트를 걸치고 저를 보러 오셔야 해요. 약속을 어기면 안 돼요. 저는 그날을 꼬박꼬박 기다리며……."

10여 년 전 성아가 할아버지에게 써놓고 부치지 못한 편지다. 노스캐롤라이나의 집에는 아버지가 잘 가꾼 정원이며, 아버지가 무심히 쳐다보시던 용의 언덕, 성아가 할아버지에게 보낸 편지들과 사진, 그리고 아버지의 음성이 담긴 테이프들이 그분의 빈 자리를 지키고 있다.

남을 돕는 거울

자식을 알면 그 부모를 안다는 말이 있다.
부모는 자식의 거울이라는 말이 괜히 나왔겠는가.
나쁜 행동이든 좋은 행동이든 다 닮게 되어 있다.

나는 약한 사람이나 가엾은 사람을 보면 가슴이 아프고 그들을 돕고 싶어진다. 도울 수 있을 때 기꺼이 도우면서, 남에게 베풀 때의 행복을 깨닫게 되었다. 성아에게도 그 행복을 깨우쳐주고 싶어서 기회가 있을 때마다 성아가 보는 앞에서 남을 도우려 애썼다.

일본에서 살 때 가끔 나는 성아를 데리고 한국을 방문했다. 미군용 비행기를 타면 일본에서 한국까지 10달러에 올 수 있기 때문에 우리는 주로 그 편을 이용했다. 일본 요코타 공군 기지를 떠나서 오산 공군 기지에 도착하면, 명진버스를 타고 서울의 용산 부대로 왔다.

언제인지 확실히 기억은 나지 않지만, 성아와 내가 오산 비행장에서 용산 가는 버스를 탔을 때의 일이다.

주말이어서 그런지 버스는 만원이었다. 백인, 흑인, 한국인으로 가득 채워진 버스는 우리가 마치 외국에 있는 것 같은 기분을 느끼게 했다. 성아와 나는 표를 좀 늦게 사서 맨 뒷자리에 앉게 되었다. 창가에 오붓하게 앉아 한국의 가을 정취를 즐기고 싶었지만, 유감스럽게 되었다.

막 버스가 떠나려 하는데 누군가 밖에서 문을 두드렸다. 예순을 훨씬 넘긴 초라한 할머니 한 분이 올라왔다. 할머니는 자기 몸만한 보따리를 들고 있었다.

"여긴 내 자린데유."

할머니는 우리 자리에서 세 번째 앞좌석에 앉아 있던 젊은 백인 남자에게 표를 보였다.

"This is my seat(이 자리는 내 자리에요)!"

젊은 백인도 표를 할머니의 코앞에 내밀며 자기의 권리를 주장했다. 창구에서 실수로 한 자리에 두 장의 표를 판 모양이었다. 백인 남자는 전혀 자리를 양보할 기색이 없었다. 할머니는 체념한 듯 보따리를 바닥에 놓고 뒷자리 손잡이에 기대 섰다. 서울까지는 거의 두 시간이 걸릴 터였다.

버스가 흔들릴 때마다 넘어지지 않으려고 안간힘을 쓰는 가냘픈 노인네의 모습을 보니 마음이 아팠다. 자기 권리를 주장하기에 급급해 노인에게 양보를 외면하는 그 백인 남자에 대해 화가 나기도 했다. 버스가 출발한 지 몇 분이 안 되어 나의 '정의감'은 결국 나를 중재인으로 내세웠다.

"실례합니다."

말을 걸자 그 젊은 남자가 '아줌마는 뭐냐'는 듯한 표정으로 쳐다보았다.

"버스 회사에서 잘못한 건 사실이지만 그렇다고 노인을 두 시간 동안 서서 가게 한다는 것은 좀 너무하다고 생각지 않으세요?"

"내가 알게 뭐예요. 나도 피곤하단 말이에요!"

그러자 다른 자리의 사람들도 젊은 사람이 양보하는 게 어떠냐고 한마디씩 거들었다. 그러나 그는 아랑곳하지 않았다. 할머니도 자리에 대해 권리가 있으니까 두 사람이 교대로 반반씩 앉아서 가는 건 어떠냐고 최종 중재안을 내놓았지만, '알게 뭐냐'는 듯 그 젊은 군인은 묵묵부답으로 팔짱을 낀 채 눈을 감아버렸다. 은근히 부아가 치밀었지만 하는 수 없었다. 내 자리를 할머니에게 양보하기로 마음먹었다.

"할머니, 여기 앉으세요."

내 마음을 읽었는지 성아가 어느새 할머니의 팔을 잡아당겼다.

"아이구, 힘든데 학생 앉아요."

할머니는 심하게 흔들리는 버스에서 몸을 제대로 가누지 못하면서도 사양했다.

"아녜요. 저는 괜찮아요. 앉으세요."

나도 그 할머니에게 앉으라고 등을 밀었다.

"아유, 미안해서 어떡하나……"

할머니는 미안한 표정으로 마지못해 자리에 앉았다.

"성아야, 엄마가 서 있을게. 네가 앉아."

멀미 때문에 차만 타면 잠이 드는 성아가 두 시간을 서서 가는 것은 무리다 싶었다.

"에이, 엄마는 무슨 말씀을……. 엄마가 서 계신데 내가 어떻게 앉아요. 난 괜찮으니까 엄마 앉으세요."

성아가 내 등을 떠밀며 할머니가 앉은 옆자리에 앉혔다. 나는 앞에 선 딸의 등을 툭툭 두드려주었다. 여기저기서 사람들이 성아를 칭찬했다. 성아는 멋쩍은 듯 씩 웃으며 나를 바라봤다. 버스는 이미 공군 기지를 떠나 황금 들녘을 달리고 있었다. 낯익고 정겨운 농촌 풍경과 높고 맑은 가을 하늘이 가슴 가득 쏟아져 들어왔다.

성아는 그날의 자신의 행동에 대해 훗날 이렇게 써놓았다.

"……그날 내가 왜 그 할머니에게 자리를 양보했는지 이유를 꼭 꼬집어 말할 수는 없다. 어쩌면 우리 엄마를 무시하는 것 같았던 그 군인에 대한 분노 때문인지도 모른다. 또는 그냥 그 할머니가 가여워서일 수도 있으리라. 어쩌면 내 마음 한구석에 '엄마를 서 있게 할 수는 없다'는 한국식 문화 의식이 남아 있었기 때문인지도 모른다. 무슨 이유에서였든 내게 그런 행동을 하게 한 원동력은 '이런 경우엔 엄마도 그리했으리라'는 인식에서라고 해도 과언이 아니다. 왜냐하면 엄마는 늘 내게 그렇게 하는 것이 옳은 일이라는 것을 가르쳐주셨기 때문에……."

자식을 알면 그 부모를 안다는 말이 있다. 아이들은 후천적으로 습득하는 많은 부분을 부모의 행동에 따른다. 부모가 어떻게 하느냐에 따라 아이들의 행동이 결정된다. 남에게 베푸는 것 역시 성아의 마음에서 우러나온 것도 있겠지만, 많은 부분 의도적으로 내가 가르친 결과라 해도 과언이 아니다. 부모는 자식의 거울이라는 말이 괜히 나왔겠는가. 나쁜 행동이든 좋은 행동이든 다 닮게 되어 있다. 그러므로 자식 또한 부모의 거울일 수밖에 없다.

맹자 어머니 따라잡기

네 인생은 네가 결정하는 거야, 라고 말해왔다.
공부를 하든 안 하든 선택은 성아 자신에게 있지만,
부모로서 공부할 기회는 만들어주어야 했다.

1987년 봄, 나는 제18공수군단과 제82공수사단이 있는 노스캐롤라이나의 포트 브래그로 발령이 났다. 13년이 넘도록 이어지는 노스캐롤라이나와 우리 가족의 인연은 그렇게 시작되었다. 5학년 한 해를 버지니아에서 보낸 성아는 6학년과 중학교 1학년을 이곳 노스캐롤라이나에서 보냈다. 나는 이때부터 맹자 어머니 흉내를 내기 시작했다.

"그곳에서 가장 좋은 공립학교가 어디지?"

이사가기 전에 복덕방이나 그곳에서 오래 살던 동료들에게 부근에서 학군이 제일 좋은 데가 어딘지 물었다. 그렇게 찾아온 곳이 바로 컬리지 레이크라는 마을이다. 미국도 한국과 마찬가지로 학군이 있다. 지역에 따라 갈 수 있는 학교가 정해지는 것이다.

컬리지 레이크에는 원래 호수가 있었지만, 지금은 습지로 변해 나무들이 울창했다. 자연 경관이 아름다울 뿐 아니라 무엇보다 백인 중류층이 몰려 사는 덕에 크고작은 범죄로부터 안전한 지역에 속했다. 한마디로 전망 좋고 조용하고 그리고 평화로운 곳이다.

이사를 할 때마다 나는 꼭 주변의 조언을 구했다. 몇 군데의 복덕방을 다니는 것은 물론이고, 학교 주변을 답사해 우리가 이사갈 만한 곳을 물색했다. 2년을 컬리지 레이크에서 보낸 성아는 중학교 2학년 때 캘리포니아로 갔다. 성아가 다닌 퍼시픽 그로브 중학교도 그 주변에서는 제일 좋은 공립학교라는 평판을 얻은 곳이었다.

그 뒤 우리는 하버드가 있는 케임브리지 옆의 벨몬트로 이사를 갔다. 성아와 나는 벨몬트 고등학교를 선택했다. 1년에 최소한 열 명 가까운 학생들을 하버드나 예일 같은 아이비리그에 합격시키는 기록을 가지고 있었다. 게다가 여러 명의 하버드 교수들이 자녀들을 그 학교에 보낼 정도로 하버드 교수들도 인정하는 좋은 학교였다. 벨몬트에 있을 때 성아는 우등생 친구들을 사귀기 시작했다. 그 친구들과 경쟁을 하면서 성아의 성적은 일취월장했다. 나의 맹자 어머니 흉내내기가 효력을 거둔 것이다.

학교를 고를 때 내가 가장 중요하게 생각한 것은 첫째, 범죄로부터 안전한 환경인가, 둘째, 면학 분위기가 조성되어 있는가였는데, 면학 분위기가 조성되어 있는 학교는 대부분 범죄가 없는 곳이기도 했다. 아이들의 인성 교육을 하는 데 집안 분위기가 중요한 것처럼, 공부를 하는 데는 학교 분위기가 중요하기 때문이다.

어찌 보면 내가 극성스러워 보일 수도 있다. 하지만 미국이라고 해서 한국과 다르지 않다. 정도의 차이는 있지만 아이비리그라 불리는 명문대를 선호하고, 명문대를 가기 위해 학군과 학교를 따진다. 고등학교뿐 아니라 대학교까지도 학교 분위기를 따진다는 점에서 교육열은 한국보다 한수 위라 할 수 있다.

꼴찌를 하든 1등을 하든, 대통령이 되든 웨이트리스가 되든 네 인생은 네가 결정하는 거야, 라고 나는 늘 성아에게 말해왔다. 공부를 하든 안 하든 최종적인 선택은 성아에게 있지만, 부모로서 공부할 기회는 만들어주어야 했다. 그래서 학교를 선택할 때만큼은 극성 아닌 극성을 부린 것이다.

성아의 공부에 성취 동기를 주기 위해 맹자 어머니가 하지 않은 것도 나는 몇 가지 더 했다. 그 중 하나가 하버드에 성아를 자주 데리고 다닌 것이었다. 성아가 일본에 대해 관심을 가지고 있었으므로 일본 관련 세미나에는 자주 대동했다. 그리고 아이가 보는 앞에서 꼭 질문하는 모습을 보여주려 애썼다. 질문거리를 찾으면서 강연을 들으면 훨씬 얻는 게 많기 때문이기도 했지만, 성아를 위해서도 그랬다.

'나는 저 아이 앞에서 반드시 질문을 해야 해.'

가슴은 큰북을 치는 것처럼 울려대고, 입술은 타들어갔지만 나는 마지막 한 방울의 용기까지 짜내가며 손을 들었다.

성아는 많은 사람들 앞에서 질문하는 엄마를 자랑스러워했을 뿐 아니라 하버드를 서서히 동경하는 눈치였다. 그러나 한 번씩은 왜 공부를 해야 하는지에 대해 갈등도 했다.

"엄마, 내가 원하는 게 무엇인지 모르겠어요."

고2 때 성아가 심각하게 이야기해왔다.

"언젠가는 알게 될 거다. 그런데 말이다, 원하는 게 뭔지 알았을 때 준비가 되어 있지 않으면 원하는 걸 할 수 없잖니? 그러나 실력을 쌓아놓으면 기회가 왔을 때 원하는 걸 선택할 수 있어. 준비가 안 되어 있으면 그때부터 준비를 해야 하는데 그러면 얼마나 손해니?"

"……."

"할 수 있는 일이 웨이트리스밖에 없다면 얼마나 불행하겠니. 나는 네가 이왕이면 불행한 삶보다 행복한 삶을 선택했으면 좋겠다."

단돈 1백 달러만 달랑 들고 미국에 식모 살러와서 웨이트리스 등 허섭쓰레기 같은 일로 내몰린 엄마의 인생을 한번 생각해보라고 나는 또 옛날 이야기 보따리를 풀었다.

"그럼 엄마가 나라면 어떡할 거 같아요?"

잠자코 듣고 있던 성아가 대안을 물었다.

"답은 네가 더 잘 알고 있을걸. 내 눈에는 하는 방법까지 훤히 다 보이지만 내가 해줄 수는 없지 않니? 아무튼 너의 행복은 너의 선택에 달린 것만큼은 분명해."

나는 네가 학생이므로 지금 공부를 해놓는 것이 다음에 네가 진정으로 원하는 일을 하려 할 때 도움이 될 것이라고 말했다.

내 방에 들어올 때와는 달리 성아는 뭔가 알 것 같다는 표정이었다.

미끼 작전

인간의 심리는 노력 없이 자기가 원할 때
언제든지 해답을 얻을 수 있으면 그것에 쉽게 매력을
잃고 만다. 나는 너무 쉬운 답을 주지 않기로 했다.

일본어를 배우면서 나는 성아에게도 가르치고 싶은 욕심이 생겼다.
곰곰이 생각한 끝에 나는 만화 작전을 써보기로 했다. 성아는 한국에
있을 때 만화를 무척 좋아했다. 늦게까지 집에 오지 않을 때는 식구들
이 만화가게부터 뒤졌다. 군것질 하지 말고 절대로 만화를 보지 말라는
교장 선생님 말씀을 노트에 받아 적어 왔지만, 성아는 어김없이 만화방
한구석에서 만화책을 잔뜩 쌓아놓고 보고 있었다.

나는 성아가 만화 보는 것을 한 번도 막지 않았다. 성아에게는 그냥
즐기는 '심심풀이 독서'지만 한국말 공부에 엄청난 도움이 되었기 때
문이다. 나는 성아가 한국 만화만큼 일본 만화도 좋아하게 될 거라고
확신했다.

내가 다니던 국방언어학교의 일본어과에는 일본에서 온 지 그리 오

래되지 않은 젊은 여선생이 있었다. 그 선생에게서 예쁜 여자아이들이나 잘생긴 남자아이들이 주인공인 순정만화 몇 권과, 만화영화 비디오테이프를 빌려왔다.

그날 저녁 소파에 앉아 나는 열심히 만화책을 읽었다. 몇 권은 일부러 눈에 띄기 쉽게 탁자 위에 늘어놓았다. 성아가 자기 방에서 나와 부엌으로 가는 것 같았다. 나는 만화에 푹 빠진 척했다.

냉장고에서 우유를 꺼내 마시려던 성아는 엄마에게도 뭔가 챙겨줘야 할 것 같았는지 나를 쳐다보며 물었다.

"엄마, 뭐 마실 것 드릴까요?"

"응, 고마워. 오렌지주스 한 잔만 갖다 줄래?"

"어? 엄마, 이거 만화잖아? 나도 좀 봐도 돼요?"

성아는 얼른 테이블에 놓인 책을 한 권 집어들었다.

'이제 슬슬 내 올가미에 걸려드는구나.'

속으로 쾌재를 불렀지만 읽던 만화에서 눈을 떼지 않은 채, "그래라."라고 건성으로 대답했다.

성아는 잠깐 들춰보더니 실망한 눈치였다.

"그런데 이거 일본말이잖아요. 뭐 무슨 말을 하는지 알 수가 있어야지. 굉장히 재미있겠는데…… 엄마, 재미있어요?"

나는 재미있어 죽겠으니 방해하지 말라는 듯 계속 건성으로 대답했다. 성아는 호기심을 떨쳐버릴 수 없는 모양인지 만화책을 훑어보고 또 훑어보았다.

"엄마, 여기 지금 애가 애한테 뭐라고 하는 거예요?"

역시 사춘기 가시나였다. 긴 곱슬머리가 어깨까지 내려오는 멋진 여자아이에게 짧은 곱슬머리를 한 잘생긴 남자아이가 뭐라고 얘기를 하는 장면이었다.

"응, 어디. 파티에 오지 않겠느냐고 묻는데."

나는 또 내가 보던 책으로 눈길을 돌렸다. 조바심을 내며 책장을 이리저리 넘기던 성아가 또 물었다.

"여기는 뭐라고 해요?"

"그 여자아이를 백작이 납치했다는데."

"그래서 어떻게 됐어요?"

인간의 심리는 노력 없이 자기가 원할 때 언제든지 해답을 얻을 수 있으면 그것에 쉽게 매력을 잃고 만다. 나는 성아에게 너무 쉬운 답을 주지 않기로 했다.

"성아야, 나 지금 이거 다 읽어야 되거든. 그냥 너 혼자 그림만 봐."

어쩔 수 없다는 듯 성아는 만화책을 한 장 한 장 넘기며 그림만 열심히 살피고 있었다. 답답한지 더러 한숨을 내쉬기도 했다.

피곤하다면서 나는 읽던 만화책을 덮고 만화영화를 틀었다. 제목은 〈카제노 타니노 나우시카(바람 계곡의 나우시카)〉로 멋진 전투복 차림의 여자아이가 주인공이었는데, 그림의 색채가 너무나 환상적이었다. 성아는 만화책을 펼쳐든 채 만화영화를 넋놓고 보고 있었다.

나우시카라는 주인공 여자아이는 바람 계곡 족장의 딸이었다. 그 계곡을 침략자들로부터 지키기 위해 백성들을 이끌며 싸우고 있었다.

"아, 참 재미있겠는데…… 엄마는 좋으시겠어요. 이런 거 다 알 수 있어서……"

"나도 다는 못 알아들어. 그래도 그만큼 알아듣는 것만도 참 재미있어."

"나도 알아들을 수 있으면 참 좋을 텐데……"

내 올가미에 성아가 걸린 것을 확인할 수 있었다. 이제 성아에게 일본말을 배우고 싶은 의욕과 목표가 생긴 것이었다. 그러나 내가 너무 기뻐하면 성아가 뻐기게 되고 쉬이 싫증이 나게 될 것이었다. 나는 2단계 작전으로 돌입했다. 여기서 얼마 안 떨어진 곳에 일본어 학교가 있는데, 원한다면 태워다주고 데려오는 것 정도는 해줄 수도 있다고 제안했다. 성아는 바쁜데도 엄마가 그런 호의를 베풀어주는 것을 무척이나 고마워했다.

토요일 아침 일찍 성아를 태우고 일본어 학교에 갔다. 우에노 교장은 국방언어학교의 선생이기도 했다. 기초반에는 7~8세 정도의 일본 아이들이 일본어를 배우고 있었다. 그 아이들은 대부분 일본말은 할 줄 아는데 쓰기나 읽기를 못했다. 나이가 제일 많은 열세 살짜리 신입생이 제일 못하는 꼴이 되었다. 거기서 성아는 '아 이 우 에 오, 카 키 쿠 케 코……'부터 열심히 배워나갔다.

무엇보다 성아에게 큰 도움이 된 것은 단어 찾는 법을 배운 것이다. 그날부터 성아는 틈만 나면 사전을 들고 만화책을 읽었다. 성아가 보는 만화들은 대부분 연재 만화들이었기 때문에 다음 편을 손꼽아 기다리는 것은 물론, 용돈을 두둑히 받아 만화책을 사려는 욕심으로 내 말도 아주 잘 들었다.

"학교 공부를 게을리 하면 다음 편 살 돈은 생각해봐야겠다."고 엄포를 놓으면 만화를 보고 싶은 마음에 학교 공부도 충실히 했다. 덕분에 나는 우등생 부모로 학기마다 교장 선생님의 아침 식사에 초대받는 영광을 누렸다.

"엄마, 우에노 선생님이 나보고 일본어 웅변 대회에 나가보래."

일본어 학교에 다닌 지 겨우 반 년이 지났을 때 성아가 뜻밖의 말을 했다. 선생님이 웅변 대회 원고를 써주고, 발음도 테이프에다 녹음을 해주기 때문에 계속 따라 외우기만 하면 된다는 것이었다. 성아는 선생님이 자신을 뽑아줘서 기쁘기는 하지만 자신이 없는 듯했다.

"한번 해보는 것도 나쁘진 않겠지. 떨어져도 배운 지 얼마 안 된 거 다 알 테니까 창피할 것도 없고. 나 같으면 해보겠지만 자신 없으면 안 해도 돼."

자기에게 별로 기대를 하지 않는 태도에 오기가 생긴 모양이었다. 그 다음주부터 성아는 '내가 일본어를 배우게 된 이유'라는 제목으로 시간이 날 때마다 테이프를 들으며 따라 외웠다. 밥 먹을 때나 텔레비전 볼 때나 나는 성아의 '내가 일본어를 배우게 된 이유'를 귀에 딱지가 앉을 정도로 듣게 되었다.

웅변 대회는 몬트레이에서 약 한 시간 가량 북쪽에 있는 산호세에서 열렸다. 대회에는 1백 명 가량의 아이들이 참가했다. 혼혈아와 백인 아이들이 몇 있었지만 대부분 일본 아이들이었다. 일본 아이들은 일본말로 회화를 하는 데 별로 지장이 없는 것 같았다.

성아의 차례가 되자, 발음이 너무도 아름답다며 같이 간 일본 친구가 내 귀에 속삭였다. 일본 외무성의 파견으로 국방언어학교에서 러시아어를 공부하는 친구였는데, 성아가 웅변 대회에 나간다니까 따라나선 것이었다. 나 역시 일본어를 배우는 학생이라 발음이 아름답고 어떻고까지는 분간을 못했다.

하지만 뜻밖에도 성아는 발음상을 받았다. 비록 '내가 일본어를 배우게 된 이유'에 대해서는 10% 정도도 이해를 못하고 있었지만, 성아는 상을 받게 되자 또 다른 의욕이 솟는 모양이었다.

성아는 마치 중독이 된 아이처럼 일본 만화책이나 만화영화를 틈이 날 때마다 보았다. 만화책 읽는 속도도 급진전했고 만화영화도 나보다 훨씬 이해가 빨라졌다. 같이 서점에 책을 사러 가면 어떤 것을 고를지 몰라 밀봉된 책들을 조금이라도 비집고 보려고 애달아했다. 마음이야 몽땅 사주고 싶었지만 한두 권씩 감칠맛 날 정도로만 사주었다.

성아는 이렇게 일본어를 배워 나갔지만 그것을 공부라고 생각한 적은 없었다. 공부라고 생각하지 않았기 때문에 즐거웠고, 즐겁게 하니까 더욱 급속도로 늘었는지도 모른다.

몬트레이를 떠날 땐 성아도 회화가 어느 정도 가능해졌다. 무의식적으로 우리 대화에 일본말이 자주 끼여들었다. 그것은 한국어, 일본어, 영어가 한꺼번에 나타나는 성아와 나만의 특수한 회화체의 시작이었다.

결국 몬트레이에서 나는 강 근처에도 안 갔는데 생각지도 않은 대어를 두 마리나 낚은 셈이었다. 성아가 일본어를 배운 것과 우등생이 된 것이었다.

"얏빠리 우찌노 오까아상와 에라이(역시 우리 엄마 대단해)!"

훗날 만화책이 미끼였다는 걸 말해주자 고개를 설레설레 흔들며 성아가 한 말이다.

게임은 게임이다

자식을 강하게 키우려면 엄마가 먼저
강해져야 한다. 호랑이가 호랑이 새끼를 키우지
고양이가 호랑이 새끼를 키울 수는 없는 법이다.

성아는 벨몬트에서 하버드로 진학하기 위한 준비를 시작했다. 고등학교 1학년(한국의 중학교 3학년) 때 갑자기 눈뜨기 시작한 공부에의 열정은 그 아이를 1~2등의 자리로 끌어올렸다. 스포츠나 학교 활동에도 열성을 보여 첫 해에는 여자 축구팀의 골키퍼가 되었다.

한번은 저녁에 벨몬트 축구장에서 시합이 있다고 했다. 나도 너무 오래 책상 앞에 앉아 있었던 탓에 머리가 지끈지끈해서 바람이라도 쐴 겸 축구장을 찾았다. 시합이 한참 무르익어 있었다. 사람들이 별로 없는 한쪽 구석 잔디밭에 자리를 잡았다. 선수들이 공을 몰고 한쪽 골문 앞에서 쟁탈전을 하고 있었다. 그쪽의 골키퍼를 본 나는 놀란 토끼가 되었다. 공을 따라 이쪽저쪽으로 몸의 방향을 틀고 있는 아이는 틀림없는 성아였다.

순간, 공이 골문으로 들어갔다. 내 귀에 "아―." 하는 실망의 소리가 반대편의 "와―!" 하는 환호성에 묻혀 들렸다. 성아가 공을 자기편의 선수에게 던졌다. 선수들이 반대편 골문 앞으로 몰렸다. 그러나 아차 하는 순간, 반대편 선수가 성아팀의 공을 뺏어 다시 성아를 향해 달려가고 있었다. 가슴이 조마조마해서 차마 볼 수가 없었다.

'왜 그래, 도대체! 아휴, 이렇게 마음이 약해서야 원. 게임이야, 게임! 전쟁이 아니야!'

그러나 아무리 마음을 굳게 먹으려 해도 지금 성아의 속이 얼마나 탈까 싶어 도저히 시합을 보고 있을 수가 없었다. 결국 도망치다시피 그 자리를 떠났다. 비겁하다는 생각이 나를 괴롭혔지만 한동안 성아에게는 비밀로 했다.

얼마 전 성아가 무슨 얘기 끝에 당시 축구할 때의 기분을 토로한 적이 있다.

"반대편 선수들이 공을 몰면서 와― 하고 내 쪽으로 몰려올 때는 얼마나 조마조마하던지……. 쿵쾅쿵쾅 가슴 뛰는 소리가 내 귀에까지 들리는 것 있죠. 좌우지간 숨도 못 쉬고 식은땀을 줄줄 흘렸던 거 생각하면 지금도 오싹해요. 우리 팀이 너무 못하니까 선수들이 시합 내내 내 앞에서만 놀잖아요."

성아의 얘기를 듣고 나도 용기가 났다.

"사실은 나도 너 축구 시합하는 데 가본 적이 있거든. 5분도 못 보고 돌아왔지. 네가 너무 안쓰러워서 못 보겠더라. 그런 거 보면 나도 참 마음이 약해빠졌어. 너보고는 '그런 거 남도 다하는데 네가 못할 이유가 없지' 하며 큰소리 뻥뻥 쳐놓고 말이야. 다른 부모들은 참고 열심히도 응원하는데……."

나의 비겁함은 성아가 소프트볼 투수가 되었을 때도 마찬가지였다. 보러 가지 못하는 데는 시간이 없기도 했다. 하지만 진짜 이유는 땡볕이 쏟아지는 마운드에 홀로 서서 반대편의 온갖 야유를 받으며 공을 던지는 딸의 모습을 차마 보고 있을 용기가 없었기 때문이다.

성아가 공을 하나하나 던질 때마다 상대팀 응원석에선 야유 소리가 터져 나왔다. 상대팀 관중석으로 가서 야유를 퍼붓는 사람들을 패줄 수도 없는 노릇이었다. 부글부글 속만 끓이다 결국 공부해야 한다는 핑계로 채 5분도 못 보고 나와버렸다.

제대로 끝까지 본 날은 딱 한 번 있었다. 해마다 열리는 하버드와 예일 한인 학생 야유회 때였다. 그날은 처음으로 하버드가 소프트볼 시합에서 예일을 이긴 날이기도 했다.

관광버스가 하버드의 한인 학생들과 가족들을 실고 예일대학으로 갔다. 나는 예일대 구경도 시킬 겸해서 성아를 데리고 갔다. 가벼운 축구 시합을 한 뒤 갈비며 나물이며 잡채며 오랜 만에 배가 터지도록 한국 음식을 먹었다.

잠시 후, 그날의 하이라이트인 소프트볼 경기가 열렸다. 여태껏 하버드가 이겨본 적이 없기 때문에 그날도 예일은 자신만만했다. 하버드 학생은 아니지만 엄마를 대신해 성아도 하버드팀 선수로 참가했다.

스트라이크 아웃을 여럿 낸 성아에게 예일팀으로부터 농 섞인 항의가 들어왔다.

"아마추어들 시합에 프로를 내세우면 어떻게 해요?"

그러나 '항의'를 무시하고 시합은 계속되었다. 30대 초반의 건장하게 생긴 남자 예일 대학원생이 타석에 들어섰다. 초구를 노려 힘껏 방망이를 휘둘렀지만 헛스윙을 했다. 성아가 두 번째 공을 던졌다. 딱 -, 방망이에 맞는 경쾌한 소리와 함께 공은 구장 중앙에 있는 마운드를 향해 뻗어가고 있었다. 모두가 숨을 죽였다. 처음으로 어떤 물체가 내 눈앞에서 슬로 모션으로 움직이는 것을 보았다. 순간적으로 성아의 왼손이 안경 앞으로 올라갔다. 손바닥에 자석이 달린 듯 공은 바로 그 손 안으로 빨려들어갔다.

"와―!"

적과 아군이 없었다. 모두들 성아에게 달려가 성아를 헹가래치며 환호성을 질렀다. 나는 그들 뒤에 서서 넋을 잃고 바라보고 있었다. 내 몸에서 기운이 완전히 빠져 나간 듯 한 발자국도 움직일 수가 없었다.

자식을 강하게 키우려면 엄마가 먼저 강해져야 한다. 호랑이가 호랑이 새끼를 키우지 고양이가 호랑이 새끼를 키울 수는 없는 법이다. 성아가 하는 시합을 한 번도 제대로 보지 못했던 내 비겁함에 가끔 나는 부끄럽다. 그래도 변명은 있다. 보기 아슬아슬하다고 성아가 시합하는 것을 막은 적은 없다는.

4부

마주 보며
걸어가기 위하여

그때 우리는 일종의 동지애로 뭉쳤다.
또한 우리는 경쟁자이기도 했다.
'엄마가 아직 공부하고 있는데……'
'성아가 아직 안 자는데……'라며 서로 공부에 박차를 가했다.
덕분에 그 힘든 시절을 행복하게 보낼 수 있었다.

금녀의 장벽을 깨고 야구팀에서 활동했다.　여름방학 동안 일본 식당에서 웨이트리스로 일한 성아

전미 고교 졸업생 중 141명에 게 주어지는 대통령상 시상식에서

일본 오카야마에서 암벽을 타는 모습

컵라면은 지겨워

그때 우리는 동지애로 뭉쳤다. 또한 우리는
경쟁자이기도 했다. 덕분에 그 힘든 시절을
행복하게 보낼 수 있었다.

"때릉 때릉 때릉……."

요란하게 울어대는 자명종 소리에 퍼뜩 눈을 떴다. 시계바늘이 아침 5시를 가리키고 있었다. 학교에 가기 전에 읽어야 할 책은 쌓여 있는데, 달콤한 잠이 자꾸만 나를 끌어안는 바람에 도저히 일어날 수가 없었다.

'30분만 더 자자. 아침 먹는 걸 생략하지 뭐. 어차피 운동 부족으로 살이 쪄서 고민인데…….'

나는 자기 합리화의 도사였다. 금방 눈을 감았다 싶었는데 다시 자명종의 심술궂은 소리가 나를 부른다. 전날 밤, 아니 오늘 새벽 2시가 넘도록 보겔 교수님의 〈산업화하는 동아시아〉 수업에 제출할 과제물을 작성하다가 잠이 들었던 터였다.

성아는 그때까지 공부를 하는 기척이었다. 너무 졸린 나머지 성아에게 잘 자라는 말도 없이 통나무처럼 그대로 쓰러져 잠이 들었던 것이다.

기지개와 하품을 동시에 하며 성아 방을 들여다보았다. 성아는 옷을 입은 채 침대에서 자고 있었다. 책상 위에 엎드린 채 자고 있지 않아서 다행이었다.

살짝 성아 방문을 닫고 샤워를 했다. 화장실이 하나밖에 없고 또 아침에는 두 사람 다 시간에 쫓기기 때문에 집 안 시설을 서로 효율적으로 활용해야 했다.

아침에 성아를 깨워야 할 때가 제일 싫었다. 거의 매일같이 마음 속에서는 아이를 강하게 키워야 한다는 목표 의식과, 안쓰러워서 못 견디겠다는 엄마의 마음이 혈투를 벌였다. 나이 탓인지 내가 '착한 아이'처럼 일찍 자고 일찍 일어나는 데 비해 성아는 늦게 자고 늦게 일어났다.

학교가 아침 7시 30분에 시작하기 때문에 성아는 늦어도 6시 30분까지는 일어나야 했다. 깨울 때마다 고단에 절어 "엄마, 5분만 더." 하며 사정을 한다. 안쓰러운 마음에 5분은 10분이 되기 일쑤였다. 다시 깨울라치면 성아는 또다시 "5분만……"을 반도 안 떠진 눈으로 애원한다. 그럴 때마다 나는 '못할 짓이다' 싶도록 가슴이 아팠다. 그렇게 실랑이를 하다보면 어느새 7시. 성아는 세수도 하는 둥 마는 둥 아침도 거른 채 서둘러 가방을 든다.

"엄마, 좀 태워다주실 수 있어요?"

걸어서 10분도 안 걸리건만 피곤하기도 하고 또 1~2분이라도 아낄 셈으로 차로 데려다달라고 매달린다. 버릇을 가르치기 위해서는 차갑게 돌아서야 할 테지만 공부다 운동이다 너무도 힘겹게 분투하는 딸이 안쓰러워 나는 매번 눈만 한 번 흘기고는 자동차 열쇠를 들고 나선다.

차가 학교에 도착하기 무섭게 성아는 내 뺨에 살짝 키스를 하고는 뒤도 돌아보지 않고 서둘러 학교 안으로 사라졌다.

서둘러야 하는 건 나도 마찬가지다. 하버드 부근엔 자동차 주차가 너무 불편해서 대체로 버스를 이용했다. 학교와 집을 오가며 잠시의 휴식을 취할 수가 있어 버스 통학을 즐기기도 했다. 계절마다 변하는 하버드 부근 경치는 늘 내가 꿈을 꾸는 게 아닌가 싶을 정도로 아름답고 이국적이다.

"타다이마(다녀왔다)."

문에서 열쇠를 채 빼기도 전에 나는 성아 방 쪽을 향해 나의 도착을 알린다. 의자를 뒤로 물리는 소리와 함께 반가운 얼굴이 부엌 입구에 나타난다.

"오카에리나사이(다녀오셨어요)."

성아는 나를 가볍게 안아주며 가방을 받았다. 그런 과정에서 우리는 서로의 그날 기분을 가늠할 수가 있었다.

"저녁은?"

"아까 컵라면 먹었어요."

성아는 스토브에 물주전자를 올려놓고 불을 켰다. 서로 바쁘다 보니 점심은 학교에서 각자 해결하고 토요일과 일요일을 제외한 닷새 저녁은 거의 언제나 컵라면이었다. 성아에게 퍽 미안하다는 생각이 들지만, 둘 다 워낙 시간에 쫓기는 몸이었다.

성아와 같이 살면서 둘 다 징그럽게 바빴던 때를 들라면 우리는 단연 벨몬트 시절을 들 것이다. 나이 마흔둘에 시작한 하버드 석사 과정은 내 시간 대부분을 다 투자해도 모자랄 지경이었다. 그리 좋지 않은 기억력으로 총명한 머리들을 따라가려니 벅찼다. 성아 역시 새로이 발동 걸린 경쟁 의식과 하버드를 향한 도전으로 화장실 갈 시간조차 아까울 정도였다.

우리는 엄마와 딸이라기보다 같이 학업에 매진하는 룸메이트라고 하는 것이 더 어울렸다. 우리 생활에서는 학교 수업이 우선권을 부여받았다. 대청소 같은 '꼭 필요하지 않은' 일은 처음 이사 왔을 때와 이사를 갈 때 외에는 엄두도 못 냈다.

빨래나 식사 준비처럼 꼭 필요한 집안일도 최대한 시간을 절약하는 방법을 강구했고, 서로의 사정을 봐서 조금 덜 급한 편이 맡아서 했다. 자식 위주의 요즘 한국 가정에선 우리 모녀의 관계가 이해가 안 갈 수도 있으리라. 아무튼 우리는 각자의 사정을 서로에게 투명하게 공개했고, 협조를 구했다.

사실 성아나 나나 느긋하게 요리하고 설거지를 할 시간적 여유가 없었다. 성아의 학교 수업은 2~3시에 끝나지만 축구나 소프트볼 연습과 시합이 있어 집에 돌아올 땐 몸이 파김치가 되어 있다. 집에 오면 바로 침대로 가서 한두 시간 정도 낮잠을 잤다. 항상 잠이 부족한 편이라 그렇게 하지 않으면 피로도 안 풀리고 머리가 멍해서 공부에 능률이 오르지 않았다.

잠이 깨면 혼자 컵라면 한두 개로 주린 배를 채웠다.

"이젠 컵라면이라면 정말 신물이 나요."

벨몬트에서의 2년이 끝날 때쯤 성아는 컵라면 포화 상태를 나타냈다. 반면 나는 전혀 달랐다. 힘든 어린 시절을 겪었던 탓인지 내 입맛은 끈질기게도 컵라면을 즐기는 편이다.

사실 2년 내내 컵라면만 먹었다면 헐벗은 위가 반란을 꾀했을 것이다. 그런 불상사를 피하기 위해 우리는 토요일마다 위로연을 열었다. 하버드 스퀘어에 있는 신라식당을 찾아 가는 버스 안에서 우리는 서로 입맛을 다셨다. 초밥, 돈가스, 육회비빔밥, 술을 즐기는 나를 위해 따끈한 정종 한 독구리, 성아를 위해 콜라 한 잔.

"드시옵소서."

성아는 마치 상궁나인이 된 듯 두 팔로 정중하게 술을 따라준다. 앙증맞은 잔에서 더운 김이 그윽히 피어오른다. 나는 눈을 지그시 감고 서서히 목을 축인다. 맛있는 초밥이 입에서 살살 녹는다. 육회비빔밥에 걸친 참기름 냄새가 유난히 감칠맛 난다. 위로연의 대미는 연두색 녹차 아이스크림이 장식한다. 그러고는 다시 일주일 동안 컵라면 신세를 진다.

일요일 아침엔 운동삼아 30분 정도 걸어서 집에서 3킬로미터 가량 떨어진 벨몬트센터에 가곤 했다. 거기에는 우리가 좋아하는 베이글 집이 있었다. 나는 카푸치노를, 성아는 핫초콜릿을 시켜서 양파크림치즈를 바른 베이글을 즐겼다. 성찬을 즐기며 우리가 나누는 온갖 시시콜콜한 이야기는 아라비안 나이트 그 이상이었다. 그 시간이 없었다면 우리는 지친 나머지 삶의 의욕을 상실했을지도 모른다.

가능한 한 우리는 일주일에 한 번 정도는 빨래와 쇼핑을 하려고 애썼다. 그렇지 않으면 갈아입을 옷도 없고, 또 냉장고는 너무 썰렁해져서 냉장고 문을 열 때마다 우울증에 걸릴 지경이 되기 때문이다. 토요일에도 성아는 오전엔 일본어 학교, 오후에는 운동 연습으로 바빴기 때문에 빨래와 쇼핑은 주로 일요일에 해치웠다.

자동차에 일주일치 빨래를 싣고 가까운 쇼핑센터로 갔다. 세탁기가 돌아가는 동안 그 옆에 있는 가게로 가서 음료수와 과일 등 이것저것 필요한 것들을 주워담았다. 빨래를 건조기에 옮긴 다음에는 부근에 있는 한국 식품점에 들려 미리 준비된 반찬들과 김치 그리고 내가 좋아하는 찹쌀떡과 성아가 좋아하는 과자를 잔뜩 샀다. 가게에서 나오기 무섭게 우리는 서로 좋아하는 것들을 한입 가득 우물거리며 즐거워했다. 굶주린 양들처럼 우리는 당시 아주 작고 사소한 것으로도 만족하며 행복해했다.

빨래를 개면서 우리는 이런저런 얘기들을 두런거리곤 했다. 성아는 자기네 학교 선생님이나 학생들 그리고 수업이나 스포츠 등의 얘기를 부담없이 털어놓았다.

"엄마, 내일 우리 생물반에서 야외 학습 가는데 부모 승낙서에 엄마 사인 받아 가야 돼요."

"우리 학교 연극반에서 금요일 저녁 학교 강당에서 연극 발표회가 있는데 엄마 같이 안 가실래요? 주인공 남자애가 참 잘생겼거든."

"우리 소프트볼 팀의 포수는 베트남에서 온 애인데 이름은 래미라고 하거든요. 걔 정말 대단해요. 어떤 미국 스폰서가 걔 때문에 걔네 가족들을 전부 베트남에서 미국으로 데려왔다거든요. 장녀인 데다가 부모님들은 영어를 전혀 못 하셔서 그애가 집안의 기둥이나 마찬가지래요. 나보다 한 살 어린데도 참 훌륭해요."

"우리 학교에 애나라는 한국애가 있는데 참 귀엽게 생겼어요. 한국말은 썩 잘하진 못해도……. 아무튼 내가 월요일부터 일주일에 한두 시간씩 가르쳐주기로 했어요. 걔가 배운다니까 알바니아계 여자애도 같이 배우겠다나."

"참, 엄마, 내가 일본어 학교에서 만난 잘생긴 일본 남자애 있잖아요. 글쎄 걔가 우리 학교에 다니는 거 있죠. 어제 고급 역사반에 갔는데 같은 반이더라구요. 갑자기 막 가슴이 두근거려서 혼났네. 이름이 데스오라는데 아무튼 그애가 같은 반이라서 이제부터 역사 시간이 더 좋아질 것 같애."

"이번 학기말 시험만 잘 보면 내 평점이 우리 학년 중에 1등일 수도 있어요. 사회과학 수업의 학기말 논문을 잘 써야 되는데 준비할 시간이 부족해서 걱정이에요."

마치 주말 연속극을 보듯 나는 성아와 보낼 시간을 은근히 기다리게 되었다.

나도 나름대로 성아에게 하버드에서의 일들을 전해주었다. 국제 관계 세미나에서 토론했던 한-미 관계에 대해서나 하버드에서 만나본 세계적인 인물 등에 대해서 말해주기도 했다. 성아는 흥미진진한 얼굴로 내 얘기를 들었다. 그 시기에 성아는 주변에 있는 하버드를 꿈꾸는 경쟁자들에게 지지 않으려고 옆에서 보기에도 안쓰러울 정도로 엄청난 노력을 기울이고 있었다.

운동이나 훈련 등에서 힘든 트레이닝 과정을 같이 겪으면 동지애가 생긴다. 그때 우리는 일종의 동지애로 뭉쳤다. 또한 우리는 경쟁자이기도 했다. '엄마가 아직 공부하고 있는데……' '성아가 아직 안 자는데……'라며 서로 공부에 박차를 가했다. 덕분에 그 힘든 시절을 행복하게 보낼 수 있었다.

"일본 학교 한번 다녀볼래?"

정규 교육 과정을 16년 만에 마치는 것만이
최선은 아니다. 나는 성아가 더 많은 경험을 통해
더 많은 것들을 얻기를 원했다.

자녀 교육에는 여러 방법이 있다. 그 중에서도 나는 실제로 보고 듣는 산 교육의 가치를 믿는다. 그래서 동북아의 여러 나라를 돌아다닐 때 성아를 데리고 다니고 싶었다. 훗날 성아에게 많은 도움이 되리라고 믿었기 때문이다. 정규 고등학교에 다닐 때는 그런 시간 여유가 없다. 특히 학교를 자주 빠지는 것은 생각할 수도 없는 일이었다. 여행에 같이 데리고 다니기 위해 성아의 고등학교 졸업을 1년 늦추는 것도 좋으리라 생각했다.

초등학교에 입학해서 16년 만에 대학을 졸업하는 것만이 최선은 아니다. 중요한 것은 더 많은 경험을 통해 더 많은 것들을 얻는 것이다. 국제화 시대에 외국어는 가장 중요한 경쟁력 중의 하나다. 나는 성아가 외국어를 잘하기를 원했다. 학교를 1~2년 늦게 졸업하더라도 외국어를 하나 익혀두는 것이 다음에 중요한 일을 할 기회가 많을 거라는 생각이었다.

"성아야. 일본에 가서 한 1년 일본 고등학교에 다니면 어떻겠니?"

벨몬트를 떠나기 반 년 전쯤에 저녁을 먹으면서 성아에게 물었다.

"정말? 우와 -! 그러면 참 좋을 텐데……."

성아 역시 나와 같은 생각이어서 1~2년 졸업이 늦어지는 것에 그리 구애받지 않았다. 더욱이 일본 만화나 만화영화를 자주 보며 일본에 대한 은근한 동경을 키워온 터였다.

그날부터 나는 성아가 일본에서 다닐 고등학교를 물색하기 시작했다. 미국과 일본 양쪽으로 연락해보았지만 여의치 않았다. 교환 학생으로 가려면 최소한 1년 전에 수속을 시작했어야 한다는 것을 알았다.

"제스민을 한 1년 간 일본 학교에 보내고 싶었는데 이렇게 힘든 줄 몰랐어요."

당시 나는 하버드의 에즈라 보겔 교수의 조교로 있었다. 보겔 교수는 일본사회학 교수로 일본에 상당한 영향력이 있었다. 조교 모임에 참석한 보겔 교수에게 조언을 구할 겸 말을 꺼냈던 것이다.

"우리 아들이 졸업한 고등학교가 있는데 원하면 내가 추천장을 써줄 수 있지."

귀가 번쩍 뜨이는 제안이었다.

"어렵지 않다면 부탁드리고 싶은데요."

보겔 교수의 추천장은 일본 학교의 꼭 닫혔던 문을 여는 마법의 열쇠 같았다. 도쿄에 있는 게이메이가쿠엔이라는 학교에서 입학 허가가 나왔다. 성아는 입학금도 면제받고 교복도 무료로 빌려 입는 등 기대 이상의 혜택을 받으며 그 학교의 기숙사에서 생활할 수 있게 되었다.

"일본에 가게 되어서 정말 잘 됐어. 넌 네가 얼마나 행운아인지 알지?"

"잘 알고 있어요. 엄마, 고마워요."

은근히 성아에게 엄마 덕이라고 자랑을 했다. 보겔 교수가 나를 알기 때문에 추천장을 써주었지 성아를 알기 때문에 그런 건 아니지 않은가. 그리고 누구나 보겔 교수의 조교를 하고 있는 것도 아니다. 성아도 이 점을 알기 때문에 더욱 고마워했고 어렵게 주어진 기회이니만큼 최선을 다해 활용하리라 다짐했다.

이럴 때 보면 나를 극성 엄마라고 할 수도 있을 것이다. 하지만 아이를 위해 노력도 안 해보고 포기할 수는 없지 않은가. 물론 마지막 선택은 언제나 성아가 하는 것이지만, 성아의 백그라운드를 만들기 위해 나는 최선을 다했다. 그렇기 때문에 성아는 항상 나에게 고마워하고, 또 고마워하는 만큼 최선을 다하려고 했다.

역지사지(易地思之)

 게이메이가쿠엔에 다니면서 성아는 친구들을 많이 사귀게 되었다. 그 중에서도 유독 기억에 남는 여자아이가 있다. 조지타운대학 1학년생이었는데 일본으로 연수 나와 있었다. 그 아이는 키가 180센티미터 정도이고 모델처럼 날씬하고 예뻐서 퍽 인기가 있었다.

 둘은 같은 기숙사에서 생활하며 모국어인 영어로 낯선 일본어에서 오는 답답함을 삭이곤 했다. 미국이 그리울 때는 성아와 함께 일본 속의 작은 미국인 우리 집으로 왔다. 교복을 벗어버리고 다시 미국 아이들이 되어 피자집에도 가고 극장에도 가고 PX에도 가고…… 한껏 미국의 모습을 들이킨 후 월요일엔 다시 교복으로 돌아갔다.

 한번은 내가 둘을 데리고 부대 안 클럽에서 저녁을 사줬다. 낯익은 음식들로 그동안 '굶주린' 배를 채운 뒤 하얀 생크림이 먹음직스럽게 덮인 초콜릿 케익을 시켰다. 일본 학교가 지겨워서 '작은 미국'을 찾아왔지만 화제는 역시 그 일본 학교였다.

"얘, 난 뭐가 제일 속상한지 아니? 학교 선생님이나 아이들이 나를 마치 무슨 바보 금발머리처럼 취급한단 말이야."

"어머, 난 사람들이 네가 멋있는 백인 여자라고 괜히 아부 떠는 것 같아서 비위가 상할 때가 많았는데. 같은 미국 사람인데도 너는 무조건 떠받드는 것 같아서 질투가 날 때도 있었구. 난 오히려 네가 그런 걸 즐기는 줄 알았지."

"난 오히려 그 사람들이 너한테 하는 걸 보고 질투를 느꼈어, 얘."

"나한테 하는 걸 보고?"

"그래. 그 사람들이 너는 무조건 똑똑하다고 믿고 있잖아. 너한테는 자기네 중 한 사람처럼 대하고 또 일어도 높은 수준을 가르치려 하지만, 나한테는 쉬운 말 외에는 기대도 안 하잖아. 어쩌다 내가 무슨 말만 하면 아주 쉬운 말도 '아, 참 잘했어요. 정말 훌륭해요' 하면서 손뼉을 치고 말야. 좌우지간 너무 기분 나빠!"

입을 삐죽이면서 일본 사람들 흉내를 내는 모습이 너무 우스워서 나는 한입 마신 커피를 뱉을 뻔했다. 두 아이가 너무 큰소리로 떠들어대는 바람에 좀 조용조용 말하라고 몇 번이나 주의를 주었지만, 그들의 흥분을 가라앉히기에는 역부족이었다.

"와, 나는 전혀 반대의 생각을 했네. 난 그 사람들이 내가 단지 같은 동양인의 얼굴을 하고 있다고 나한테 자기네처럼 일어를 해야 한다고 강요하는 것 같아서 화가 났는데. 어려운 말을 잘못했을 때도 '그런 것도 못하니? 바보처럼' 하는 것 같아서 얼마나 화가 났는데. 나나 너나다 같은 미국 사람인데 너한테는 그저 아부만 떨고 내 앞에서는 당당한 것처럼 큰소리를 치고. 너한테는 영어로 말하면서 나한테는 꼭 일어만 하고. 잘못 알아들을 때는 짜증도 나고 부아도 솟더라구……."

두 아이 다 자신들이 받은 '대우'에 대해 부당하다고 성토하고 있었다.

미국에서 나서 미국에서 자란 두 미국 아이들이 같은 일본 고등학교에서 겪는 갈등이 너무도 대조적이라 신기하다는 생각도 들었다. 미국 내에서 안 받던 차별을 외국에 나가서 받게 되는 현상은 나 역시 종종 겪는 일이다. 재미있는 것은 대우를 받는다고 생각했던 백인 여자아이는 그 '대우'를 우리가 생각한 것과는 전혀 다르게 '굴욕'과 '무시'로 받아들인다는 것이었다.

나중에 성아와 단 둘이 되었을 때 나는 그 아이의 말에도 일리가 있었다고 말해주었다.

"궁극적으로는 네가 그 친구보다 더 행운아라고 할 수 있어. 한국 속담에 '미운 자식 떡 하나 더 주라'는 말이 있거든. 본뜻은 내가 생각하는 것과 다르긴 해도 아무튼 일본 사람들이 너를 무시해서든 어쨌든 너한테 떡을 하나 더 주는 결과가 나왔잖아."

"……?"

"너나 그 아이나 이 학교에서 일어도 배우고 또 일본 사람, 일본 문화 뭐 그런 걸 배우러 왔잖아. 결국 그애는 쉬운 일어밖에 못 배우고 돌아가게 될 거 아냐. 그런데 너한테는 일본 사람들과 같은 수준을 기대하고 강요하니까 너의 일본말은 엄청나게 늘 수가 있거든. 진짜 경쟁은 나중에 있어. 그때 너는 훨씬 유리한 위치에 서게 될 거야. 일본어나 일본에 관한 한!"

일본 학교에서 성아는 일본 여자아이들에 대해 많은 실망을 느낀 것 같았다.

"엄마, 우리 학교 여자애들 말예요. 참 한심하다는 생각이 들어요. 공부보다도 남자애들한테 더 신경을 쓰는 것 같아. 뭘 배우는 것도 자기를 위해서보다는 남자애들한테 잘 보이기 위해서인 것 같아요. 으— 답답해. '호호호호' 해가면서 애교 떠는 거 보면 '쟤는 자존심도 없나' 싶을 때가 많아."

"여자라고 다 같을 수는 없지. 그리고 그건 일본애들뿐이 아니야. 세계 어느 나라든지 마찬가지야."

"그래도 여지껏 시집가기 위해 학교 다닌다는 아이는 못 봤어요. 나름대로 꿈도 있고 야망도 있잖아요. 그런데 일본 여자애들은, 내가 '넌 나중에 뭐가 되고 싶니?' 하면 뭐라는지 아세요?"

"……?"

"오히려 나보고 그게 무슨 말이네요. '난 시집만 잘 가면 돼' 그러더라구요. 마치 구식 늙은이들 같애."

나는 흥분한 성아 앞에서 웃음을 깨물었다.

"그래도 얼마나 다행이냐?"

"……?"

"아무튼 누군가는 집에서 남편 뒷바라지하고 아이들 키워야지. 또 네가 사회에 나갈 때 그만큼 경쟁 상대가 줄어드니까 너한테도 이익이고."

"그런가?"

"너와 생각이 다르다고 해서 그 아이들이 틀렸다고 생각하는 건 오산이야. 인간이 다 똑같으면 이 세상은 얼마나 재미 없겠니. 또 인간은

행복을 얻는 방법이 다 다르잖아. 각자가 추구하는 행복의 의미도 다르
고."

"엄마 말이 맞는 것 같긴 해. 그런데 이해는 하면서도 그애들 생각만
하면, 으-."

겉으로 보이는 것만 가지고 모든 걸 판단할 수는 없는 일이다. 부당
한 대우를 받는다고 생각한 게 사실은 자신에게 이익이 될 수도 있다는
것을, 그리고 한심하다고 생각한 아이들을 통해서 성아는 의미 있는 삶
에 대해 깊이 생각하게 되었다. 무엇보다 자신의 판단이 옳을 수만은
없다는 것에 대해 고민했다. 세상은 그만큼 다양했고, 성아는 여행을
통해 그러한 살아 있는 지혜를 접할 수 있었다.

"떨어질 각오로 출마해봐."

낙오의 경험은 매우 중요하다.
미리 그런 연습을 많이 해둔 사람은 나중에
경쟁에서 한 번 낙오해도 회복이 쉬워진다.

　게이메이가쿠엔에서 1년을 공부한 성아는 1993년 8월부터 자마고등
학교 2학년으로 편입했다. 이 학교는 내가 근무하던 자마 부대 내에 있
는 공립 고등학교로 성아가 지금까지 다녔던 학교와는 차이가 있었다.
다른 학교는 대부분의 학생들이 주로 그 지역에서 오랫동안 살아온 토
박이들이었다. 그런 곳에서는 전학온 아이들이 소외감을 느낄 수 있었
다.

　자마고등학교는 미군이나 미군속들의 자녀를 위한 학교였다. 대부분
이 전학온 아이들이고, 또 그들 중 많은 학생이 졸업 전에 다른 학교로
전학을 가기도 했다. 성아처럼 부모를 따라 거의 1~2년마다 이사를 다
니는 동병상련을 겪는 아이들이었다.

　성아는 금세 마음에 맞는 친구는 물론, 좋아하는 남자아이까지 생겼

다. 학교 활동에도 적극적으로 참여하기 시작해서, 미래의 미국 비즈니스 지도자(FBLA : Future Business Leader of America)라는 조직에도 들어갔다.

"하하, 참 기가 막혀서. 엄마, 친구들이 나보고 FBLA 회장으로 출마해보라는 거 있죠."

일요일 아침 일찍 학교 트랙에서 조깅을 마친 뒤 그늘에서 땀을 식히고 있는데 성아가 특유의 너털웃음을 터뜨리며 말을 꺼냈다. 전학온 지 얼마 되지도 않았는데 그런 자리에 출마해보라는 것이 참 어처구니없다는 표정이었다.

"그래? 그래서 넌 뭐라고 했니?"

"뭐, 뭐라구 해요. 안 한다고 그랬죠."

"……"

"난 출마 같은 건 자신도 없고 또 창피해. 사람들 앞에서 연설한다는 게."

"내가 너라면 한번 해볼 거야."

"엄마는 원래 용감하잖아요. 사람들 앞에서 연설도 잘하고."

"엄마도 처음엔 너무 떨려서 고개도 제대로 못 돌리고, 목이 말라도 물잔을 들 수가 없어서 못 마셨어. 그런데 자꾸 하다 보니까 점점 용기도 생기고 또 요령도 생기더라구. 처음에 못 하겠다고 포기했더라면 아마 한 번도 못 해보고 늙어 죽겠지?"

"난 엄마도 떨렸다는 게 믿어지지가 않는데."

"아마 대통령도 떨릴걸. 중요한 건 그 떨림이 너를 정복하지 못하게 하고 또 남이 네가 떠는 것을 모르게 하라는 거지."

마음은 동하지만 망설이는 표정이 역력했다.

"그래도 난 자신이 없어. 떨어지면 너무 창피하잖아."

"그 아이들이 네 인생을 바꿀 만큼 중요하니?"

"아니, 그런 건 아니야."

"넌 대통령이 아니잖아. 설령 네가 연설하다 실수를 한다 해도 큰일이 일어나지 않잖아. 네가 한 실수는 아무도 기억 못할걸."

대통령과 비교하다니 너무해, 하는 표정으로 내 말을 곰곰히 생각하는 눈치였다. 당선될 욕심만으로 출마하니까 떨리는 거지 떨어질 각오로 출마하면 그리 겁날 것도 없다는 걸 강조했다. 선거에 떨어진다 해도 자마고등학교 2학년생이라는 데는 아무 변화가 없고, 만약 떨어졌다고 사람을 우습게 알고 무시하는 아이는 애초에 친구 값어치가 없는 애들이라고 말해주니 성아의 태도가 약간 누그러지는 듯했다. 나는 마지막 포석을 깔았다.

"사실 나중에 네가 무슨 일을 하게 되든 이런 데 출마해서 떨어졌다는 건 아무런 영향이 없을걸. 하지만 만에 하나 당선된다면 그 경험들은 네 꿈에 큰 도움이 되지."

"……"

"학교는 운동장이나 마찬가지야. 세상 나가기 전에 학문을 배우는 것 외에도 여러 가지 호기심을 시험해보기도 하는. 사회에 나가면 그런 대로 괜찮은 꿈을 가진 사람들에겐 경쟁이 너무 치열해. 낙오의 경험이 전혀 없는 상태에서 사회에 나갔다가 경쟁에서 낙오하면 다시 일어서기가 무척 어려울 수도 있어. 미리 그런 연습을 많이 해둔 사람은 회복이 쉬워져. 다시 경쟁에 이길 기회가 많아지는 거지."

"그럼 한번 나가볼까?"

"떨어질 각오로! 떨어지는 경험을 쌓기 위해서 출마한다고 생각하고 나가봐."

성아는 이미 마음을 굳힌 야무진 표정을 지었다.

"그건 그렇네. 그럼 해봐야겠네. 그런데, 기대는 절대로 하지 마세요."

떨어지기 위해 출마했지만 결과는 성아의 기대를 뒤엎고 당선이었다. 그리고 3학년 때도 성아는 FBLA의 회장을 역임했다. 나중에는 전교 학생회장에도 출마했다. 비록 떨어지는 경험은 한 번도 못했지만 학생회 활동을 하면서 많은 일을 경험할 수 있었다.

일에 임할 때 마음을 비우고 하라는 게 이런 경우에 해당하는 걸까? 아무튼 떨어지는 연습도 중요하고, 떨어지기 위해 용기를 내는 건 더욱 중요한 일이었다. 또 그러다 보니 원하는 바를 성취할 수도 있었다. 도전해보지도 않고 가만히 앉아서 걱정만 앞세우는 사람을 비유해 제 무덤을 파는 사람이라고 하나?

동등한 경쟁을 할 수 있는 권리

"누구는 강자로 키우고 누구는
약자로 키워놓고서는 일은 동등하게 하라고 하니
너무 불공평하잖아요. 도무지 경쟁이 돼야 말이지."

자마고등학교로 전학온 지 일주일쯤 지난 저녁이었다. 여느 때처럼 나는 사무실 일이 밀려 귀가가 늦었다. 성아는 내가 옷을 갈아입는 사이 미리 준비해놓은 저녁을 상 위에 올려놓았다. 스팸이 든 김치찌개의 맛있는 냄새가 내 허기진 배에 전주곡을 보냈다.

"와, 맛있겠다. 성아가 같이 있으니까 너무 좋은데!"

내가 밥을 먹는 동안 성아는 그날 학교에서 있었던 일들을 시시콜콜 보고했다. 저녁식사가 끝나갈 무렵 성아는 갑자기 심각한 얼굴이 되어 말을 멈추었다. 덩달아 킬킬거리고 씩씩거리던 나도 긴장을 했다.

"엄마, 그런데 걱정이 하나 있어요."

"뭐가?"

거울에 비친 듯 내 얼굴에도 심각한 베일이 덮였다.

"우리 학교에는 소프트볼팀이 없는 거 있죠. 계속해서 소프트볼을 했으면 좋겠는데……."

"뭐 다른 운동 할 만한 건 없어?"

"공부다 뭐다 해서 무척 바쁜데 이제 와서 또 다른 운동을 시작하기도 그렇고……."

결론은 하나였다. 직접 소프트볼 팀을 만들어보는 건 어떻겠냐고 제안했다. 학생들은 대부분 군인 가족들이었고 성아처럼 이곳저곳을 전학다닌 아이들이었다. 예전에 소프트볼을 한 애들이 제법 있을 수도 있는데 팀이 없어서 못 하는지도 몰랐다. 내 제안에 성아의 두 눈에 초롱불이 켜졌다.

한동안 성아는 소프트볼팀 구성의 이모저모를 신이 나서 내게 알려주었다. 여러 아이들의 호응을 받아 무언가 되어가는 것 같아 나도 공연한 기대로 가슴이 부풀곤 했다.

그러나 얼마 뒤 계획을 접을 수밖에 없다는 성아의 맥빠진 보고를 접했다. 학교의 예산 부족이 그 이유였다. 이제 새로 만들어지는 팀이기 때문에 예산 배정을 받아놓은 게 있을 리 없었다. 또 다른 걸림돌은 바쁘기는 다른 아이들도 마찬가지라 팀을 만드는 데 적극적으로 나서는 애가 없다는 것이었다.

"그래도 나름대로 좋은 경험을 한 것 같아요."

귀에 익은 말투에 나는 피식 웃음이 나왔다. 항상 내가 쓰던 말을 어느새 성아가 읊고 있는 것이었다.

다행히 성아는 좌절할 틈도 없이 곧 다른 일로 분주해졌다. 소프트볼 사건이 내 머리에서 잊혀지려고 할 때쯤 성아가 야구팀에 들어갈 것이라고 폭탄 선언을 했다.

"그래? 그런데 너네 학교에 여자 야구팀이 있는 줄은 몰랐는데?"

의아해하는 내 얼굴을 보자 성아가 짓궂은 얼굴로 웃었다.

"물론 없죠."

"또 새로 만드는 거니?"

"엄마는 참. 그 흔한 여자 소프트볼팀도 안 되는데 어떻게 여자 야구팀을 만들어요."

"설마 남자들 야구팀에 들어가는 건 아니겠지! 너희 학교 야구팀엔 여자도 있니?"

남녀평등의 대표적인 나라인 미국에서도 여자 야구선수는 극히 드물었기 때문에 묻지 않을 수 없었다.

"물론 없지요."

"그럼?"

"내가 처음이 되는 거지!"

남성들만의 영역에 들어가는 게 얼마나 힘든지 잘 아는 나는 성아가 어떻게 야구팀에 들어가게 되었는지 궁금했다. 그것은 영어와 역사를 담당하는 퍼들 선생님 덕이었다. 퍼들 선생님은 성아를 처음 보는 순간부터 많은 기대를 걸었다. 그 이유는 엉뚱하게도 전에 이 학교에서 공부를 제일 잘했던 제이미 다나카라는 학생과 닮았다는 이유에서였다.

"재스민이 제이미만큼 우등생일까?"

두 아이를 노골적으로 비교하는 퍼들 선생님의 발언은 성아의 오기에 기름을 끼얹었다.

'제이민지 누군지 어디 두고 보자!'

성아는 잔뜩 벼르고 있었다.

그런데 며칠 전 성아가 퍼들 선생님과 면담하는 과정에서 하버드에 진학하고 싶은데 소프트볼팀이 없어서 속상하다고 하니까, 남자 야구팀에 도전해보라고 권했다는 것이다.

"밤에 자려고 누웠는데, 갑자기 머리에 탁 떠오르는 거 있죠. '그것도 새로운 영역을 개척하는 거니까 재미있겠는데' 하고. 더구나 바로 퍼들 선생님이 야구팀 헤드코치니까 어쩌면 가능성이 있을지도 모른다는 생각이 들더라구요. 그 선생님은 내가 하고자 하는 건 뭐든지 믿고 밀어주시는 편이잖아요."

나는 두근거리는 가슴을 달래며 성아의 다음 말을 기다렸다.

"그래도 너무 엉뚱한 것 같아서 조마조마하면서 얘기를 했더니 '좋지' 하고 한 번에 허락을 하시더라구요. 너무 쉽게 허락을 해서 의아하기도 하고 또 허무하기도 하고……"

나는 조금은 염려하는 마음이 되었다. 경쟁심과 자존심이 강한 성아가 최선을 다하리라는 것은 너무도 당연한 일이다. 그러나 그 강한 경쟁심과 자존심 때문에 성아가 무리를 하기도 한다는 것을 나는 너무나 잘 알고 있었다. 벨몬트에서 육상선수를 할 때는 너무 무리하게 훈련하는 바람에 본시합에는 나가보지도 못하고 벤치에서 목발을 짚고 구경하는 신세가 된 적이 있었다.

성아의 자존심과 오기는 스스로를 지옥 훈련으로 몰고 갔다. 이미 예상했듯이 남자 선수들은 여자가 자기네 팀에 끼는 것을 달가워하지 않았다. 당당한 사내 이미지가 구겨져 다른 팀들의 웃음거리가 될 거라는 이유에서였다. 그러나 남자아이들의 불만이 터져나올수록 성아의 오기도 하늘을 찌를 듯이 높아만 갔다.

훈련이 너무 힘들어 하루에도 열두 번씩이나 그만두고 싶었다고 한다. 그럴 때마다 성아는 자신의 결심을 다졌다. "여자는 별 수 없어."라는 말을 듣기는 죽기보다 싫었다고 한다. 결국 훈련은 성공적으로 끝났다. 성아는 야구팀에서 세 번째로 우수한 타자가 되었고, 1루수 또는 3루수로 포지션을 배정받았다. 남자아이들도 너무 힘이 들어 이를 악물고 고투할 때 옆에서 한마디 불평도 없이 고통을 불사하자 그들은 성아를 멤버로 받아들였다. 학교에서 지나칠 때도 한솥밥을 먹는 식구로 반갑게 맞아주었다.

그러나, 성아는 또 한 번 중도하차를 감수해야 했다. 반대편 타자가 친 공을 잡으러 뛰어가다가 미끄러져 심하게 발을 삔 것이다. 발목은 눈에 띌 정도로 순식간에 부어올랐고, 발을 땅에 디딜 수 없을 정도로 통증이 심했다.

"재스민, 괜찮아?"

"응, 괜찮아."

동료 선수가 동지애를 발휘해서 성아를 등에 업고 부대 병원으로 달려갔다. 의사는 최소한 2주일은 운동을 삼갈 것을 명했다. 성아는 또 한 번 목발 신세가 되었다.

속이 상했지만 어쩔 도리가 없었다. 한동안 같이 훈련을 받거나 시합에 직접 참가하지는 못해도 목발을 집고 한 번도 빠지지 않고 출석했고 동료 선수들의 응원에 열을 올렸다. 그리고 2주가 다 되기 무섭게 목발을 집어던졌다.

"그런데 엄마, 남자애들이 달리 보이는 것 있죠. 같이 훈련을 받으면서 내 마음에 생각지도 않던 변화가 생겼어요."

어느 날 저녁식사를 하면서 성아가 '실토'를 했다.

"왜, 야구팀에 또 좋아하는 애라도 생겼냐?"

싱거운 대꾸에 성아는 눈을 흘겼다.

"아니, 그런 것 말고. 같이 야구를 하는 동안 남자아이들에 대한 존경심 같은 게 생기더라구요."

"존경심?"

내게도 뜻밖의 말이었다. 여태껏 어떤 아이가 마음에 들고, 어떤 아이는 정말 싫고 하는 말들은 들었어도 남자아이들을 존경하게 되었다는 말은 기대하지 않았던 변화였다.

"처음엔 사실 '어디 두고 보자. 니네가 잘났으면 얼마나 잘났나. 내가 아주 코를 납작하게 해줘야지!' 하는 마음으로 시작했거든. 그런데 그 훈련이라는 게 정말 장난이 아니에요. 여자애들이 하는 운동은 소프트볼뿐만 아니라 다른 운동도 훈련하다 좀 힘들다고 불평하면 코치가 금방 쉽게 해주었거든. 그런데 남자애들 훈련 때는 쉽게 하기는커녕 못 따라오겠으면 그만두라는 거 있죠. 정말 다들 숨이 끊어져라고 뛰고 또 뛰니까 옆에서 같이 죽어가면서도 '다들 정말 멋지다' 싶더라니까요. 하긴 남자들은 어릴 때부터 그런 식으로 훈련을 시켜서 사회에 내보내니 웬만한 여자들은 도무지 상대가 안 되지."

'어쭈' 하면서도 나는 성아의 발견이 반가웠다. 내 얼굴에 비친 만족스런 표정을 느끼며 성아는 말을 이었다.

"물론 사회 구조가 평등해야 한다는 것도 사실이지만 거기에 못지않게 자녀 교육 과정도 확 뜯어 고쳐야 돼. 누구는 강자로 키우고 누구는 약자로 키워놓고서는 일은 동등하게 하라고 하니 너무 불공평하잖아요. 도무지 경쟁이 돼야 말이지."

누구는 호랑이로 키우고 누구는 고양이로 키우지 말고 여자애들한테도 공정한 경쟁을 할 권리를 주어야 한다는 성아의 말은 백 번 생각해도 옳은 말이었다.

한밤의 데이트

집까지는 5분.
그 5분 동안 우리는 오늘 하루 일어난 일을
서로 풀어놓느라 정신이 없었다.

"엄마, 나 오늘 좀 늦을 거예요. 이번 주말까지 학교 신문을 발간해야 하는데 아직 할 일이 많거든요."

정신 없이 일에 몰두하고 있는데 성아에게서 전화가 왔다. 또 피자 사들고 학교로 오라는 일종의 호출이었다. 시계를 보니 밤 8시였다. 성아는 종종 밤늦도록 도서관에 혼자 남아 컴퓨터로 학교 신문을 편집했다.

"선생님이나 다른 학생들도 같이 있니?"

부대 안의 학교였고 부근에 관사가 한두 채 있어 아주 외진 곳은 아니지만, 군인들 역시 고등학교를 갓 졸업한 어린 청년들이 많았다. 그전에 한두 건의 사건도 있었다. 나는 다 큰 처녀가 늦은 밤에 혼자 학교에 남아 있다는 것이 무척 마음에 걸렸다.

"응, 그게 말예요. 조금 전까지 선생님이 계셨는데 자기 애들 저녁 때문에 가셨어요. 선생님도 그만하고 집에 가라고는 했지만 잘못하면 이번 주말까지 발행이 어려워질 가능성이 있어서……."

제법 편집장 같은 소리를 했다. 학교에 혼자 남아 굳이 일을 끝내려는 성아가 조금은 미련하게 여겨졌다. 또 밤늦게까지 학교에 남아 있으면 엄마가 걱정한다는 것을 알면서도 자기 고집대로 일을 밀어붙이는 게 조금은 얄밉기도 했다.

"좌우지간 넌 알아줘야 돼. 무섭지도 않냐, 이 녀석아? 그렇게 귀신 무서워하는 녀석이 어떻게 지금까지 혼자 있니? 아무튼 엄마가 금방 거기로 갈게. 보나마나 저녁도 아직이지?"

"헤헤 –, 아까부터 뱃속에서 쪼로록거리고 난리야."

"나도 아직 안 먹었으니까 가는 길에 피자 사 가지고 갈게."

"와 – 신난다! 우리 엄마가 최고야!"

하던 일거리들을 주섬주섬 가방에 챙겨 담고 밖으로 나왔다. 깜깜한 밤하늘엔 별이 총총했다. 다른 사무실 창들은 한두 군데를 제외하고는 모두 컴컴했다. 인기척 없는 주차장에는 대여섯 대의 차만 덩그러니 주인을 기다리고 서 있었다. 공연히 두리번거리며 주변을 살피게 되었다.

'참 한심하군. 딸은 학교에 혼자 남아서도 잘만 견디는데……'

피자와 콜라를 사러 PX 옆 피자집으로 들어갔다. 성아 또래의 학생들이 와자지껄 떠들며 피자를 먹고 있었다.

'왜 혼자만 그렇게 바쁜지 원.'

속으로 연신 투덜거리며 피자 꾸러미를 받아들었다.

학교에 도착하니 도서관을 제외한 다른 건물들은 모두 어둠에 잠겨 있었다. 밖에서 훤히 들여다보이는 도서관엔 사람이라고는 그림자도 안 보였다.

'이렇게 한적한데 누가 저 유리문이라도 깨고 들어오면 어쩌려고 저렇게 혼자 모험을 하는지 원. 아니, 선생님도 그냥 가라는데 구태여 남아 있는 건 또 뭐야!'

걱정 반 짜증 반으로 거칠게 발걸음을 떼어놓았다. 그러자 문득 우리 부모님이 나 때문에 얼마나 속을 끓이셨을까, 하는 생각이 들었다.

'너는 성아보다 너댓살 위였지만 혼자 미국에 가겠다고 고집을 부려 부모님 속을 얼마나 썩였니? 만약 성아가 너처럼 그렇게 혼자 외국에 간다고 했다면 보내줬겠니? 그런 걸 보면 넌 부모님보다 훨씬 뒤떨어졌어. 그렇게 마음이 약해서…… 아이의 대담성을 막으면 크게 자랄 걸 오히려 방해하게 된다고. 11살 때 교통사고 났을 때의 성아를 생각해 봐. 너는 엄마로서도 부모님보다 훨씬 모자라고, 또 자식으로서도 성아보단 훨씬 모자란다구. 아이를 제 역량대로 크게 키우려면 엄마인 너부터 좀 대범해져야 돼!'

한동안 마음을 다진 후 도서관 뒷문으로 가서 문을 두드렸다. 칸막이 뒤에서 성아의 피곤한 얼굴이 나타났다. 문 밖에 피자를 들고 서 있는 나를 보자 산타클로스라도 본 듯 반갑게 웃었다.

"고멘나사이, 까아상(죄송해요, 엄마)."

조금은 겁이 났던 모양이다. 문을 열어주는 성아의 얼굴에 안도의 빛이 퍼져 나가는 것 같았다.

무척 배가 고팠던지 성아는 허겁지겁 피자를 먹으며 즐거워했다. 그것을 바라보며 나는 배짱도 꽤 두둑하고 합리적인 편인 내가 왜 딸아이 앞에서는 한 번씩 나약한 엄마가 되는지 곰곰 생각해보았다.

'그래. 좀더 대범해져야 돼. 우리 성아가 자기 역량을 마음껏 펼칠 수

있도록 밀어줄 수 있는 엄마가 돼야 해!'

　성아는 내가 와서 든든한지 10시, 12시가 넘어도 하던 일을 접을 생각을 안 했다. 나 역시 가지고 간 노트북으로 성아 옆에서 마치 누가 더 열심히 일하나 내기를 하는 것처럼 일에 몰두했다. 시간은 금세 갔다.

　같이 일을 마치고 밤늦게 나왔을 때는 가로등 몇 개만 빼고는 모든 불이 다 꺼져 사위가 칠흑같이 어두웠다. 집까지는 5분. 그 5분 동안 우리는 오늘 하루 일어난 일을 서로 풀어놓느라 정신이 없었다.

　이상하게도 지금 생각하면, 성아와 함께 일을 하면 일한 기억은 하나도 없고 그렇게 잡담을 나눈 기억만 있다. 성아도 그럴까? 현관문을 열 때마다 나는 그 5분을 위해 피자를 사고, 일을 하고…… 마치 하루를 다 보낸 느낌이 들곤 했다.

I saw America

글을 읽어 내려가던 나는 엄청난 전율을 느꼈다.
그 아이는 바로 내가 처음 미국에 오던 때의 얘기를
마치 자기가 나였던 것처럼 그려가고 있었다.

"엄마, 오늘 참 신나는 일 있었어요."

그날도 내 귀가는 밤 8시를 넘겼다. 피로에 힘없이 흐늘거리던 내 그림자에 장난을 치는 가로등 불빛을 뒤로 하고 성아가 기다리는 포근한 집으로 들어왔다. 문을 열고 들어서기가 무섭게 성아가 들뜬 목소리로 자랑을 하는 것이다.

"그래? 무슨 일인데?"

피로한 내 얼굴에 밝은 기대의 불이 켜졌다.

"오늘 고급영어반에서 지난주에 써낸 작문을 돌려받았는데 내가 A⁺ 받은 거 있죠. 그리고 끝에 선생님이 짧게 평을 해주셨는데 내 글에 굉장히 감동받았대요. 그래서 다른 선생님들께도 보여주며 자랑을 했대나. 다른 선생님들도 눈물을 글썽이면서 감동하더래요. 그리고 나보고 글쓰는 소질이 있다면서 잘 키우길 바란대요."

성아는 상기된 얼굴로 생글거리며 일사천리로 자초지종을 털어놓았다.

"야-, 우리 성아한테 그런 소질이 다 있었구나! 정말 듣기 좋은 칭찬이네. 참 잘했다, 성아야."

나는 성아를 꼭 안으며 곱게 땋아내린 머리를 쓰다듬어주었다.

성아가 영어 선생님으로부터 그런 칭찬을 받았다는 것이 자랑스럽기도 했고, 한편으론 그렇게 영어로 글을 잘 쓸 수 있는 딸이 부럽기도 했다. 하버드에서 길고 짧은 논문을 쓰면서 아직도 영작문이 자주 막혀 속을 끓이고 있었으므로 부럽지 않을 수 없었다.

"내가 뭐에 대해 썼는지 안 물어보세요?"

빨리 얘기를 하고 싶지만 그냥 말해버리기엔 너무 아깝다는 생각이 드는지 성아는 장난기 어린 눈을 짓궂게 반짝이며 내 말을 재촉했다.

"응, 그래. 뭐에 대해서 썼는데? 뭘 썼어?"

내가 일부러 더 궁금해 미치겠다는 표정으로 재촉하자 성아가 살짝 눈을 흘겼다.

"뭐 그래? 내가 말하기 전엔 궁금해하지도 않으셨으면서! 안 가르쳐 드릴까 보다."

토라진 척 등을 돌리는 성아에게 "어~이, 좀 가르켜주라~." 하며 팔을 잡아당기자 성아는 못 이기는 척 들고 있던 작문을 내게 내밀었다.

성아가 쓴 글의 제목은 〈I saw America(나는 미국을 보았다)〉였다.

"461편 항공기는 3번 게이트에서 출발합니다. 뉴욕으로 가시는 승객 여러분께서는 3번 게이트로 오시기 바랍니다. ……비행기표를 들고 줄을 서 있는 동안, 심장 뛰는 소리가 들려오는 것 같았다. 미국으로 간다는 사실이 내겐 분에 넘쳐 보였다……"

성아의 글을 읽어 내려가던 나는 엄청난 전율을 느꼈다. 그 아이는 바로 내가 처음 미국에 오던 때의 애기를 마치 자기가 나였던 것처럼 그려가고 있었다.

"……주섬주섬 짐을 챙겨서 출구를 향했다. 비행기에서 꾼 꿈이 떠올랐다. 문득 그 목소리는 다름 아닌 나 자신의 목소리였음을 깨달았다. 그 꿈을 생각하면서, 나는 또 하나의 꿈을 보았다. 올바르고 자유로운 세계를 향한 꿈. 나는 기회가 가득한 나라의 꿈을 보았다. 그리고 그 꿈이 내 눈앞에서 현실로 펼쳐지는 것을 보았다."

내가 자기의 글을 읽는 동안 성아는 내 옆에서 흥분에 찬 눈으로 나를 지켜보고 있었다. 나는 창피함도 잊은 채 주먹으로 눈물을 훔쳤다. 마지막 부분까지 읽고 나는 성아를 안으며 흑흑 흐느껴 울었다. 엄마를 그리도 잘 알아주는 딸에 대한 감사의 마음이 북받쳐올랐다. 성아도 목이 메이는지 나를 안고 부드럽게 내 등을 어루만지고 있었다.

나는 성아의 글을 내 자전 에세이 《나는 희망의 증거가 되고 싶다》의 프롤로그로 실었다. 물론 이 글은 성아 자신의 세계관이 기저에 깔려 있기 때문에 내 생각과 꼭 같지는 않다. 그러나 그 글 속에는 그때의 내 심정이 비교적 잘 담겨 있었다. 그리고 그것은 내 운명의 시작이기도 했다.

보석을 캐기까지

쉼 없는 **대화**를 통해 우리는 서로를 읽고
느낄 수 있는 **친구**가 되었다. 세상 모든 것이 그러하듯
값진 **보석**은 쉽게 얻어지지 않는다.

나는 성아에 대해 시시콜콜 꿰고 있다. 고민이나 희망사항 같은 것뿐 아니라 성아와 친한 친구, 싫어하는 선생님, 좋아하는 남자아이 등등 그 애의 사생활은 나의 레이더에 모두 감지되었다. 사립탐정 기질이 있어서 성아 뒤를 졸졸 따라다니며 캐물은 것은 아니다. 나는 단지 듣기만 할 뿐이었다.

듣기만 하는 데는 몇 가지 요령이 필요하다. 아이들이 머리가 굵어지면 더 이상 엄마를 찾지 않고 친구를 찾는다. 친구들이 아이의 말을 들어주는 방식은 엄마와 다르다.

첫째, 무조건 맞장구를 쳐준다. 둘째, 자신의 생각을 강요하지 않는다. 셋째, 내 일인 것처럼 들어준다.

나는 성아가 말을 하면 그 애보다 더 열을 내고, 어떤 때는 "그래, 그

래서?" 하고 더 재미있어한다. 성아가 좋아하는 남자아이가 생겼을 때
는 내가 성아인 양 같이 기뻐하기도 하고 초조해하며 애를 끓이기도
한다. 이런 나의 연출 덕분인지 성아는 엄마한테 얘기하는 걸 부담스러
워하지 않았다. 덕분에 성아를 키우며 나는 사춘기를 다시 겪었다 해도
과언이 아니다.

자마고등학교에 다닐 때의 일이다.
"엄마, 우리 수학반에 제레미라는 남자애가 있거든요. 좀 까불기는
하지만 괜찮게 생겨서 그런지 전혀 밉지 않은 거 있죠."
저녁을 먹으며 학교에서 있었던 일을 주렁주렁 엮어가던 성아의 입
에서 처음으로 그 남자아이의 이름이 나왔다. 은근히 관심이 갔다.
"그래?"
내가 흥미 있는 얼굴로 대꾸를 하자 성아는 신이 나서 그 아이가 옆
자리 아이에게 장난친 일이며 선생님이 칠판에 무언가를 쓰는 사이에
얼굴을 우습게 찡그리던 것 등을 늘어놓았다.
"그런데 엄마, 나 그애가 좋아지면 어떡하지?"
공부다 운동이다 해서 정신 없는 판에 남자아이에게 마음을 빼앗기
기가 겁이 나는 모양이었다.
"좋아지면 어때. 그리고 누군가를 좋아하는 것은 네 마음대로 되는
일도 아닌데 뭐 그런 걸 걱정하니. 좋아하는 사람이 있으면 학교가 더
가고 싶을 거고, 그애한테 잘 보이고 싶어서라도 공부도 더 잘할 것 아
냐."
"그래도 그애는 나한테 관심이 없으면 어떻게 해?"
"너같이 멋있는 아이에게 관심이 없으면 그애 손해지 뭐. 물론 두 사

람이 서로 좋아하면 더욱 이상적이겠지. 그러나 중요한 것은 네 마음에 피는 무지개야. 세상 모든 남자가 너를 좋아한다 해도 네가 좋아하지 않으면 사실 아무 소용이 없잖아."

"……."

그날부터 성아는 내게 거의 매일 제레미에 대한 얘기를 들려주었다. 마치 연속극에 중독된 듯 나 역시 매일 저녁 그날의 제레미에 대한 보고를 기다리게 되었다.

제레미를 한 번도 본 적은 없지만 나는 그 아이를 잘 아는 것 같은 착각을 하게 되었다. 그러던 어느 날 집에 돌아오니 성아가 풀이 죽어 있었다.

"왜 그래? 학교에서 무슨 일이라도 있었어?"

"제레미 그 자식, 여자친구 생긴 거 있죠. 화딱지가 나서 말이야."

"뭐 그래. 그 녀석 너한테 꽤 관심이 많은 거 같더니."

내 목소리가 나도 모르는 새 커졌다.

"괜히 배신당한 것 같아서 기분 잡쳤잖아."

"정말 뭐 그런 자식이 다 있어. 아무튼 그애는 너와 연결될 운명이 아니었던 거야. 너 우리 집 냉장고에 붙여놨던 포스터 생각나니? '좋아하는 이가 있으면 그를 자유롭게 풀어주십시오. 그이가 당신과 인생을 같이할 운명이라면 그는 꼭 당신에게 돌아올 것입니다. 만일 그가 돌아오지 않는다면 애당초 그이는 당신의 사람이 아니었답니다.' 아무튼 아직 완전히 끝난 건 아니야. 결혼한 사람이 이혼도 하는데 여자친구가 생겼다고 좌절할 필요는 없지. 진짜 그애가 좋다면 마음 느긋하게 먹고 기다려. 그러는 중에 너한테 남자친구가 생길 수도 있지만……."

"그럴까? 하긴 그 자식, 같이 영화 보러 가자고 했을 때 거절했더니 그때부터 좀 달라지긴 했었어."

"왜 영화 보러 같이 안 갔니?"

"뭐 자기네 엄마가 태워다준대잖아. 셋이서 영화를 보는 게 너무 멋쩍을 것 같아서 그랬는데 내 마음도 모르고 말이야."

성아의 자존심은 한 남자아이 때문에 다른 중요한 것을 포기하는 것은 용납하지 않았다. 몇 달이 지나자 성아는 또 좋아하는 남자친구가 생겼고, 어느 틈엔가 제레미라는 이름은 성아의 얘기에서 점점 사라져가고 있었다.

몇 년이 지난 후에야 우리는 제레미가 성아를 떠난 것은 성아의 작은 오해 때문이었다는 것을 알게 되었다. 영화를 보러 가려면 다른 부대에 있는 극장에 가야 했다. 나이가 어려서 부대 내 운전면허증밖에 없는 제레미는 부대 밖에서의 운전이 허용되지 않았다. 그래서 엄마가 극장에 태워다주기로 했던 것이었다. 물론 그 엄마는 젊은 아이들의 방해꾼이 될 정도로 눈치 없는 사람이 아니었다. 성아가 거절한 이유를 알지 못했던 제레미는 자신이 데이트 신청에 거절당했다고 생각했던 것 같다. 자존심 때문에 제레미는 점점 성아를 피하게 되었고 결국 나중에는 다른 아이를 사귀게 된 것이라는 생각이 들었다.

각자 다른 대학으로 진로를 정하긴 했지만 둘은 좋은 친구로서 아직도 서로 연락을 주고받는다. 그 아이 역시 ROTC를 거쳐 장교가 되었기 때문에 두 사람의 무대는 학교에서 미 육군으로 바뀌었다. 두 사람의 미래? 아직은 미지수다.

자마고등학교에서 사귄 성아의 친구 중에는 게이도 한 명 있었다. 필리핀계 남자아이로 늘씬한 키에 아름다운 긴 머리를 늘어뜨리고 다녔다. 틈틈이 잡지 모델로 일하기도 했는데, 예쁜 얼굴은 아니었지만 사진발이 좋았다.

처음에 성아는 게이나 레스비언에 대해 부정적인 견해를 가지고 있었다.

"그런 사람들은 생각만 해도 징그럽고 싫어. 어떻게 남자가 남자를 사랑하고 여자가 여자를 사랑할 수 있는지 이해가 안 가."

나 역시 동성애를 선호하지는 않는다. 그렇다고 그런 사람들을 무조건 좋지 않다고 단정짓는 것 역시 내가 저주하는 부당한 차별들과 다를 바 없다는 생각이다. 성아가 좀더 넓은 마음으로 사람들을 포용할 수 있는 아량을 갖게 하고 싶었다.

"성아야, 엄마는 너와는 생각이 좀 달라."

뜻밖의 엄마의 말에 무척 놀라는 기색이었다.

"동성애자들 역시 부당한 사회 제도의 희생자인지도 몰라. 그런 성향은 사실 타고난다고 생각해. 우리가 여자로, 남자로, 또 백인, 흑인, 동양인으로 태어나는 데 선택이 없었듯이 그 사람들도 달리 선택의 여지가 없었다고 생각해. 다시 말해서 그건 그들의 잘못이 아니라는 거지."

"……"

너무도 '엉뚱한' 엄마의 논리에 성아는 눈 사이에 '내 천(川)'자를 그리며 듣고 있었다.

"그 사람들의 행동이 틀려먹었다거나 남을 괴롭힌다면 그들을 힐책하고 미워할 당연한 이유가 있다고 하겠지. 그렇지만 단순히 같은 동성에 연정을 느낀다고 해서 그들을 미워하고 싫어한다는 것은 옳지 않다고 생각해. 만일 동성애자가 너한테 추근거린다면 그건 네가 싫어하는 남자가 너에게 추근거릴 때나 다를 바가 없는 거지. 네가 싫으면 싫다고 확실히 네 의사 표시를 하면 되는 거야. 아무튼 그들이 동성을 선호한다는 것 하나로 그 사람의 모든 것을 단정하는 것은 부당한 차별과 다를 바 없다고 생각해."

어리둥절해하면서도 성아는 조금은 수긍이 가는 모양이었다. 얼마 후 성아는 게이 남학생에 대해서 거리낌없이 들려주었다. 그 아이 역시 자신을 있는 그대로 이해해주는 것이 고마웠던지 성아를 무척 좋아했다.

"엄마, 걔는 성격이나 태도 그리고 옷 입는 것까지 나보다 더 여성스러운 거 있죠. 얘기할 때도 소곤소곤 하면서 자기 마음에 드는 남자애들에 대해서 어쩌구저쩌구 할 때는 정말 가시나하고 얘기하는 것 같아. 아무튼 알고 보니까 공부도 잘하고 참 괜찮은 애였어요."

"그애랑 같이 다니면 밤늦게라도 나는 걱정할 필요가 없으니 다행이구."

"엄마도 참, 싱거우시긴."

쉼 없는 대화를 통해 우리는 서로를 읽고 느낄 수 있는 친구가 되었다. 세상의 모든 것이 그러하듯 값진 보석은 쉽게 얻어지지 않는다. 그러나 그 값진 보석을 얻었을 때의 환희를 무엇에 견주랴!

아버지, 통쾌하시죠?

"이것이 바로 성공의 맛이다!
내가 참고 견뎌온 많은 고통과 좌절.
그 결실이 바로 이 행복이야."

내가 동양 여성으로서 미군 장교에다 하버드 박사학위 후보라는 사실은 일본에서 큰 힘을 발휘했다. 이러한 자격은 어떤 보수적인 문도 열 수 있는 열쇠와도 같은 역할을 했다. 내가 만났던 많은 일본 사람들의 감탄과 부러움은 내 성공의 맛을 실제 이상으로 즐기게 하는 효과가 있었다.

나는 멋을 내는 데 별로 큰 노력을 기울이지 않는다. 아줌마 패션이라고들 한다. 그런 나를 처음 만났던 일본 사람들은 대체로 내게 큰 기대를 하지 않고 대하는 경향이 있다. 그러나 정작 내 명함을 보든지 얘기 도중 나의 백그라운드를 알게 되면 어김없이 눈이 휘둥그레진다.

"아, 정말 멋있어요!" "아, 어쩌면 그럴 수가!" "같은 동양 사람으로서 정말 자랑스럽습니다." 등을 연발한다. 그들의 아낌 없는 찬사는 같이 있던 성아의 가슴을 더욱 더 뿌듯하게 해주는 효과가 있었다.

나가노시의 전역 일본자위대협회 회장이 성아와 나를 자기의 별장으로 초대한 적이 있었다. 회장은 칠순 가량의 보수적인 노인이었다. 그날 저녁 그는 그 지역 유지들을 열 명 가량 저녁 만찬에 초대했다. 물론 전부 중년 이상의 남자들이었고, 초대받은 손님들 중에 여자는 나와 성아뿐이었다. 그런 자리에서 그 회장은 나와 성아를 상좌에 앉혔다. 그러고는 자신보다 훨씬 어린 나에게 '선생님'이라는 호칭을 붙이며 극진히 대접해주었다.

그때 나는 마음 속으로 외쳤다.

'보십시오, 아버지. 얼마나 통쾌하십니까? 아버지를 식민지에서 온 노예처럼 업신여기며 부리던 그들이 아버지의 딸 앞에서 지금 선생님 선생님 하며 무릎을 꿇습니다.'

돌아가신 아버지의 영혼이 함께 기뻐해주시는 것 같은 기분이 들었다. 나는 성아와 내 행복을 나누고 싶었다.

"성아야, 이것이 바로 성공의 맛이다! 얼마나 맛있는지 몰라. 내가 참고 견뎌온 많은 고통과 좌절의 결실이 바로 이 행복이야. 이러한 행복은 네가 원하고 또 얻고자 노력하면 얼마든지 얻을 수가 있어. 이 행복의 가능성은 바로 네가 잡는 거야."

일본에서 만난 많은 사람들 중에 내가 존경스럽게 생각하는 일본 여자가 한 명 있었다. 카토우 코오꼬는 내가 처음 그녀를 만났던 1992년에는 30대 초반의 미혼 여성이었다. 그녀는 우리 가족과 인연이 많은 오카야마시의 국회의원 딸로 하버드 대학원을 졸업했다. 당시 코오꼬는 아버지의 참모장이었고 캐나다인 약혼자와 조그만 회사를 운영하고 있었다.

그녀를 내게 소개해준 사람은 내가 박사 과정 입학 원서를 냈을 때도, 또 성아가 일본 고등학교에 갈 때도 추천서를 써주셨던 보겔 교수였다.

보겔 교수는 매년 여름 도쿄에서 하버드 출신 제자들을 초대해 동창회 비슷한 모임을 열었다. 내가 일본에 도착하자 내게도 초청장이 왔다. 거기서 소개받은 사람 중의 한 명이 카토우 코오꼬였던 것이다.

처음에는 그녀가 오카야마 출신이라는 것이 내 관심을 끌었다. 반면 그녀는 내가 미군 장교라는 데서 호기심을 느꼈던 모양이다. 우리는 곧 친해져서, 내가 오카야마로 여행을 갔을 때 그녀의 부모님 집에서 묵은 적도 있었다. 마침 내가 그곳에 갔을 때 그녀의 아버지를 위한 후원회가 열리고 있었다. 거기에는 여러 명의 일본 유명인사들이 참석해 있었다.

"이분은 미 육군 대위예요. 그리고 보겔 교수님의 수제자예요."

코오꼬는 자랑스럽게 나를 그들에게 소개했다. 또 내가 일본의 다른 지역을 답사할 때도 그녀는 안내할 사람을 주선해주는 등 여러 모로 편리를 제공했다.

재미있는 아이러니는 일제 시대에 우리 아버지와 엄마 그리고 네 살짜리였던 언니도 오카야마에 살았다는 것이다. 당시 그들은 식민지 막노동자의 가족으로 밑바닥 생활을 꾸려가야 했다.

그로부터 48년이 지난 1992년. 국회의원 딸의 초대로 오카야마에 갔을 때 나는 대우받는 사람이었다. 나는 성아가 앞에 있었으므로 더욱 뿌듯하게 내 성공의 맛을 즐겼다. 우유 접시를 다 비운 고양이처럼 느긋하게.

아마 성아는 우유 접시를 노려보는 고양이처럼 나를 쳐다보았을 것이다. 나도 엄마처럼 되고 싶다고.

"재스민 정말 고등학생 맞아요?"

옆에 있으면 힘껏 안아주고 싶은
기분이었다. 부모의 자랑이자 훈장은
자식이 아닌가 싶다.

코오꼬와의 인연은 딸 성아와도 이어졌다. 1994년 여름, 성아는 방학 동안 일본 국회의원 사무실에서 아르바이트를 하고 싶어했다. 일본의 정치에 대해 배워보고 싶다는 것이었다. 나는 성아를 코오꼬에게 소개시켜주며 성아의 의사를 전해줬다. 같이 점심을 먹으며 그녀는 일본어로 성아에게 이것저것 물었다.

"오카야마에 와서 일해보는 건 어때요?"

얼마 후 그녀로부터 뜻밖의 제안이 왔다. 고등학생으로 국회에서 일을 하면 별로 배울 게 없다고 했다. 그들은 주로 복사나 전화 받는 일 정도의 심부름밖에 안 맡기기 때문이었다.

"지금까지 고등학생을 써본 적은 없지만 재스민은 왠지 충분히 해낼 수 있을 것 같은데요. 아마 좋은 경험이 될 거예요."

코오꼬는 매년 여름 미국의 유명 대학의 대학생이나 대학원생 몇 명을 국제 스태프로 채용해 오카야마로 데려왔다. 그들은 코오꼬 부모님 댁에서 기거하며 아버지의 사무실 직원들과 여러 가지 지역사회 활동에 참여하고 있었다. 왕복 비행기표를 마련해주고 숙식 제공, 그리고 한 달에 약 1천 달러 정도의 월급을 지급했다.

경험을 중시하는 미국 학생들에게는 무척 매력 있는 일이기 때문에 경쟁이 꽤나 치열한 편이었다. 그런데 선뜻 성아에게 기회를 주겠다는 것이다. 성아는 무척 신나했다. 비록 고등학생이긴 했지만 성아는 오카야마시 국회의원의 당당한 국제 스태프가 되었다. 방학이 시작되고 며칠 후, 함빡 웃음을 터뜨리며 성아는 오카야마행 신칸센에 올랐다.

"엄마, 여기서 나하고 같이 일하는 사람은 백인 남자들 둘이거든요. 한 사람은 존스홉킨스대학원 정치학 전공이고 다른 한 사람은 하버드 1학년인데 국제경제 전공이래요. 굉장하죠? 대학생은 일본말이 그저 그런데 대학원생은 굉장히 잘해. 그리고 여기 이 집에는 일하는 사람들이 세 명인데 다 엄마를 알더라구요. 엄마가 지난번에 여기서 주무셨을 때 만나봤는데 너무 멋있더래요. 그런 말 들으니까 기분 좋던데요."

며칠 후 집으로 전화한 성아는 신이 나서 숨도 안 쉬고 그곳 얘기를 재잘거리는 것이었다. 나 역시 신이 나서 밤이 깊도록 잠을 이룰 수 없었다.

성아가 오카야마에 간 지 한 달쯤 후였다.

"엄마, 나 오늘 누구 만난지 아세요?"

저녁을 먹고 잠시 텔레비전 뉴스를 보고 있는데 성아에게서 전화가 왔다. 엄마에게 자랑을 하고 싶어 안달이 났는데 너무 쉽게 풀어버리면 재미가 없을 것 같았는지 슬슬 장난을 걸어왔다.

"글쎄…… 누굴 만났을까?"

전혀 알 수가 없기도 했지만, 나도 성아의 장난에 장단을 맞춰줬다.

"오자와 이치로!"

"오자와 이치로?"

일본 자민당의 거물급 국회의원 이름이 나와서 좀 놀라긴 했다.

'참, 지금 자민당 국회의원 스태프로 일을 하고 있으니 가능하긴 하네.'

나는 속으로 재빨리 여러 상황을 짐작해보았다.

"같이 일하는 대학원생이 부탁해서 코오꼬가 자리를 마련했나봐. 코오꼬하고 그 사람 남편, 또 우리 셋이 오자와 씨 사무실로 가서 같이 차를 마시며 얘기도 하고 사진도 찍고 했거든. 대학원생은 미국 정치에 대해서 질문을 하고 하버드생은 경제에 대해서 질문을 하고. 그런데 나는 무슨 질문을 했는지 아세요?"

성아가 또 뜸을 들인다.

"엄마 이쁜 거 아느냐구?"

"엄마 이쁜 거야 다 아는 사실인데 뭐. 아무튼 나는 고등학생이니까 학생 같은 질문을 했지. '일본 고등학교 다닐 때 보니까 일본 아이들은 일본의 역사에 대해서 너무 모르는 것 같아요. 특히 2차 대전이나 그 전에 일본이 다른 나라나 식민지에서 한 일에 대해서는 전혀 모르고 있어요. 그건 학교에서 가르치지 않았기 때문에 그렇다고 생각해요. 국제화 시대의 경쟁에 나가야 할 아이들인데 자기 나라의 역사도 올바르게 알지 못하고 어떻게 경쟁에서 페어플레이를 할 수 있어요?' 그랬더니 오자와 씨가 뭐랬는지 아세요?"

"뭐라고 했는데?"

"눈이 둥그래져서 '재스민 정말 고등학생 맞아?' 그러는 거 있죠. 그러고는 '나도 재스민과 생각이 같아. 나 역시 정부가 아이들에게 역사를 바로 가르쳐야 한다고 생각하거든. 그렇게 되도록 노력해야지' 하더라구요. 나는 잘 몰랐는데 나중에 코오꼬가 집에 와서 부모님들 앞에서 내 흉내를 내면서 그러더라구요. 오자와 씨하고 얘기하는데 내가 마치 이웃집 아저씨하고 얘기하는 것 같더라나. 오자와 씨도 나를 아주 마음에 들어하더래요. 코오꼬 아버지는 연신 싱글벙글하면서 굉장히 좋아하구요. 신이 나서 나한테 무슨 트로피를 가져와 보여주면서 읽어보라고 하는데 태권도연맹에서 받은 거였어요. 카토우 선생님이 일본의 태권도연맹 회장이라던가? 하여튼 한국말로 써 있는 걸 쫙 읽어줬더니 내 등을 두드리면서 좋아서 어쩔 줄을 모르시더라구요. 기분 좋지, 엄마? 그럴 때 엄마가 옆에서 봤으면 얼마나 좋아했을까 생각했지."

성아는 폭포수처럼 말을 쏟아놓았다. 듣기만 해도 가슴이 시원해지는 말들이었다.

"고맙다, 성아야. 정말 기분이 좋아. 엄마는 성아가 굉장히 자랑스러워."

"헤헤 –, 엄마가 좋아하실 줄 알았어."

옆에 있으면 힘껏 안아주고 싶은 기분이었다. 아마 성아는 내가 벌어진 입을 다물지 못하는 걸 보고 놀리겠지만. 부모의 자랑이자 훈장은 자식이 아닌가 싶다.

자전거를 탄 골프장 안내원

하버드를 목표로 공부하느라 바빴던
성아는 자기가 도울 수 있는 일은 언제든지
돕겠다고 나를 격려했다.

학교에서 성아는 숨쉴 틈 없이 바빴다. 그런 중에도 내가 자기의 도움을 필요로 할 땐 아무 불평 없이 와서 도와주곤 했다. 엄마의 성공이 우리 집안을 위해서도 아주 중요하다는 걸 어릴 때부터 믿어왔기 때문이기도 하지만, 무엇보다도 성아는 그러한 성취로 얻어질 나의 행복을 더 생각하는 것 같다. 물론 나는 될 수 있는 한 성아가 내 일 때문에 시간을 허비하지 않게 하려고 노력했다. 그러나 때로는 불가피한 일도 있었다. 일본 사람들과 부대 안에서 골프를 칠 때가 그 한 예라고 할 수 있다.

내가 근무하던 자마 부대에는 제법 괜찮은 골프장이 있었다. 군인들과 군속, 그리고 가족들은 아주 저렴한 가격으로 얼마든지 골프를 칠 수 있었다. 더욱이 군인들에게 최우선권이 주어지기 때문에 우리는 거의 언제나 우리가 원하는 티오프 타임을 받을 수가 있었다. 손님을 접대하는 데 아주 편리했다.

나는 자주 일본자위대 장교들과 부대 안에서 골프를 쳤다. 그들을 통해 나는 많은 일본인들이 이곳에서 골프를 치고 싶어한다는 사실을 알았다. 다른 일본 골프장에 비해 가격도 저렴할 뿐 아니라 교통도 편리한 편이었다. 덤으로 미군 장교들과 섞여 골프를 치면서 공연히 우쭐해지는 것 같은 기분을 즐기는 것 같았다.

다른 미군 장교들은 나와는 좀 다른 사고방식을 가지고 있었다. 그들은 대체로 직장보다 가족과 자신의 시간을 중시했다. 주말이나 휴일은 주로 가족과 지내든가 자신의 취미 활동을 하는 데 사용하기를 바랐다. 그래서인지 일주일에 한 번 정도 자위대들의 부탁을 들어주는 것도 그리 달가워하지 않았다. 이러한 미국인들의 태도를 아는 자위대들은 그들에게 골프 스폰서를 해달라고 부탁하기를 무척 어려워했다.

어떤 면에서 나는 '한국식' 사고방식을 가진 편이다. 나는 평생을 나자신의 취미보다는 직장을 더 중시하며 살아왔다고 해도 과언이 아니다. 그런 내가 자위대 장교들과 더욱 가까워짐으로써 더 많은 일을 성취할 수 있는 기회를 외면할 리 없었다. 나는 이런 이치를 성아에게 설명해주었다. 하버드를 목표로 공부하느라 바빴던 성아는 자기가 도울 수 있는 일은 언제든지 돕겠다며 나를 격려해주었다.

많은 자위대 장교들이 자신들을 위해, 때로는 자신들의 상관이나 중요한 손님을 위해 내게 스폰서를 부탁했다. 나는 거의 한 번도 거절하지 않고 그들의 부탁을 들어줬다. 덕분에 휴일이면 거의 언제나 하루에 두 라운드씩 골프를 치는 꼴이 되었다.

한국의 미군 부대도 마찬가지지만 일본에서도 외부 사람이 부대에 들어오려면 스폰서가 입구에 가서 사인을 해줘야 한다. 새벽에 한 팀을 데리고 들어와 골프를 치기 시작하면 오후에 다른 팀이 들어올 때까지 끝나지 않는 경우가 많다. 그럴 때는 성아가 자전거를 타고 정문에 가서 나 대신 두 번째 팀을 스폰서해서 골프장 식당으로 데리고 간다. 일본어가 능통한 성아는 음료수를 대접하며 내가 올 때까지 내 손님들을 접대했다.

내가 들어오면 우리는 팀을 교환했다. 내가 두 번째 팀과 골프를 치러 나가면 성아는 첫 번째 팀을 정문으로 안내했다. 그 사람들이 떠난 다음 자전거로 아파트에 돌아가 하던 공부를 계속했다.

휴일마다 두 라운드씩 골프를 친 덕분에 내 골프 실력은 눈에 띄게 늘어갔다. 또한 의도했던 대로 나는 날이 갈수록 일본자위대원들에게 중요한 인물이 되어갔다. 그들은 내 일을 적극적으로 도왔고 나는 많은 성과를 올릴 수 있었다. 상관들은 나의 '실력'을 인정해 최고의 평점을 주었다.

동북아 지역 전문가의 '시험 케이스'였던 나는 그 시험을 성공적으로 이끌었다. 내가 있는 동안 미 육군은 다른 여자 장교들도 이 지역 전문가로 뽑아 배치하기 시작했다. 이러한 군의 역사를 바꾸는 데 골프가 한몫했다는 것은 엄연한 사실이라고 하겠다. 그리고 그 뒤에는 성아의 공이 있었다.

꿈보다 멋진 현실

봉투 안에는 편지 한 장이 들어 있었다.
"대통령상 수상자에 선정된 것을 진심으로
축하합니다……. 빌 클린턴."

1995년 6월.

성아가 고등학교를 졸업했다. 학생회장이었던 딸은 그날 1등으로 졸업하는 영광을 엄마인 내게 돌렸다. 그보다 더 큰 영광이 있었다. 성아는 미국 대통령상을 탔다. 해마다 250만 미국 고교 졸업생들 중에 141명에게만 주어지는 상이었다. 그러나 대통령상 제도가 있는 줄도 몰랐던 우리는 엄청난 실수를 할 뻔했다.

"엄마, 이것 좀 읽어봐요. 내가 이해를 잘한 건지 모르겠어."

퇴근 후 군화를 벗고 있는데, 성아가 내게 편지 한 장을 내밀며 고개를 갸우뚱했다. 군복을 입은 채 소파에 앉아 성아가 건네준 편지를 읽기 시작했다.

"무슨 대통령상 후보에 뽑혔다는 것 같은데……. 이런 상에 대해서 들어본 적 없어?"

"글쎄……."

"아무튼 전체 고등학교 졸업 예정자들 중에서 5천 명을 뽑았다는 것 같은데…… 이거 누가 또 뭐 팔아먹으려고 그러는 거 아냐? 그런데 어디로 돈 보내라는 말은 없네. 여러 가지 서류를 보내라는 말 외에는. 아무튼 교육부에서 온 거니까 가짜는 아닌 거 같고……. 내일 학교 가서 선생님들께 한번 여쭤봐."

평생을 속아만 산 것도 아닌데 대통령상이라는 이름이 주는 어떤 여운 때문에 혹시 누군가 장난치는 건 아닌가 하는 생각이 들었다.

"보내라는 서류가 꽤 많은데요. 응모 원서, 성적증명서, 선생님들 추천장, 수필 등등. 요즘 정말 눈코뜰 새 없이 바빠서 할 수 있을지 모르겠어요."

이튿날 사무실로 전화가 왔다. 목소리가 자못 들떠 있었다.

"엄마, 선생님이 그러시는데 그거 진짜래요. 작년에는 모리카와라는 선배가 예선까지 합격해서 부대 신문에도 났었대. 그런데 올해도 우리 학교에서 나 한 사람만 뽑혔나봐. 선생님들도 축하한대나……."

그날부터 성아의 스케줄은 더욱 바빠졌다. 잠도 몇 시간 못 자는 것 같았다. 나이가 든 탓인지 나는 밤 12시를 넘기지 못했다. 정신 없이 서류 수속과 공부에 몰두해 있는 성아를 볼 때 미안했지만 쏟아지는 잠은 어쩔 수 없었다. 게다가 깨어 있다한들 어차피 성아가 해야 할 일이었다.

"성아야, 미안하지만 엄마 먼저 잘게."

성아는 내가 침대에 들자 이불을 덮어주곤 내 뺨에 뽀뽀를 했다. 피식 웃음이 나왔다. 언제부터인지 성아는, 엄마는 집안의 가장으로 혼자서 동분서주하며 노력하기 때문에 잘 보살펴줘야 한다고 여기는 눈치였다. 그러다 할아버지는 돌아가시고 할머니가 한국으로 가셔서 둘만 살게 되자 어느 쪽이 딸이고 어느 쪽이 엄마인지 모르게 뒤바뀌어버린 것이다.

"그래, 잘 자."

나는 성아를 꼭 껴안아주었다. 성아가 불을 끄고 가만히 문을 닫고 나갔다.

'고맙다, 성아야. 엄마는 네가 있어 정말 행복하단다.'

그렇게 나는 매일 밤, 고마움과 미안함 그리고 흐뭇함 속에서 잠 속으로 빠져들어 갔다.

"엄마, 나도 예비 심사에 합격이야."

서류를 보내고 몇 주일이 지난 어느 날, 흥분한 성아의 목소리가 전화기를 타고 흘러왔다.

"……?"

일에 정신을 빼앗기고 있던 터라 순간적으로 그 말이 이해되지 않았다.

"물론 최종 심사가 남았긴 하지만. 아무튼 작년 졸업반의 스타였던 모리카와는 따라잡은 셈이지."

그제서야 정신이 번쩍 들었다.

"야, 우리 성아 정말 대단해. 축하한다."

"최종 심사는 별로 자신이 없으니까 너무 기대하지 마세요. 그러다 실망해요."

"걱정 마, 이 녀석아. 예비 심사에 합격한 것만 해도 얼마나 장한데.

넌 공립만 다녔는데 엄청난 돈을 들인 사립학교 아이들과 똑같은 경쟁을 한 거잖아. 아무튼 나는 이것만으로도 만족하니까, 우리 저녁에 맛있는 거라도 먹으면서 축하하자."

그 후 거의 한 달이 지나도록 미국 교육부에선 아무런 소식이 없었다. 졸업이 한 달 앞으로 다가왔다. 최종 심사에 합격되면 졸업 직전에 백악관으로 상을 타러 가게 된다고 안내문에 써 있었다. 성아나 나나 예비 심사가 마지막이었구나, 라고 체념하기 시작했다.

그러던 어느 날. 나는 우체통에서 큰 봉투 하나를 발견했다. 성아 앞으로 백악관에서 온 편지였다. 가슴이 두근거렸다. 하지만 남의 우편물을 먼저 뜯어보는 실례를 범할 수는 없는 노릇이었다. 성아가 오려면 앞으로 대여섯 시간은 더 기다려야 했다. 나는 일을 손에 잡지 못한 채 시계만 노려보고 있었다. 그러나 채 30분을 못 넘기고 핑계거리를 만들어내었다.

'성아는 별로 기분 나빠하지 않을 거야. 내 마음을 이해할 거야.'

봉투 안에는 편지 한 장과 안내문 한 장이 들어 있었다.

"대통령상 수상자에 선정된 것을 진심으로 축하합니다…… 빌 클린턴."

나는 돋보기를 쓴 사람처럼 한 글자 한 글자 다시 읽었다. 그래도 미심쩍어 동료 직원에게 읽어보라고 편지를 건네줬다.

"야, 재스민 대단한데! 대통령상을 타게 되다니! 축하해요."

여기저기서 동료들이 축하한다면서 악수를 했다. 이번에는 빨리 성아에게 이 소식을 알려주고 싶어 안달이 나서 벽 위의 시계만 노려보고 있었다. 그 순간, 시계 밑에 있는 사무실 문이 열리면서 성아가 들어왔다.

"와 –! 꿈만 같아. 6월 20일부터 25일까지 백악관에 초대한대. 엄마도 같이 갈 거지?"

그러나 나는 그 약속을 못 지켰다. 성아가 대통령상을 타러 갈 무렵 한국은 북한 핵 문제로 비상사태에 걸려 있었다. 나는 한국말이 유창한 덕분에 한국에 파견 나가는 처지가 되었다. 사정을 설명하고 딸과 함께 백악관에 가도록 며칠 휴가를 신청했지만, 대답은 나흘 휴가밖에 못 주겠다는 것이었다. 갔다왔다하다 보면 나흘은 지나가는데, 4천 달러의 경비를 쓰면서 갔다오기엔 너무 아까웠다.

'아무리 돈이 들어도 같이 갔어야 했는데……'

성아가 상을 타던 날, 4천 달러 때문에 백악관행을 포기했다고 생각하니 내가 멍텅구리 같았다. 캄캄한 밤하늘을 쳐다보며, 클린턴이 성아에게 메달을 걸어주는 장면을 상상했다. 살다 보니 꿈보다 더 멋진 현실도 있구나, 라고 스스로를 위로하며 눈물을 삼켰다.

가시나, 다 컸다

그때 성아는 **완벽**하다고 믿어왔던 엄마가
때로는 **실수**도 하고, 눈물도 흘리고 한없이 약해지기도 하는
인간임을 깨달아가는 시기였다.

1992년 11월. 성아를 데리고 일본의 니가타 공항으로 갔다. 그곳에서 러시아의 하바로프스크행 비행기를 타기로 되어 있었다.

탑승 수속을 끝내고 승객 대기실로 갔다. 백인보다 동양인이 더 많은 것 같았다. 몇 명의 동양인들이 앉아 있는 자리에서 한국말이 들렸다. 공연히 반가웠다. 성아도 같은 느낌이었는지, 앞서 걸어가더니 그들의 옆의자에 자리잡았다.

안경을 끼고 점퍼를 입은 오십대의 털털한 남자가 같은 연배의 여자 두 사람에게 얘기를 하고 있었다. 그 남자는 전에 러시아에 갔을 때의 일을 모험담처럼 터뜨리고 있었다.

"그때도 위험했지만 요즘은 더하대요."

나도 익히 들은 얘기들이었다. 러시아는 공산 체제가 무너져 무법 천

지로 치닫고 있었다. 러시아에 꼭 가보고 싶었지만 하필 그럴 때 가는 것이 마음에 걸려 불안하기도 했다.

우리는 하바로프스크에서 이틀 밤을 보낸 후 블라디보스토크를 향해 출발했다. 오리엔탈 익스프레스는 아니었지만 침대차를 타보고 싶었다. 기차는 밤에 출발해서 새벽에 도착할 예정이었다. 작은 상자 같은 공간에 이층침대와 세면대가 있었다.

하바로프스크역을 떠나 조금 달리니 불빛 하나 없는 황량한 대지를 희뿌옇게 반사된 눈빛이 비추고 있었다. 기차는 한밤을 통과해 가고 있었다. 어느 소설에서 본 장면 같은 기분이 들었다. 마치 내가 안나 카레리나나 닥터 지바고의 주인공이나 된 듯 이방의 경치에 마음을 빼앗겼다.

그러나 인간적인 한계는 어쩔 수 없는 모양이었다. 분위기를 잡고 싶었지만 짐을 정리하고 누우니 배가 출출했다.

"얘, 성아야. 배고프지 않니?"

"응, 나도 배가 좀 고프긴 한데. 내가 차장한테 가서 물어볼게."

성아가 위쪽 침대에서 잽싸게 내려왔다.

"같이 가자. 너 혼자 가지 말고."

"에이, 엄마는 무슨 일이 있다고. 올라오다 보니까 우리 방 다음다음이 차장 방이던데……."

성아는 장난스럽게 주먹을 몇 번 뻗어 보이며 영어-러시아어 회화책을 들고 방을 나갔다.

"차장이 갖다준대."

잠시 후 성아가 씩씩하게 돌아왔다. 아무렇지도 않은 척 말하는 성아의 얼굴에 좀 우쭐한 기색이 비쳤다. 일본을 떠나기 전에 성아가 한 말이 생각나 피식 웃음이 나왔다.

"러시아에 가면 내가 엄마를 보호해줄게. 누구든지 엄마를 괴롭히는 사람은 가만 안둘 거야."

성아는 연방 태권도 폼을 잡아가며 까불어댔다.

사실 성아와 여행을 다니면 여간 든든한 것이 아니다. 성아는 이미 나보다 키도 크고 힘도 셌다. 같이 여행을 다닐 땐 낑낑거리면서 무거운 짐은 자기가 다 들고 내겐 가벼운 것만 들게 했다.

영어나 일본어도 나보다 나아서 이런저런 수속도 혼자 맡아했다. 나를 마치 '할머니'처럼 의자에 앉혀놓고 꼼짝말고 짐만 지키고 있으라고 한 뒤 혼자서 이리저리 뛰어다녔다. 노약자 대접을 받기에는 내가 너무 젊고 에너지가 넘친다고 항의를 하지만, 속으론 뿌듯하고 미더운 데가 있었다.

정확하게 언제부터였는지 모르지만 성아는 내 보호자를 자청했다. 사춘기를 지나 키가 나보다 커지면서부터였던 것 같다. 아주 사소한 일에서부터 엄마를 챙기려 들었다. 처음에는 보호자로서가 아니라 할머니나, 이모 등 언제나 누군가가 나를 옆에서 챙겨주었기 때문에 당연히 자신도 그렇게 해야 하는 것으로 받아들이는 눈치였다.

그러다 둘이 살게 되면서부터 엄마가 자신을 위해 밥도 하고 빨래도 해주자 일종의 보답 심리가 생긴 것 같았다. 언제나 바쁘고 할 일이 많은 내가 자신에게 일일이 신경을 써주는 것이 고마웠던 것이다. 사실 자질구레한 뒤치다꺼리들이야 한국의 엄마들이 해주는 것의 반의 반도 못해주지만 내가 워낙 시간에 쫓기며 살다 보니 그 정도에도 감동하는 것이었다.

그리고 그때 성아는 완벽하다고 믿어왔던 엄마가 때로는 실수도 하고, 눈물도 흘리고 한없이 약해지기도 하는 인간임을 깨달아가는 시기였다. 나를 이해해가면서 나를 보호해주어야 한다는 생각이 들었던 모양이다.

이제는 나도 성아가 내 보호자 같다는 기분이 든다. 지금까지 부모님과 명규 그리고 어린 성아의 보호자로서 혼자 이리 뛰고 저리 뛰고 했던 것에 대한 보상을 받는 것 같다.

'어느새 성아가 저렇게 컸구나……'

누군가로부터 보호를 받는다는 게 이렇게 푸근한 것이로구나, 하고 감회에 빠져 있는데, 누가 문을 두드렸다.

키도 크고 덩치도 큰 러시아 여자 차장이었다. 검정색 유니폼을 입은 그녀의 손에는 저녁 식사가 든 쟁반이 들려 있었다. 성아가 차장에게 회화책을 보며 뭐라고 뭐라고 러시아말을 중얼거렸다. 성아의 러시아말이 어색하지 않고 그럴 듯하게 들렸다. 두 사람은 깔깔거리면서 한참 동안 대화를 주고받았다.

그사이 나는 저녁을 먹기 시작했다. 빵에 버터를 바르고 소시지에 겨자 소스와 케첩을 곁들인 식사는 둘이 먹다 하나가 죽어도 모를 정도로 맛있었다.

"블라디보스토크에 도착하기 한 30분 전쯤에 깨워주니까 걱정 말고 자래."

차장이 나가자 성아가 식은 저녁을 펼치며 나를 안심시켰다.

"그런데 무슨 말을 그렇게 오래 했니?"

"응, 미국, 한국, 일본 기차에 대해서 궁금한가 봐. 그리고 러시아에서 여행할 때는 좋은 호텔에 들더라도 항상 조심하래. 그런 얘기지 뭐."

맛있게 저녁을 먹는 성아를 보며 공연히 가슴이 뿌듯해졌다.

'가시나, 다 컸다.'

덜렁이, 조성아

약점은 그만큼 극복하기 어려운
모양이었다. 성아에게 한 유일한 잔소리가 있다면,
"제발 찬찬히 준비 좀 하고 다녀라."일 것이다.

성아는 건망증이 심한 편이다. 불행하게도 이 점은 나를 닮았기 때문에 나는 할 말이 없다. 성아는 할 일이라든가 준비할 것도 자주 잊어버렸다. 학교 갈 때 꼭 가져가야 할 것도 자주 깜빡했고, 반면에 학교에서 집으로 가져와야 할 것도 잊어버리고 왔다. 벨몬트에서도 마찬가지였다.

어느 날, 학교에서 공부를 하다가 저녁 8시쯤에 집으로 돌아왔다. 겨울이었기 때문에 밖은 이미 깜깜했다. 얼마 전에 내린 눈이 길 군데군데에 얼어 있었다. 우리 아파트는 다행히 버스 정류장 바로 앞에 있었다. 버스에서도 우리 아파트 창에 불이 켜진 것이 보였다. 집에서 공부를 하며 나를 기다리고 있을 성아 생각에 마음이 훈훈했다.

"성아야, 엄마 왔다."

열쇠로 문을 따며 큰소리로 내 도착을 알렸다. 그런데 아무 대답이 없었다.

'혹시 잠이 들었나?'

성아 방에 가봤지만, 방은 비어 있었다. 어디 쪽지라도 있나 두리번거렸지만 눈에 띄지 않았다.

'아니, 불은 있는 대로 켜놓고 추운데 어디를 간 거야?'

늙은이처럼 툴툴거리면서 컵라면이라도 먹으려고 스토브에 물을 올리고 불을 켰다.

"아, 마마. 모우 키테따노(아, 엄마. 벌써 오셨어요)?"

성아가 문을 열고 들어오며 일본말로 짧게 인사했다. 내게 가볍게 포옹을 하는 성아의 몸에서 차가운 바깥 기운이 느껴졌다.

"어디 갔다오니? 불은 있는 대로 다 켜놓고?"

"응, 그게 있잖아요. 내일까지 수학 숙제를 해가야 하는데 수학책을 학교에다 두고온 거 있죠. 그래서 학교에 좀 갔다오느라고……."

자기의 '멍텅구리' 같은 실수를 엄마에게 들키고 만 것이 창피한지 멋쩍게 웃는다. 성아는 늘 엄마한테 인정받기를 바랐다. 그래서 될 수 있으면 엄마 앞에서 실수를 안 하려고 노력했다. 오늘 같은 경우도 몰래 슬쩍 다녀오고 싶었을 것이다.

나는 이 밤중에 혼자서 아무도 없는 학교에 갔던 사실이 걱정되었다.

"좀 일찍 갔다오지 왜 이 밤중에 갔니? 위험하잖아. 학교에 아무도 없지 않니?"

"아까는 다른 숙제 하느라고 수학책 안 가지고 온 걸 조금 전에 알았어요. 그리고 학교에 청소하는 사람이 있어서 괜찮아요."

성아는 엄마는 별 걱정 다한다는 듯 흥흥 웃으며 대수롭지 않게 대답했다.

"청소하는 사람도 남잔데 한밤중에 여자아이 혼자 학교에 가면 곤란하잖아. '견물생심'이라고, 착한 사람도 기회를 보면 엉뚱하게 유혹을 느낄 수가 있거든."

"에이~ 설마~."

"설마가 아니야, 이 녀석아. 도둑질하는 사람도 나쁘지만 욕심이 생기게끔 돈이나 보석을 보호 없이 내놓는 주인에게도 잘못은 있잖아. 강간당하는 사람 중에 당한 사람이 바보 같은 짓을 한 경우도 많이 있거든. 될 수 있는 한 그런 범죄의 기회를 스스로 만들어주는 건 피해야지."

단순히 책을 가지러 학교에 갔다온 것뿐인데 엄마의 뜻하지 않은 설교에 당황하는 표정이었다.

"그래도 숙제를 안 할 수는 없고……."

애매한 변명을 살그머니 내밀며 내 눈치를 보았다.

"숙제를 꼭 하려는 건 옳은 태도야. 그래도 조금만 기다려서 엄마와 같이 갔으면 됐을 것 아냐. 귀신 무서워하는 녀석이 호숫가를 혼자 걸으면서 겁도 안 나디?"

더 이상 추궁을 당할 것 같지는 않자 좀 안심한 듯 성아는 자신의 무용담을 늘어놓았다.

"무서워서 막 뛰어갔지 뭐. 학교에 갔더니 문이 잠겨 있잖아요. 건물 주변을 돌아다니면서 문을 다 열어봤는데 다 잠겨 있었어요. 걱정이 되니까 무서운 것도 다 잊어버리게 되더라구요. 그때 건물 안에서 청소기 소리 같은 게 들리데요. 그래서 문을 쾅쾅쾅쾅 두드리며 문 좀 열어달라고 소리를 질렀죠. 조금 있으니까 흑인 아저씨가 내가 서 있는 문 쪽으로 걸어와서 문을 열어주더라구요. 수학책을 잊고 가서 가지러 왔다고 했더니 그 사람이 머리를 설레설레 흔들데요. 그 사람이 '전에도 맨날 뭘 잊어버리고 다니던 학생이 있어서 거의 매일 밤 가지러 왔었는데 설마 넌 그렇진 않겠지?' 하면서 빨리 가지고 나오라고 했어요."

성아 얘기를 듣고 있자니 공연히 내 가슴이 두근거렸다. 아무 일 없었던 게 얼마나 다행인가 하는 안도의 한숨이 나왔다.

"앞으론 찬찬히 준비 좀 하고 다녀라, 이 녀석아."

전에 아버지가 하셨던 것처럼 나는 성아의 머리에 꿀밤을 먹여주었다.

제 버릇 개 못 준다고 했던가. 성아는 그 후에도 멍텅구리짓을 자주 했다. 대체로 내가 같이 가서 가지고 오긴 했지만, 내가 없는 경우엔 혼자 가는 것도 불사했다. 하도 자주 가니까 그 흑인 청소부와도 친분이 생겨 그런 대로 안심할 수 있는 것 같았다. 그 청소부가 성아에게도 '잘 잊어버리는 아이'라는 별명을 붙였음은 말할 나위가 없다.

약점은 그만큼 극복하기 어려운 모양이었다. 내가 성아한테 한 유일한 잔소리가 있다면, "제발 찬찬히 준비 좀 하고 다녀라."일 것이다.

멋진 반항아

졸업식이 끝날 무렵 바지를 입은 여학생은
다시 한 번 단상에 올라갔다. 단상에 오를 때
벽돌색 바지는 검은 가운과 묘한 대조를 이루었다.

성아가 고등학교를 졸업할 때 나는 나흘 간의 휴가를 얻어 집에 왔다. 현관문을 열고 들어서자 성아가 다림질을 하다 말고 나를 맞아주었다. 벽돌색 바지와 조끼를 다리는 중이었다. 5년 전쯤 산 옷으로 내가 입다 작아서 성아한테 준 것이었다.

"엄마, 글쎄, 학교에서 졸업식 때 여자애들은 치마, 남자애들은 바지를 입으라지 뭐예요."

그래서 한바탕 항의를 한 모양이었다. 그러나 학교 방침이 그렇다며 묵살당했다고 한다.

"요즘 세상에 뭐 그런 방침이 다 있어. 교장 선생님하고 훈육주임이 그렇게 방침을 세웠대나봐. 선생님들도 웃기는 방침이라고 하지만 아무튼 방침이라서 어쩔 수 없대."

지금이 때가 어느 땐데 학교에서 이런 옷을 입으라 저런 옷을 입으라고 학생들 의사도 안 물어보고 방침을 정할 수 있는 건지 이해가 안 간다며 성아는 연신 투덜거렸다. 그러는 사이 다림질이 다 끝나 있었다.

"너 설마 그 옷 입고 가려고 다린 건 아니겠지?"

"글쎄 그건 모르지요, 엄마!"

짓궂은 미소를 띠는 것으로 보아 아마 뭔가 꿍꿍이속이 있는 것 같았다.

"학교 방침이라는데 따르는 게 좋지 않겠니. 그 학교 영원히 다닐 것도 아니고 마지막인데……"

성아는 그 기상천외한 방침 때문에 여학생들이 흥분을 해서 난리가 났다고 묻지도 않은 학교 분위기를 전해주었다.

"로버트는 치마를 입을 거래."

옷걸이에 다림질한 옷과 졸업 가운을 걸어놓으며 성아가 웃음을 참지 못하겠다는 듯 말했다.

"그 방침에 여자애들만 흥분한 건 아닌 모양이구나."

나는 내일 재미있는 일이 벌어지겠구나, 라고 잔뜩 기대를 했다.

졸업식은 학교 체육관에서 열렸다. 나는 가족석으로 마련된 스탠드 중간쯤에 자리를 잡았다. 졸업생들이 한 사람 한 사람 장미 한 송이씩을 들고 검정 가운에 사각모를 쓰고 입장하기 시작했다. 졸업생이 모두 입장하자 성아가 앞으로 나가 팔을 들었다 내리며 아이들을 자리에 앉혔다. 검정 가운 아래로 낯익은 바지가 보였다.

아이들이 입장할 때 유독 성아만 눈에 띄었다. 알파벳 순으로 입장을 했기 때문에 누가 누구인지는 모르지만 머리 긴 여학생이 바지를 입은 것은 성아뿐이었기 때문이다.

그날 졸업식은 성아를 위해 마련된 자리 같았다. 졸업생 대표로 성아가 연설을 했다. 성아는 고3 때 전교 학생회장인 동시에 전교 1등이었다. 학교 역사상 처음으로 250만 미국 고등학교 졸업생들 중에 141명에 뽑혀 미국 대통령상을 타서 학교를 빛낸 영웅이기도 했다. 더욱이 교장 선생님 연설이 끝나자 장학금 수혜자 명단이 발표되었는데, 성아가 그 부문에서도 1등이었다.

졸업생들이 입장하면서 가지고 온 장미를 학부형들에게 전달하는 순서가 되었다. 모든 졸업생들이 일제히 흩어져 스탠드로 올라왔다. 특별 게스트로 초대된 먼데일 주일 대사를 포함한 모든 사람들의 시선이 바지를 입은 여학생한테 쏠렸다. 주변의 시선을 느끼며 나는 괜히 으쓱해졌다.

졸업식이 끝날 무렵 바지를 입은 여학생은 다시 한 번 단상에 올라갔다. 이번에는 아이들을 모두 일으켜 세워야 했기 때문이었다. 단상에 오르락내리락할 때마다 그 벽돌색 바지는 검은 가운과 묘한 대조를 이루었다.

"재스민, 해냈어!" "재스민, 최고야!" "역시 재스민이야!"

졸업식이 끝난 뒤 리셉션이 벌어진 커뮤니티홀에서 성아는 또 한 번 스타가 되었다. 학교 방침에 반발을 느껴온 선생님들은 성아한테 엄지를 들어 보이며 그의 용기에 치하를 보냈다. 성아가 지나갈 때마다 휘파람소리가 도처에서 들렸다.

'그럼, 누구 딸인데……'

나 역시 성아의 행동에 통쾌함을 느꼈다.

성아가 친구들과 인사를 나누고 있는데, 훈육주임과 교장 선생님이 축하 인사를 건넸다. 그 순간, 나는 속으로 좀 미안했다. 특히 훈육주임은 그동안 성아를 전폭적으로 지지해주었던 사람 중의 한 사람이기 때문이다.

'가시나 미안하게스리……'

훈육주임을 보는 순간, 나는 '좋은 게 좋다'는 한국식 사고를 가진 엄마가 되었다.

성아는 학교 방침에 반발했지만, 교장선생님 이하 아무도 그를 야단치거나 처벌할 수 없었다. 다들 식전에 그 사실을 알았지만, 학교를 빛낸 인물한테 싫은 소리를 할 수도 없는 노릇이었다.

성아는 이것을 계산했던 모양이다. 항의를 했지만 묵살당하자 잠잠히 있었던 것도 바로 이 때문이었다. 아무리 옳다 그르다 항의를 한들 먹히지 않을 것 같으니까 졸업식을 기약한 것이었다. 사실, 그날 멋진 반항아는 한 명 더 있었다. 로버트도 치마를 입었다. 애석하게도 로버트는 눈에 잘 띄지 않아서 영향력을 발휘하지 못했을 뿐이다.

나는 '멋진 반항아'라는 말을 좋아한다. 멋진 반항아는 자신의 반항심을 죽이지 않는다. 그러나 받아들일 수 없는 일에 시도때도 없이 무조건 반발하지는 않는다. 멋진 반항아는 자기의 뜻이 옳다고 판단되면 그것을 관철시킬 목표를 세운다. 그리고 그 목표를 달성하기 위해 계획을 세우고 강한 인내로 이루어 나간다. 그때그때의 상황을 잘 파악해서 승산이 없다고 생각되면 어떤 굴욕도 감수한다. 성공적으로 뜻을 이루기 위해 훗날을 기약하며 칼을 갈듯 진정한 실력을 키우는 것이다.

내가 자주 하는 말이지만 '실력이 있는 자는 어디서든 리더가 될 수 있다. 다만 존대말을 잊지 않는다면.' 여기서의 존대말은 올바른 성격과 태도를 말한다. 성격과 태도가 틀려먹은 사람은 아무도 환영하지 않는다. 그러나 올바른 성격과 태도에 실력을 가진 자는 자기의 목표를 달성하기가 수월하다. 이렇게 긴 안목으로 뜻을 세우고 기어이 성취를 해내는 자가 바로 내가 말하는 '멋진 반항아'이다.

하버드에 떨어지다

"어쩌면 하느님은 나를 더 크게 쓰실
계획이 있으신 것 같아요. 좀더 겸손한
마음으로 더 열심히 할 거예요."

1995년 봄. 군대 일로 규슈에 출장 중이었다. 저녁을 먹고 혼자 집에 있을 성아에게 별일 없나 싶어 전화를 했다. 대학 입학 원서를 내놓은 상태라 그 결과가 궁금하기도 했다.

"헬로."

"하이, 재스민짱. 별일 없어?"

"별일이 있었어요."

가슴이 철렁했다. 장난을 친다고 생각하기엔 목소리가 너무 차분했다.

"무슨 일인데?"

"나, 하버드 떨어졌어요."

"……."

믿어지지가 않았다.

'어떻게 성아가 하버드를 떨어져? 훨씬 못한 나도 석사, 박사 다 됐는데! 모두들 성아는 틀림없다고 했는데…….'

"엄마, 괜찮으세요?"

아무 말이 없자 성아는 내가 기절이라도 했다고 생각했는지 모른다.

"아니, 어떻게 그럴 수가……."

갑자기 장님이 된 듯 앞이 캄캄해져 말을 이을 수가 없었다.

"……."

이번에는 성아가 잠자코 있었다. 흐트러질 것 같은 자기 감정을 잡으려 안간힘을 쓰는 것 같았다.

"미안하다, 성아야. 이럴 때 옆에 있어 주지도 못하고……."

성아가 얼마나 자기 감정을 자제하려 애쓰는지 알면서도 나는 눈치 없이 기어이 눈물을 쏟고 말았다. 그 좌절의 고통을 아무도 없는 빈집에서 혼자 삭여야 했다고 생각하니 마음이 쓰라렸다.

"세상에, 얼마나 실망이 컸겠니……. 미안하다. 왜 이럴 때 하필 엄마는……."

나는 북받치는 감정을 주체하지 못해 훌쩍거리기 시작했다. 잠잠히 듣고 있던 성아가 말을 이었다.

"사실 처음에는 나도 무척 힘들었어. 하늘이 무너지는 것 같았고."

"……."

"그래도 어느새 나는 '이것이 하느님의 뜻이구나'라고 믿게 되었어요. 또 그렇게 생각하니까 이젠 마음이 편안해요. 내가 뭐든지 잘되고 있어 모든 것을 시시하게 보기 시작하는 건방이 들었거든요. 그런 나를 보고 하느님이 걱정이 되셨던 것 같아요. 어쩌면 하느님은 나를 더 크게 쓰실 계획이 있으신 것 같아요. 내가 나중에 그 일을 망칠까 봐 늦기 전에 내게 올바른 정신 상태를 가르치려고 그러셨다는 생각이 들어요. 이제부터는 좀더 겸손한 마음으로 더 열심히 할 거예요."

차분한 딸의 말을 듣고 엄마인 내가 오히려 울음을 터뜨려버리고 말았다.

'그 철부지 꼬맹이가 어느새 저렇게 자랐구나.'

약한 모습을 보여준 자신이 부끄러웠다. 한편, 진심으로 하느님을 믿을 수 있는 딸이 부럽기도 했다. 나는 무엇이든 잘 따지는 성격의 소유자다. 그리고 마음대로 나쁜 생각을 할 수도 있다는 '자유'가 좋아서 쉽게 하느님을 받아들이지 못하고 있었다. 그런 나도 그때만은 진심으로 성아의 하느님께 두 손 모아 감사기도를 드렸다.

나는 기회가 있을 때마다 성아에게 '물 반 잔의 비유'를 들려주곤 했다. 아직도 남아 있는 반 잔의 물이 있으므로 희망을 잃지 말라는 뜻이었다. 어느새 그 이치가 성아의 생각에도 뿌리내리고 있는 것 같았다.

성아는 하버드에 떨어진 '불행'을 자신의 희망의 재료로 활용한 것이다. 그를 통해 성아는 더 큰 겸손을 배웠다.

성아의 '불행'은 나에게도 적지 않은 영향을 미쳤다. 그 일이 없었다면 나는 틀림없이 아직도 군에 남아 있었으리라 생각한다. 어려운 역경을 하나하나 해결해가며 이루어온 나의 성취는 어느새 나 자신을 건방진 사람으로 만들고 있었다. 어떤 도전이든 그것이 아주 힘든 것이 아니면 별로 매력을 느끼지 못할 정도로 변해 있었다.

하버드는 점점 내게 시시한 도전으로 비치기 시작했다. 하버드와 군의 갈림길에서 나는 성아의 말을 몇 번이고 마음 속에서 되뇌었다.

'내가 뭐든지 잘되고 있어 모든 것을 시시하게 보기 시작하는 건방이 들었거든요…….'

'암행어사'의 꿈을 이루기 위해서는 나 자신은 물론, 다른 사람들을 설득시켜야 하는 중대한 과제가 있었다. 다른 사람들을 설득하는 데는 미군 장교보다는 하버드 박사의 말이 더 잘 먹혀 들어갈 가능성이 크다는 결론을 얻었다. 1997년 1월. 나는 20년의 군 생활을 접고 하버드로 돌아왔다.

나는 나의 처음의 목표를 다시 한 번 쳐다보았다.

5_부

너는
   내 희망의 첫 번째 증거였다

나는 이제 유장한 강물이 되어, 성아는 새로운 물결이 되어
함께 흐르며 작은 행복들을 나누곤 했다.
성아는 내가 평생을 두고 오른 봉우리에서
출발을 하는 것이나 마찬가지였다.
나보다 몇 배는 더한 인생의 도전을 펼쳐가야 했다.
나는 그애가 자신의 목표로 정한 바다로 갈 때까지
감싸주며 같이 흘러가야 함을 느꼈다.

ROTC 필드 트레이닝에서. 왼쪽 끝이 성아

성아의 하버드 졸업식

실력을 쌓으며 때를 기다려라

1등이 왜 좋은가? 바로 이런 보너스가
주어지기 때문이다. 그 해 여름 우리는
1등이 주는 보너스를 만끽했다.

성아는 조지타운대학에 입학하자마자 내 부담을 줄여주려고 미국 정부로부터 몇천 달러를 융자받았다. 그리고 없는 시간을 쪼개 두 군데의 아르바이트를 했다. 하나는 학교 기숙사 출입구에서 신분증 검사를 하는 것이고, 다른 하나는 치과 접수원이었다.

이듬해 여름 방학엔 어떤 아르바이트를 할까 고심하던 중 학교 게시판에서 '남부 화운데이숀' 모집 광고를 보게 되었다. 여름 방학 동안 일본 회사에서 아르바이트할 학생들을 모집하는 광고였다. 왕복 비행기표와 숙식을 제공해주고 월급은 1천 달러 정도였다. 일정에는 일본을 알리기 위한 여행과 다양한 민속 행사가 포함되어 있었다. 색다른 경험을 할 수 있는 기회가 틀림없었다.

나는 당시 일본에 있었다. 성아는 엄마가 보고 싶기도 했고 일본에서의 생활이 그리워지기도 해서 한번 지원해보기로 했다.

"뭐? 남부 화운데이숀이라구? 얘, 조지타운에서는 어림도 없어. 더구나 1학년으론. 아무튼 거기서 원하는 사람들은 주로 하버드나 예일, 그런 학교 출신들이야. 그 외에는 하늘에 별 따기야. 괜히 시간 낭비하지 말고 다른 데나 알아봐."

조지타운 선배들의 뜨거운 '격려'였다. 성아는 어떻게 해서든 합격해서 코방귀나 핑핑 뀌어대는 선배들의 코를 납작하게 해주고 싶었다. 나름대로 서류 수속을 알아보고 교수님들의 추천서도 받았다. 좀더 준비를 철저히 하기 위해 코오꼬의 조언과 추천장을 받으려고 일본으로 전화를 했다.

"재스민, 남부 화운데이숀에 원서를 낸다구? 참 재미있네. 거긴 내가 지금의 이사장과 같이 설립한 곳이거든. 재스민을 추천하지 않으면 누구를 추천하겠어. 이사장한테도 전화를 해놓을 테니 걱정하지 말고 원서를 내."

놀람을 금치 못하는 선배들을 뒤로 하고 성아는 이듬해 여름 일본으로 건너왔다. 오사카에 있는 아프리카라는 아이들 유모차와 장난감을 생산하는 회사에 다니게 되었다. 사무실에서 전화도 받고 심부름도 하고 또 영어로 편지도 썼다. 편지의 상대는 미국 국회의원도 있었고 카터 전 미국대통령 부인도 있었다.

"엄마, 좀 실망이야. 사람들이 아주 친절한 건 좋은데 편지 쓰는 일 외에는 별로 중요한 일은 안 맡겨. 두어 달 왔다간다고 별로 기대도 안 하는 거 있죠. 그리고 '너 같은 애숭이가 뭘 할 수 있겠니?' 하고 생각하는 것 같아요. 내가 '일 좀 도와드릴까요?' 하고 물으면 대부분 '아, 재스민, 걱정 말고 쉬어요. 그냥 재미있게 놀다 가요' 하잖아요. 난 일본 회사 경영에 대해 배우고 경험을 쌓고 싶은데 이 사람들은 내가 일본에 그냥 놀러온 줄 아나봐요. 시간이 아까워 죽겠어. 따분하기도 하고."

기대가 컸던 만큼 실망도 컸다. 투덜대는 소리를 한참이나 하다가 전화를 뚝 끊어버렸다.

그런데 얼마 뒤 밤늦은 시간에 또 전화가 왔다. 이번에도 투덜거리는 소리나 들어야 하나, 하고 맥없이 수화기를 들었는데, 성아의 목소리가 너무나 기운차 있었다.

"엄마 엄마, 오늘 무슨 일이 있었는지 아세요? 한번 맞혀봐요."

"애인 생겼지?"

"에이, 엄마는. 그런 시시한 것 말고."

"시시하기는? 전에 누가 그랬더라? 좋아하는 남자 때문에 잠도 제대로 못 자고 들떠 있던 걸 들은 것 같은데."

"그때는 어릴 때잖아. 아니, 진짜로."

성아는 빨리 말을 하고 싶어 죽겠다는 듯 마구 보채고 있었다.

"글쎄, 진짜로 무슨 일이 있었는데?"

아프리카가 한국에 지점을 세우기로 해서 서울에서 실무진 둘이 찾아온 것이었다. 회의를 하는데 언어 문제가 생겼다. 일본 사람들은 한국 말을 숫제 못하고, 한국 사람 한 명은 일본말을 좀 하긴 하는데, 사업 얘기 하기에는 부족했다고 한다. 다른 한 명은 영어를 할 줄 아는데 일본 사람들은 영어가 한심할 정도로 부족했다. 그래서 미국에 보낼 편지를 쓰던 성아가 불려간 모양이었다. 성아는 저녁까지 거의 온종일 통역을 했더니 입이 아플 정도라고 속사포처럼 쏟아대었다.

"아무튼 내가 회의 전체를 이끌어가는 기분이더라구요. 사장님 이하 모든 사람들이 내 애기에 완전히 귀를 기울이고……."

그 이튿날 밤에도 성아가 신이 나서 전화를 했다.

"오늘부터 전 직원들의 태도가 아주 달라진 거 같았어요. 사장님도 연신 나를 찾으시고 또 사람들 앞에서 막 칭찬을 하시고. 다른 직원들도 내 실력을 인정해주는 태도예요. 중요한 일에도 참여시키려고 하고. 아무튼 무슨 영웅 대접을 받는 기분이더라구요."

'시대가 영웅을 낳는다'고 했던가. 그러나 아무리 '시대'가 와도 실력이 없다면 결코 '영웅'이 될 수 없었으리라. 내가 살면서 깨달은 것 중의 하나는 '실력을 쌓으며 때를 기다려라. 물론 존대말을 잊어서는 안된다'이다. 성아한테 도전을 두려워하지 않는 용기와 한국어, 일본어 실력이 없었다면 기회가 주어졌더라도 빛을 발하지 못했을 것이다.

그 해 여름, 일본에서 조지타운으로 돌아가자 그곳에서는 또 하나의 기쁜 소식이 성아를 기다리고 있었다. 새 학년이 시작된 지 며칠 안 되어 성아가 일본으로 전화를 했다.

"엄마, 좀 참았다 확실해지면 애기하려고 했는데, 그만 입이 근질거려서. 아직 확실하지는 않거든요. 내가 잘못 알아들었을 수도 있고."

"녀석, 또 뭘 가지고 이렇게 뜸을 들이냐? 답답하게."

"그게요, ROTC에서 지금 내가 3급 장학금을 받는데 올해부터는 1급으로 올려준대요. 상급반에서 몇 명이 너무 힘들다고 그만뒀나 봐. 그래서 예산이 좀 남았대요. 내가 1학년 ROTC 생도 중에 1등을 했으니까 나부터 올려준대요."

돈이 손에 쥐어지기까지는 믿을 수 없다고 하면서도, 기대하는 눈치가 역력했다.

"안 돼도 할 수 없지 뭐. 손해보는 건 없잖아. 그런데 1급은 장학금을 얼마나 받는다니?"

"2만 3천 달러!"

의기양양한 목소리가 전화기를 타고 울렸다. 2만 3천 달러라면 지금 받는 것보다 세 배가 넘는 돈으로 1년치 학비를 내고도 남는 금액이었다. 전화를 끊고도 한동안 나는 잠을 이루지 못했다. 기대를 하지 말자고 다짐하면서도 내 가슴은 간절한 기대로 부풀어올랐다. 하루하루 조바심 나는 나날을 보내고 있는데 반가운 전화가 왔다.

"엄마-! 정말이야! 정말로 돈이 왔어!"

덕분에 나는 조지타운에서의 남은 1년과 하버드에서의 2년의 비싼 학비를 걱정하지 않아도 되었다.

1등이 왜 좋은가? 바로 이런 보너스가 주어지기 때문이다. 그 해 여름 우리는 1등이 주는 보너스를 만끽했다.

다시 찾은 기회

성아의 하느님은 성아에게
'자신을 아는 겸손'을 가르치신 후
엄마와 나란히 공부할 기회를 주었다.

내가 하버드로 돌아온 지도 어언 3년 반이 흘렀다. 그동안 내가 이룬 성과는 기대를 훨씬 넘었다. 세계를 이끌어가는 많은 유명인들을 만났고 '줄'도 많이 생겼다. 열심히 그리고 희망차게 살고 있는 내가 예쁘게 보였는지 운명의 여신은 내게 그 외에도 좋은 일을 많이 베풀어주었다.

그 중 하나가 성아가 하버드로 전학온 것이었다. 조지타운대학에서 2년 동안 국제외교를 배운 후였다. 모녀가 나란히 하버드에서 공부를 하고 또 성아가 나의 뒤를 이어 ROTC 장교 훈련을 받다 보니 우리는 곧 유명해졌다. 하버드의 한국학과 신문에 우리 기사가 실리기도 했다.

내가 군 대신 하버드를 택한 것은 운명이었던 것 같다. 그때 내가 하버드로 오지 않았더라면 성아 역시 하버드로 오지 못했을 것이다.

하버드에 온 며칠 후 나는 오랜만에 만난 일레인과 점심을 먹었다.

"왜 성아는 하버드로 안 오고 조지타운으로 갔지?"

성아가 일부러 조지타운을 택한 것으로 아는 눈치였다.

"응, 입학 원서를 냈는데 떨어졌어."

"무슨 말이야. 성아가 떨어진다는 것은 말도 안 돼."

기가 막히다는 듯 일레인은 나이프와 포크를 놓았다.

"전학오라고 해."

"……?"

"전학오라고 하라니까. 그리고 볼라이소 교수님과 보겔 교수님 두 분 다 성아를 잘 알잖아. 그분들한테 추천서도 부탁하고."

하버드의 정식 사무원으로 꽤 오랜 경력이 있는 일레인의 말은 그냥 가볍게 듣고 넘어갈 것이 아니었다. 이런저런 수속과 절차에 대해서는 그들이 훨씬 잘 알기 때문이다. 그렇지만 그녀가 결정권을 가진 것도, 혹은 어떤 '빽'이 있는 것도 아니었다. 성아의 원서가 꼭 받아들여지리란 보장도 없었다.

"글쎄……"

주저하는 내가 답답하다는 듯 일레인이 다시 재촉했다.

"생각해보라구. 하버드에 오는 학생은 이삼천 명이야. 대통령상은 전 고등학교 졸업생들 중 141명이야. 어느 쪽 경쟁이 더 세? 그러니까 성아가 하버드에 안 될 이유가 없잖아. 물론 입학 원서를 냈을 때는 대통령상이 결정되지 않은 상태였으니까 입학 결정에 아무 도움이 안 됐지만 지금은 다르잖아. 그애는 분명히 상을 탔잖아."

그녀의 고집은 끈질기게 나를 다그쳤다.

"네 말도 일리가 있어. 해볼 가치가 있는 것 같아. 성아한테 물어볼게."

그러나 성아에게 연락하기 전에 먼저 나는 볼라이소 교수를 찾았다.

"그 아이는 충분한 자격이 있다고 믿어요. 전학을 의사가 있다면 나도 추천서를 써주지."

나는 좀더 확신이 생겼다. 나의 추진력에 또 한 번 시동을 걸 준비를 단단히 했다.

"어때, 한번 안 해볼래? 일레인이나 볼라이소 교수도 넌 될 거라고 자신만만한데."

"글쎄. 뭐 꼭 그럴 필요가 있을까?"

성아는 불합격 통지를 받았을 때의 좌절이 생각나는지 별로 마음이 내키지 않는 모양이었다.

"한번 잘 생각해봐. 시간이 좀 빠듯하긴 하지만. 엄마도 같이 도울게. 이미 낙방한 경험도 있잖아. 만일 안 된다고 해도 전처럼 그렇게까지 힘들진 않을 것 같은데……."

성아한테는 언젠가 성아를 크게 쓰실 하느님이 있고, 무엇보다 내가 뭔가에 홀린 듯 승승장구하던 군을 버리고 나이 오십에 다시 하버드로 온 것도 성아를 위해 무언가 할 일이 있었기 때문은 아닌가 하는 생각이 든다고 설득했다.

"하여튼 엄마의 운명론은 알아드려야 돼. 생각해볼게요."

성아는 도전을 결심했고, 우리는 바쁘게 움직였다. 성아가 추천서를 받을 수 있도록 나는 백방으로 도왔다. 성아는 나름대로 여러 가지 서류를 마련하느라 바빴다. 드디어 성아는 봄방학 때 보겔 교수를 방문해 추천서를 받았다. 성아의 하느님은 성아에게 '자신을 아는 겸손'을 가르치신 후 엄마와 나란히 공부할 기회를 준 것이다.

엄마의 마음이란 것

자식 앞에서 **노심초사**하는 것. 그것이 엄마의
마음이란 것일까. '사이비' 교회와의 **전쟁**이 끝난 뒤에도
내 가슴은 한동안 울렁거렸다.

1997년 봄, 겨우 성아를 달래 하버드에 전학 원서를 내놓았지만 나는 엄청난 고민에 부딪혔다. 한 '사이비' 종교 단체가 성아를 향해 거미줄 같은 올가미를 쳐놓고 있다는 위기 의식 때문이었다. 거미줄은 성아도 모르는 사이 점점 죄어들 것이었다. 더구나 이 모든 것이 나로 인해 시작되었다는 죄의식과 엄마의 호소에도 그들과의 인연을 끊지 않겠다는 성아의 고집 때문에 나는 한 달 간 거의 잠을 이루지 못했다.

그 종교 단체와의 인연은 내가 몬트레이에서 일본어를 배우던 9년 전부터 시작되었다. 그때 나는 성아를 데리고 버클리대학 국제안보 세미나에 참석했다. 거기서 버클리에 다니던 제인(가명)이라는 한국계 미국 학생을 알게 되었다. 똑똑하면서도 무척 정이 가는 심성이 고운 아이였다. 우리는 곧 친해졌다. 제인은 어느 한국 목사와 전도사 부부에게

사로잡혀 있었다. 그들을 도와 버클리에서 한인 학생들을 대상으로 종교 단체 활동을 펼치고 있었다.

이듬해 내가 하버드에 다니던 어느 날 교정에서 우연히 제인을 만났다. 버클리에서 2년을 보낸 뒤 하버드로 전학왔다고 했다. 제인은 성아가 하버드에 입학하기를 원한다는 것을 알고 성아의 가정교사를 자청했다. 그러던 어느 일요일, 우리는 제인을 따라 교회에 가게 되었다. 제인이 하버드로 전학오자 그 교회의 중심지는 버클리에서 하버드로 옮겨와 있었다. 버클리에서 그 교회를 다니던 졸업생들은 직장까지 옮겨와 그 교회를 위해 열성으로 뛰고 있었다.

그들의 포교 대상은 하버드 주변의 우수한 남녀 대학생이었다. 그들에게 합숙소를 마련해주기도 하고 이사를 돕기도 했으며 극심한 경쟁으로 심적 고통을 겪는 학생들을 상담해주기도 했다. 또래의 학생들끼리 미팅을 할 수 있는 기회와 장소를 마련해주기까지 했다. 그러는 사이 학생들은 애초에 자신이 꿈꾸었던 길을 포기하고 종교 활동에만 매달리게 되었으며 친구, 가족들과도 멀어져가는 것 같았다.

"죽 쒀서 개 준다더니……"

그 핵심 멤버들을 보며 나는 그들의 부모의 고통을 알 것 같았다. 나는 성아가 그들과 가까워지는 것이 염려스러웠지만, 어떻게 설명을 해야 할지 몰랐다. 다행히 일본에서 성아와 함께 3년 간 사는 동안 그 교회에 대한 염려는 아련히 잊혀져갔다. 성아가 하버드에 입학 원서를 냈을 때는 그 교회가 하버드의 많은 한국 학생들에게 깊숙이 관여하고 있다는 사실을 까맣게 잊고 있었다.

입학 원서를 내기 며칠 전 봄방학 동안 성아는 하버드에 다니러 왔다가 과학관 앞 분수대에서 제인과 남편, 그리고 갓난 딸을 만나게 되었다.

"엄마, 일요일날 무슨 약속 없죠?"

성아와 함께 좀더 많은 시간을 갖고 싶었던 나는 속이 좀 상했다. 그렇지만 교회에 가겠다는 아이를 못 가게 막는 속 좁은 어미로 보이지 않으려고 짜증을 삼켰다.

"응, 그래."

일요일날 교회에 다녀온 성아는 온통 교회 이야기뿐이었다.

"조심하셔야 해요. 어린 학생들은 공부가 너무 힘들다 보니 마음이 약해져서 쉽게 설득당할 우려가 있거든요. 사이비 집단에 한번 말려들면 빠져 나오기 힘듭니다."

주변에서 만나는 사람들마다 나의 우려를 더욱 부채질하는 말들만 하는 통에 밥맛조차 잃을 지경이었다.

'성아에게 털어놓자. 그 아이에게 그들이 사이비 집단인 것 같다는 걸 알리고 그들을 멀리 하도록 부탁하자. 성아는 이 엄마의 마음을 헤아려주고 올바른 선택을 할 거야. 길은 그것뿐이다'라고 마음을 먹으니 용기가 솟았다. 그러다가도 '성아가 만약 내 뜻을 따르지 않는다면'이라는 데 생각이 미치면 공포와 함께 눈물이 쏟아졌다.

밤새도록 몇 번이고 나락에 떨어지는 공포를 체험하면서 그래도 성아에게 말이나 해봐야 되겠다는 생각에 아침 일찍 전화를 걸었다.

"어제 어떤 목사님과 장로님들에게 들었는데, 다들 제인네 교회가 사이비 집단이라고 말하는구나."

"……"

이런 말을 하는 내가 질투에 사로잡힌 초라한 몰골로 느껴져 마음이 괴로웠다.

"그래서 네가 하버드에 오게 되더라도…… 제인이나 그 교회 사람들을 멀리 했으면 해서. 그런 사람들과 가까이 하면 잘못 물들기 쉽다고 조심해야 한대. 완전히 신세를 망칠 수도 있다거든."

"……어떻게 그 사람들을 멀리해요? 제인은 나한테는 친언니 이상으로 잘해주는데 나도 의리가 있지."

마치 높은 벽을 마주하는 듯 가슴이 답답하고 눈물이 왈칵 쏟아졌다. 더 이상 아무 말도 이을 수가 없었다. 한 번도 내 말을 거역해본 적이 없는 성아였지만, 이 문제에 대해서는 "생각해볼게요."라고 대답했다. 무엇보다 중요한 고비에서 선뜻 내 말을 들을 기색이 전혀 없었다.

나는 만사 의욕을 잃었다. 공부도 운동도 식사도 잠자는 것도 달갑지 않았다. 성아를 빼앗아가려는 그 교회가 저주스럽고, 그런 사이비 단체로 우리를 끌어들인 제인이 밉고, 엄마의 호소를 외면하는 성아가 원망스러웠다. 배신감과 외로움이 내 심신을 난도질하고 있었다.

어떻게 하면 성아를 그 교회 사람들로부터 격리시킬 수 있을까. 그 교회를 하버드 근처에서 몰아낼 방법은 없을까. 그런 나의 막다른 행동이 오히려 성아를 자극시키는 결과를 초래하지는 않을까.

오만 가지 생각들이 머리를 스쳐갔지만 어느 하나 명쾌한 답이 나오지 않았다.

나는 인간은 누구나 어떤 믿음을 가지면 삶이 수월해진다고 역설해 왔다. 믿음 그 자체는 경우에 따라 엄청난 힘을 발휘할 수 있다. 하지만 나는 이 순간 '믿음'이라는 엄청난 힘과 전쟁을 하고 있다고 해도 과언이 아니었다. 하늘을 움켜쥘 듯한 무서운 파도 앞에 선 나는 마치 종이배 같은 무력감을 느꼈다.

제인을 찾아가 성아를 가만히 두라고 호소도 하고 위협도 해보았지만 '그 누구도 성아의 길을 우길 권리가 없다'는 싸늘한 답만 들었다. 옳은 말이다. 궁극적으로 선택은 성아가 해야 한다. 그런데도 제인의 말은 비수처럼 내 가슴에 꽂혔다. 성아의 선택은 우리 모녀의 인연을 끊어버리는 계기가 될지도 모른다는 두려움이 내 숨통을 틀어막는 것 같았다.

'그래, 하버드를 떠나는 거야.'

나는 비겁자였다. 이 일을 감당할 자신이 없는 나는 도피의 길을 찾고 있었다. 사랑하는 딸이 그런 수렁에 빠지는 것을 그냥 바라보고 있을 자신이 없었다. 박사학위고 뭐고 다 포기하고 어디로든 사라지기로 했다. 결심은 섰지만, 그래도 성아에게 한 번 더 호소해보고 싶었다. 그러나 안타깝게도 한동안 성아에게 연락할 수가 없었다. 성아는 공수 훈련차 조지아주 포트 베닝에 가 있었다.

'하버드에만 안 간다면 성아는 의리를 걱정할 필요도 없지 않은가. 그들과 계속되는 접촉만 없다면 성아가 사이비 단체에 빠져들 우려도 없을 것이다.'

나는 차라리 성아가 하버드에 떨어지기를 바라는 비겁한 심정이 되었다. 그러나 성아는 엄청난 경쟁을 뚫고 합격했다. 나의 헛된 기대가 와르르 무너지는 순간이었다.

"엄마 별일 없으시죠?"

성아의 밝은 목소리가 전화선을 타고 울려왔다. 반가움보다 두려움이 앞서 온몸이 사시나무 떨듯 와들거렸다.

"엄마, 듣고 계세요? 왜 그러세요? 무슨 일 있어요?"

어떻게 말을 해야 될지 몰라 한동안 잠자코 있었다.

"엄마, 아직도 그 교회 걱정하고 계세요? 그렇다면 걱정 안 하셔도 돼요."

두 눈이 번쩍 뜨였다.

"엄마가 그 전에 걱정을 많이 하길래 나도 혼자서 많이 고민했어요. 제인과 그 교회 전도사님 그리고 많은 언니, 오빠들이 나한테 얼마나 잘해주었는데 그 사람들하고 인연을 끊을 생각을 하니 무척 마음에 걸리더라구요. 그렇다고 엄마가 그렇게 싫다는데도 막무가내로 우길 수도 없고."

마치 홍수가 난 듯 눈물이 쏟아져내렸다.

"엄마, 그런데 정말 웃기는 게 뭔지 아세요? 참 기가 막혀서 말도 안 나와요. 우린 사실 안 해도 되는 고민을 해온 거죠."

"……?"

"나는 엄마가 사이비, 사이비 하는데 그 말뜻을 잘 이해 못한 거였어요. 난 그게 뭐 장로교, 침례교 같은 종파들 중의 하나인 줄 알았잖아요. 그래서 엄마가 내가 교회 가는 것 자체를 반대하나보다 하고 고민을 한 거예요."

물항아리의 밑받침이 빠져버린 것처럼 온몸에서 힘이 쏴르르 빠져나가는 것 같았다.

'아, 나는 얼마나 어리석었는가. 어떻게 그럴 수가. 그런 줄도 모르고 빗나간 추측 때문에 나는 이 세상의 모든 것을 포기할 결심까지 했으니.'

웃음과 눈물이 범벅이 된 얼굴로 나는 성아에게 기쁜 소식을 전해주었다.

"하버드 전학을 축하한다, 성아야."

오랜만에 단잠이 나를 찾아왔다. 성아와 나는 다시 길고 긴 터널을 통과해서 눈부신 들판으로 질주하는 기차처럼 씩씩해졌다.

자식 앞에서 노심초사하는 것, 그것이 엄마의 마음이란 것일까. 사이비 교회와의 전쟁이 끝난 뒤에도 내 가슴은 한동안 울렁거렸다. 그때만큼 대화의 중요성에 대해 절실하게 생각해본 적은 없었던 것 같다. 고민할 가치도 없는 사소한 오해가 이렇듯 엉키고 설키면 풀 수 없는 실타래처럼 보이는 것이다.

난 왜 이 모양일까?

친구들이 아주 똑똑해 보이는 건
네가 그 아이들의 똑똑한 부분만 봤기 때문이야.
그 아이들도 어떤 것은 한심할 정도로 못할걸.

하버드에서 같이 공부한 지 몇 달 안 되었을 때였다. 성아가 시무룩한 얼굴로 내 기숙사에 찾아왔다. 그러고는 침대가 무너질 정도로 털썩 주저앉으며 불쑥 내뱉는다.

"엄마, 나는 어떤 때는 나 자신이 너무 한심하단 생각이 들어."

"무슨 소리야, 갑자기?"

"내 친구들은 나보다 훨씬 훌륭한 것 같아. 나보다 머리도 좋고 마음 씨도 착하고…… 나는 왜 요모양 요꼴이지?"

"……."

읽을 책이 태산 같았지만 나는 읽던 책을 덮어 옆자리에 놓았다.

"내 친구들은 공부도 나보다 훨씬 적게 하는데도 나보다 아는 건 더 많은 것 같아. 그리고 하는 행동을 보면 너무 착한 것 같고. 속도 훨씬 넓어. 그런데 나는 머리도 더 나쁘고 속도 좁아서 누가 조금만 뭐라 해도 그냥 속이 부글부글 끓고……."

나는 한참을 그냥 듣고만 있었다. 하고 싶은 말들을 모두 내뱉고 나자 굳어 있던 딸의 얼굴이 좀 누그러지는 것 같았다.

같이 기숙사를 쓰고 있는 두 명의 친구들이 성아한테 꽤 스트레스를 주는 모양이었다. 방은 둘인데, 셋이서 쓰다 보니 한 사람은 거실을 쓰게 되었다. 그런데 그 친구가 늘 남자친구를 끌어들이는 바람에 기숙사에 들어갈 때마다 껄끄러웠다. 또 한 명은 도대체 청소라는 걸 모르고 살아, 쓰레기가 늘 자신의 방뿐만 아니라 복도에까지 넘쳐나게 했다. 둘다 집을 치우는 데는 신경도 안 쓰는 데다 텔레비전을 크게 틀어놓고 낄낄거리거나 남자친구와 노닥거리며 나름대로 즐겁게 생활하는 것이었다. 더욱 약오르는 사실은, 그러면서도 성적은 나쁘지 않은 데 비해 성아는 죽어라 노력하는데도 성적이 신통치 않다는 것이었다.

성아는 이런 이유로 심한 심리적 압박을 느끼는 것 같았다. 방을 바꿔달라고 하자니 경위서 등을 써야 해서 번거롭고, 또 다른 방에 간들 다른 아이들이 마음에 들란 보장도 없었다. 참고 넘어가기에는 매사 엄격하고 깔끔한 성격이라 속이 부글부글 끓는 데다 왜 다른 사람들은 잘만 살고 있는데 나는 이 모양일까 하는 자괴감까지 들어 더욱 의기소침해진 것이다.

성적에 있어서도 마찬가지였다. 하버드에 온 학생들은 고등학교 때 1등 안 해본 아이가 없을 정도로 다들 치열한 경쟁을 뚫고 들어온 수재들이다. 그러니 웬만큼 노력을 해서는 따라가기만도 벅찼다. 솔직히 성아는 그리 우수한 학생은 아니었다. 중간쯤 하면 잘하는 것이라고 생각할 정도로 나는 별로 기대를 안 했다. 그리고 룸메이트들이 성아가 안

보는 데서 얼마나 노력하는지는 성아도 모르는 일이었다. 나는 조용히 말을 꺼냈다.

"그건 나도 마찬가지야. 나도 주변의 모든 사람들이 무엇이든 나보다 훨씬 많이 아는 것 같아. 어떤 땐 정말 기가 죽어."

성아가 내 베개를 껴안으며 편안하게 벽에 기대 앉았다.

"그리고 사실 나도 가끔 내가 참 못됐다는 생각이 들어 괴롭다."

"엄마같이 마음 착한 사람이 몇이나 된다고 그래요. 엄마는 내가 보기에도 정말 착해."

"그렇게 보이지?"

"그렇게 보이는 게 아니고 사실 그런데 뭐."

"그런데 성아야. 다른 사람들도 성아를 볼 때 그렇게 생각하거든. 성아는 정말 착한 사람이라고."

"그건 그 사람들이 내 속을 다 못 봐서 그래. 내가 얼마나 지독하고 못됐는데. 그리고 얼마나 속이 좁은데."

"그래. 바로 그거야. 그 사람들이 네 속을 못 봐서 네가 정말 착하다고 생각하는 거야. 그렇지만 넌 네 속을 다 볼 수 있으니까 너의 나쁜 점도 다 알 수가 있는 거지. 그러나 네가 그 나쁜 점을 밖으로 내보이지 않으니까 사람들은 겉모습만 보고 너를 판단하게 되는 거야. 네가 착하다고 생각하는 친구들도 마찬가지일걸. 그 아이들도 속에 들어가 보면 아주 못된 점도 많을 거야. 다만 너와 나처럼 밖으로 나타내지 않을 뿐이지."

"그럼 엄마도 이런 나쁜 점을 다 가지고 있어?"

"그거야 당연하지, 나도 인간인데. 나 자신이 무서워지고 미워질 때도 얼마나 많은데. 어쩌면 이렇게 지독하고 못된 사람이 있나 싶을 정도로."

"그래도 엄마는 나보다는 착해. 내가 얼마나 이기주의자인지 알아요? 내가 남들한테 잘 하는 것도 다 알고 보면 나 자신을 위한 거라구요."

"대부분의 사람들이 다 마찬가지야. 아무튼 너 자신을 위해서 한 일이 다른 사람들을 기쁘게 한다면 일거양득이잖아. 그런데 이 세상에는 자기 자신을 위하는 일조차 할 생각도 안 하는 사람들이 얼마나 많은데. 그뿐이야? 일부러 남을 괴롭히는 사람도 얼마나 많은데. 그런 사람들보다는 우리가 착한 거지."

"그럴까?"

마음이 많이 누그러진 모양이었다.

"이 녀석아, 공부도 마찬가지야. 네 친구들이 아주 똑똑해 보이는 건 네가 그 아이들의 똑똑한 부분만 봤기 때문이야. 그 아이들도 어떤 것은 한심할 정도로 못할걸. 머리가 좋고 나쁘고는 타고난다지만 결과가 중요한 거 아니니? 아무튼 그 아이들의 장점과 너의 단점을 비교하는 건 너무 불공평해. 네가 그 아이들의 마음 속과 머리 속을 다 들어가 보기 전에는 정확한 판단을 할 수 없을 테니까 말이야. 그럴 땐 너와 하버드 근처에도 못 오는 아이들을 비교해봐. 학생들 중 몇 퍼센트가 하버드에 올 수 있다고 생각하니?"

"……"

잠시 아무 말이 없던 성아가 침대에서 내려와 내 품안으로 파고들었다. 나보다 훌쩍 키가 커버린 딸의 응석이 내 마음을 푸근하게 했다. 내 가슴에 얼굴을 묻고 있던 성아가 갑자기 킁킁킁 하고 강아지처럼 냄새를 맡았다.

"음 – 엄마 냄새. 이 냄새 맡으면 왠지 마음이 편안해져. 그래서 마음이 울적할 때 엄마가 집에 없으면 혼자 엄마 침대에 누워서 엄마 베개에 얼굴을 묻고 있곤 했었어."

공연히 코가 찡해졌다. 나는 성아의 곱슬머리를 쓰다듬어 내렸다. 향긋한 샴푸 냄새가 다정하게 느껴졌다.

사실 어느 부분에서 나는 성아를 질투한다. 성아가 질투했던 다른 아이들처럼. 나는 책을 읽어도 집중이 잘 안 된다. 반면, 성아는 아무리 시끄러운 데서도 몰입할 수 있다. 내게는 그런 몰입이 부족해서 공부를 하려면 지루한 시간 싸움을 벌여야 한다. 그래서 도서관에서 못하고 혼자 기숙사에 틀어박혀 며칠이고 세수는커녕 양치질도 안 한 채 책과 씨름한다. 하루 16~17시간씩 남들보다 몇 배의 시간을 더 투자해야 하는 것이다. 성아가 이런 내 속을 안다면, 나를 어떻게 위로해줄까?

밑바닥 삶을 체험하라

허드렛일을 하면서 사람은 겸손을 배운다.
경험해보고 나면 허드렛일을 하지 않으면 안 되는
사람들을 함부로 무시하거나 업신여기지 않는다.

어릴 때 허드렛일을 경험해두면 여러 가지 이점이 있다. 대체로 허드렛일은 공부를 많이 못한 사람들의 유일한 선택이다. 그들 틈에서 같이 일하면서 그들이 어떻게 살고 있는가를 배우게 된다.

그 삶을 보고 느끼면서 자신이 진정 평생 이렇게 살고 싶은가를 묻게 된다. 그 삶이 싫다면 나는 장차 무엇을 하고 싶은가를 묻고, 따라서 자신의 인생을 위해 무엇을 어떻게 해야 하는가를 깨닫게 된다. 또한 이런 경험을 한 후 사회에 나가면 그 사람은 허드렛일을 하지 않으면 안 되는 사람들을 함부로 무시하거나 업신여기지 않는 겸손한 사람이 된다.

인생의 밑바닥을 알아야 다음에 그 사람들을 위해 일할 수 있다는 내 생각을 받아들여서인지 성아는 기회 있을 때마다 허드렛일이나 힘든 일을 몸소 찾아서 하곤 했다.

조지타운에서 2년을 공부한 성아는 3학년 때부터 하버드로 전학오게 되어 있었다. 그 해 여름 성아는 두 개의 힘든 과정을 자원했다. 공수 자격 훈련과 워싱턴의 한 일본 식당에서 웨이트리스 일을 한 것이 그것이다.

성아의 공수 훈련은 17년 전 내가 간부 후보생 훈련을 받았던 조지아주의 포트 베닝에서 받았다. 내가 공수 훈련을 약식으로 받은 데 비해 성아는 제대로 받았다. 땡볕 아래서 군용 안경을 끼고 하루 열 몇 시간씩 훈련을 받은 성아의 얼굴은 안경 낀 부분만 하얘서 올빼미를 연상시켰다. 낙하산줄에 얼마나 많이 긁혔는지 목 양쪽에는 대각선으로 두터운 상처딱지가 오랫동안 훈장처럼 새겨져 있었다. 이 악바리는 그곳에서도 기록을 세우고 나왔다. 제일 성적이 좋은 훈련생이었다.

공수 훈련을 끝낸 성아가 나를 불러냈다.

"엄마, 여기."

성아가 나를 보자마자 내민 손에는 반짝반짝 빛나는 은색 공수 배지가 올려져 있었다.

내 얼굴에도 흐뭇한 미소가 떠올랐다.

"나는 네가 자랑스럽다, 성아야!"

"처음 받은 공수 자격 배지는 자기가 가장 사랑하는 사람에게 주는 거래요. 난 엄마한테 드릴게요."

나는 그 배지를 들고 다니는 가방에 꽂아 한시도 떼어놓지 않는다.

노스캐롤라이나에서의 짧은 만남을 뒤로 하고 성아는 워싱턴으로 날아갔다. 조지타운에 있는 일본 식당의 웨이트리스로 일하기 위해서였다.

"거기서 일을 하고 있으니까 엄마가 처음 미국 와서 일하셨던 게 생각나더라구요. 엄마도 내 나이였잖아요. 그렇게 일을 하면서 혼자 살아야 했구나 생각하니까 괜히 가슴이 찡한 거 있죠."

전화 저편에서 성아는 잠시 말이 없었다. 아마도 목이 메였던 모양이다. 지배인들이 자신에게는 그렇게 하지 않지만 다른 웨이트리스들한테는 너무 함부로 군다는 것이었다. 대부분 남미나 그 밖의 지역에서 온, 예전의 내 처지와 비슷한 사람들에게 인간적인 모욕을 주는 짓도 서슴지 않는 데 대해 분노하고 있었다.

사실 나도 괜시리 코가 찡했지만 일부러 아무렇지도 않은 척했다.

"참, 재미있는 일도 있었어요. 지나가다 무심코 들었는데 식당 주인이 바텐더한테 내 말을 하더라구요. 일본 사람들은 하버드 하면 아주 껌뻑하잖아요. 그런 대단한 하버드 학생이 식당 웨이트리스 일을 하는 게 영 믿어지지 않나봐요. 자기네들끼리 쑥덕거리면서 '하버드생이면 좋은 사무실에서 일할 데도 얼마든지 있을 텐데 왜 식당에서 일을 하지?' 하는 거 있죠. 이 사람들 사고방식으론 엄마가 말한 허드렛일 경험의 중요성 같은 건 전혀 이해가 안 가는 모양이에요. 하기사 보통 사람들이 우리같이 앞서가는 사람들의 깊은 속을 어찌 알까마는."

"애, 애. 너무 건방이 들어가면 추락하는 수가 있어."

"낙하산 훈련도 받았으니까 낙하산 타고 내려오면 돼요."

"아따, 어쩌다 배지 하나 탔나부다."

"어쩌다 배지 하나라니요? 무슨 섭한 말쌈을, 오마님도."

궂은 일 속에서도 농담을 잃지 않는 성아를 생각하면 마음이 흐뭇했다. 성아는 힘들다는 소리 한 번 안 하고 묵묵히 일을 해냈다. 그것이 성아에게는 또 다른 삶의 훈련이 되었음은 의심할 여지가 없다.

성아가 허드렛일을 한다지만, 20여 년 전 내가 가졌던 절망과 그리고 어떡하든 살아내야겠다는 오기 등을 고스란히 체험할 수는 없었을 것이다. 그렇더라도 옆에서 그런 처지에 있는 사람들을 보면서 그들이 얼마나 불행한 삶을 살고 있는지는 충분히 느낄 수 있었다.

영어가 서툴고 교육도 받지 못한 그들이 생계를 유지하는 유일한 수단은 성질 더러운 식당 지배인에게 욕설을 들어가며 그저 오래 일하는 방법밖에는 없다. 도처에 널려 있는, 강한 자에 약하고 약한 자에 강한 되먹지 못한 인간들에 대해서 그들은 자신을 방어할 수단이 없는 것이다.

오래된 물은 새로운 물에게 자리를 넘겨주고

나는 이제 유장한 강물이 되어
성아는 새로운 물결이 되어 함께 흐르며
작은 행복들을 나누곤 했다.

1997년 9월, 하버드에 새 학기가 시작됐다. 하버드 교정의 교회 건물이 다정하게 나를 맞는다. 하늘을 찌를 듯한 첨탑에는 여전히 하얀 구름이 걸려 있다. 즐겨 찾던 교회 앞 층계참에 학생들이 옹기종기 앉아 이야기꽃을 피우고 있었다. 화창한 날씨를 만끽하며 발걸음을 옮기고 있는데 종각에서 우렁찬 종소리가 울려 퍼졌다.

갑자기 하버드 교정의 모든 건물에서 학생들이 우르르 쏟아져 나왔다. 깔깔거리기도 하고 툭툭 장난을 치기도 하며 바쁘게 사방으로 흩어졌다. 모두들 자기가 택한 수업을 찾아가느라 분주하다. 나도 다른 학생들의 물결을 따라 내가 듣고 싶은 과목을 찾으러 다녔다. 낯익은 얼굴들과 마주치면 가볍게 안부를 묻기도 했다.

마음이 들뜨기는 여느 학기 초와 다를 바가 없었다. 그러나 이번 학기는 내게 아주 특별한 의미가 있다. 성아가 조지타운으로부터 전학해 와 나란히 하버드에 다니게 된 것이다. 엄마와 딸이 같은 강의실에서 함께 공부하는 것은 하버드 역사상 우리가 첫 번째라고 들었다.

우리가 더욱 특별한 이유도 있다. 내 인생은 미 육군의 초록색 군복에 싸여 있다고 해도 과언이 아니다. 그런 엄마의 딸이 같은 초록색 군복을 입었기 때문이다. 천방지축인 학생들 틈에 얼룩무늬 군복을 입고 우뚝 선 성아의 모습이 내게는 더욱 든든하게 느껴졌다.

우리는 각자 기숙사에 들었다. 성아는 학부생 기숙사에, 나는 대학원생 기숙사에. 아파트를 얻어 같이 살 수도 있었지만 이러는 편이 훨씬 나을 듯했다. 새로 전학온 성아에게는 앞으로의 하버드 생활을 위한 나름대로의 정보가 필요했다. 학창 시절 동안 다른 학생들과 어울려 추억을 만들어야 할 것이었다.

나 역시 시간적 · 정신적 여유가 별로 없었던 때이기도 했다. 종합시험(General Exam) 준비로 읽어야 할 책이 몇백 권이었다. 혼자 있을 시간이 엄청나게 많이 필요했다. 그러나 성아가 가끔 와서 쉴 수 있도록 방이 2개인 기숙사를 얻었다.

정신 없이 바쁜 일과가 시작되었다. 같은 학교를 다니면서도 서로 약속을 하지 않으면 얼굴 보기가 힘들었다. 우리는 가끔 찰스 강변에서 만나 같이 조깅을 하곤 했다.

세월은 어쩔 수 없다는 생각에 피식 웃음이 나왔다. 얼마 전까지만 해도 조깅에서 성아는 나를 따라오지 못했다. 성아의 페이스에 맞춰 뛰다가 성아가 지치면 걸어오게 두고 혼자 뛰었다. 이제는 완전히 반대가 되었다. ROTC 훈련으로 단련된 성아는 이미 엄마를 앞질러갔다.

"엄마는 저 다리까지만 뛰고 그 다음엔 걸을게."

찰스강 위에 걸쳐 있는 다리들 중에서 내가 가장 좋아하는 곳을 가리키며 나의 한계를 인정했다. 성아는 숨찬 기색도 안 보였다. 한 번 씩 웃어 보이고는 스피드를 내며 힘차게 뛰어 나갔다. 금세 멀어져가는 딸의 뒤를 편안한 속도로 따라 걸었다.

땀에 젖은 옷을 시원한 강바람이 어루만졌다. 고개를 젖히고 힘껏 숨을 들이켰다. 맑은 하늘이 한꺼번에 내 가슴으로 쏟아졌다. 시원한 그늘을 찾아 몸을 풀며 성아를 기다렸다.

성아의 좁은 기숙사에는 룸메이트가 둘 있었다. 다 큰 처녀가 셋씩이나 섞여 살려니 재미도 있지만, 숨이 막힐 정도로 답답하기도 했다. 게다가 옆방 아이의 방귀소리조차 들릴 정도로 얇은 벽으로 둘러싸여 있어 기숙사는 늘 떠들썩했다. 집중해서 공부할 수가 없었다. 룸메이트의 TV소리를 피해 공부는 도서관에서 한다 해도 조용히 쉴 공간이 필요했다. 그럴 때마다 성아는 내 기숙사를 찾곤 했다.

성아는 그때 스스로의 능력에 대해 회의를 품고 있었다. 아무리 노력해도 남들보다 앞서 나갈 수 없다는 불안감에 시달렸다. 하버드에는 천재도 많은 만큼 좌절한 수재들도 많았다. 1년에 몇 명씩 정신질환이나 자살 등으로 학업을 포기했다는 불행한 소식을 들을 수 있었다.

나는 그때 내가 할 수 있는 한 최선을 다해 성아를 돌보았다. 성아와 나는 일주일에 한 번씩 걸어서 30분쯤 걸리는 성아의 기숙사로 가서 빨랫감을 가지고 내 기숙사로 왔다. 대부분의 학생들이 새벽 3~4시에 자서 아침 9~10시에 일어나기 때문에 새벽 시간에 가면 세탁실은 텅 비어 있었다. 나의 세탁물 서비스 때문에 성아의 기숙사 친구들은 '너는 아직도 엄마의 보살핌을 받느냐'고 놀리기도 하고 질투하기도 했다.

친구들이 질투할 만한 일은 또 있었다. 우리가 주로 이용하던 와이드 너와 하버드-옌칭 도서관은 학부생들에게는 한 달밖에 도서 대여가 안 되지만, 책에 따라 대학원생들에게는 1년 가까이 대여가 되었다. 성아 는 필요한 책을 내 신분증으로 빌려 마음껏 보았다. 동아시아학에 관한 한 내가 가지고 있는 책도 상당한 수준이었는 데다, 과제물 주제를 무 엇으로 정할 것인가에 대해 성아에게 조언할 능력도 갖추고 있었다.

또 성아를 위해 언제나 작은 냉장고에 한국 음식을 조금 준비해두었 다. 우리는 일주일에 한 번쯤 된장찌개를 끓여 먹으며 밀린 얘기를 나 누곤 했다. 미련할 정도로 공부에만 매달리던 나는 성아를 핑계로 잠시 휴식을 취했다.

그런 저녁이면 나는 산책 삼아 성아를 바래다주곤 했다. 성아의 기숙 사는 찰스강 부근에 있었다. 내가 좋아하는 청색돔이 어둠에 싸여 있었 다.

"엄마, 저기 돔 안에 있는 종들 있잖아요. 다 러시아에서 가지고 온 건데 아주 역사가 깊은 거래요. 일요일엔 원하면 위에 올라가서 칠 수 도 있대요. 나도 언젠가는 한번 쳐봐야지."

성아는 역시 젊었다. 몸도 마음도 생각도. 그래서 그런 말이 있는 것 일까.

'흐르는 물은 새로운 물에게 자리를 넘겨주며 같이 바다로 흐른다.'

나는 이제 오래 흐른 유장한 강물이 되어, 성아는 새로운 물결이 되 어 바쁜 학교 생활 속에서도 작은 행복의 시간을 나누곤 했다.

나는 그때 성아가 안쓰러워 보였다. 나는 이미 내 인생의 성취를 이 루었다. 그러나 성아는 이제부터 시작이었다. 나는 보잘것없는 지점에서부터 출발했으므로 현재 내가 서 있는 위치가 내가 오를 수 있는 정상처럼 보였다. 다시 한 번 처음처럼 인생에 도전을 하라면 너무 힘들어 할 엄두가 안 났다. 나는 이제 죽어도 여한이 없다는 말을 할 수도 있을 것 같았다.

그러나 성아는 내가 평생을 두고 오른 봉우리에서 출발을 하는 것이나 마찬가지였다. 나보다 몇 배는 더한 인생의 도전을 펼쳐가야 했다. 나는 그애가 자신의 목표로 정한 바다로 갈 때까지 감싸주며 같이 흘러가야 함을 느꼈다. 하버드에서 우리는 그러한 여정을 함께 했다.

행운을 깨닫게 하는 법

내 불행을 원망할 마음은 없었다.
나는 간절히, 성아가 자신이 가진
행운을 알아주기를 바랐을 뿐이다.

일요일 오후. 그날도 정신 없이 책에 빠져 있었다. 너무 오래 읽은 탓일까. 눈이 자꾸 침침해졌다. 일본에서 근무하는 동안 갱년기를 겪으며 내 눈은 원시가 되었다. 돋보기는 당시 가방 속 필수품이었다.

그러나 돋보기를 끼고 오래 책을 읽으면 머리가 아프고 토할 것처럼 신체 거부 반응이 온다는 것을 하버드에 와서 알았다. 나는 과감하게 안경을 벗어버렸다. 좌절과 포기를 외면하며 억지로 밀고 나가다 보니 신기하게도 시력이 되돌아왔다.

덕분에 나는 그날도 안경 없이 책을 읽고 있었다. 왠지 시력이 게으름을 피워 돋보기에 의지해버릴 것 같은 두려움이 일어 눈이 침침해져도 돋보기를 안 쓰고 버티던 중이었다. 아직 읽을 것은 태산 같은데 눈은 말을 듣지 않고, 속이 상해서 큰소리로 울어버리고 싶었다.

마침 그때 성아가 찾아왔다. 문을 열고 들어오는 얼굴이 우울해 보였다. 내게 짧은 포옹을 하고는 침대에 가서 털썩 주저앉았다.

"왜 그래? 무슨 고민이라도 있니?"

"아― 공부하기가 싫어서요. 책을 읽어도 머리에 들어가지 않고."

"왜, 좋아하는 남자아이라도 생긴 거 아냐?"

"그렇기라도 하면 신이나 나겠지. 아마 너무 오래 공부를 하다 보니까 좀 지치기도 하고 또 싫증도 나는가 봐."

길게 한숨을 내쉬며 탄식처럼 말을 내뱉은 성아는 일본 만화를 꺼내 읽기 시작했다. 기숙사가 너무 좁아서 필요한 것을 모두 가지고 있을 수가 없었다. 살림은 대부분 창고에 갇혀서 언제 찾아올지 모르는 해방을 기다리고 있는 중이었고, 몇 가지 꼭 필요한 것만 내 기숙사에 두고 풀어쓰고 있었다. 일본 만화는 성아의 필수품 1호였다.

'그렇기도 하겠지. 여태껏도 열심히 해왔는데, 이젠 더 분투를 해야 할 테니 경쟁심 강한 성아가 이 공부벌레들 틈에서 짜증나는 건 당연한 일이지.'

그래도 하버드에서 공부한 지 얼마 되지도 않았는데 이렇게 지쳐버리면 곤란하다는 생각이 들었다. 이럴 때 성아에게 용기를 줄 수 있는 방법이 무엇일까 곰곰이 생각해보았다. 어떤 말을 어떻게 해주는 것이 좋을지 뾰족한 수가 떠오르지 않았다.

그런데 문득 세상은 참 불공평하다는 생각이 들었다. 누구는 공부를 하고 싶어도 눈 때문에 마음대로 못하고 속을 끓이고 있는데, 누구는 할 수 있는데도 하기 싫어서 안 하고…….

'아― 그렇구나. 성아에게 자기의 '행운'과 나의 '불행'을 대비시켜주

면 되겠구나!'

그렇지 않아도 속이 상해서 눈물이 솟던 참이었다. 나는 내 침대에 엎드려 성아를 무시하고 맘껏 흐느껴 울었다.

만화에 빠져 세상이 없어져도 모르던 성아가 한참이 지나서야 내가 울고 있는 걸 알아차렸다. 성아는 깜짝 놀라서 나를 안으며 물었다.

"엄마, 왜 그래요, 갑자기? 뭐 속상한 거라도 있어요?"

딸의 체온이 느껴지자 공연히 더 큰 설움이 내 마음을 흔들어놓았다. 나는 아무 말 없이 그냥 끅끅 울음을 터뜨렸다. 성아가 내 등에 머리를 기대고 가만히 앉아 있었다. 그러고는 착 가라앉은 목소리로 다시 물었다.

"엄마, 나 때문에 그래요? 내가 엄마 속상하게 한 거 있어요?"

"너 때문이 아니야. 그냥 내 인생이 야속하고 속상해서……"

"엄마는 힘든 것도 다 잘 참아냈잖아요. 내가 엄마한테 부러웠던 게 그런 힘든 과거였는데……. 그런데 왜 갑자기 그런 생각이 들어요?"

"아무리 생각해도 너무하잖아. 어릴 땐 공부가 하고 싶어도…… 집안 일 하느라고 할 형편이 못 됐고……. 좀 커서는…… 대학에 가고 싶어도 돈이 없어 못 갔고……. 미국에 온 다음엔…… 일하느라 바빠서 못 했고……. 돈도…… 시간도 있으니까 이젠 눈이 말을 들어주지 않고……. 무슨 세상 인심이 내겐 이렇게도 야속할 수가 있니!"

내 설움에 못 이겨 또 한바탕 눈물을 쏟았다. 성아는 가만히 내 등을 쓰다듬고 있었다. 나는 성아가 내 뜻을 알아주기를 간절히 바랐다.

'이 엄마는 공부가 하고 싶어도 이렇게 많은 방해로 가슴 졸여왔는데……. 성아야, 너는 얼마나 행운아니? 내가 그리도 원하던 조건을 내 사랑하는 딸이나마 가지게 되어 만족해하는 이 엄마의 심정, 넌 헤아릴

수 있지?'

내 불행을 원망할 마음은 없었다. 나는 간절히, 성아가 자신이 가진 행운을 알아주기를 바랐을 뿐이다.

"엄마, 나는 언제나 엄마가 누구보다도 자랑스러워. 엄마가 내게 베풀어준 모든 것이 고마워요."

내 마음을 읽었을까. 성아가 다시 자기 머리를 내 등에 기대며 다정하게 나를 안아주었다.

"엄마, 너무너무 사랑해."

다시 내 눈가에 눈물이 고여왔다.

두 여자

술 한잔이 생각나는 밤이었다.
이제 나를 한 여자로, 자신의 인생을
성취해 나가는 데 있어 하나의
기준이자 경쟁자로 바라보는 딸과 정말이지 한잔
나누고 싶은 밤이었다.

 1999년 1월. 성아와 나는 유럽으로 날아갔다. 성아는 7살 때 독일에서 한국으로 간 후 16년 만에 다시 유럽을 찾는 셈이었다.

 성아와 함께 하는 기차 여행에 나는 어린애처럼 가슴이 설레었다. 암스테르담 거리를 한나절 동안 누비고 우리는 파리행 기차에 올랐다. 성아가 안내하는 대로 에펠탑, 샹젤리제, 루브르 박물관, 베르사유궁을 구경하며 그곳에 얽힌 역사와 로맨스를 음미했다. 파리에서 사흘밤을 지내고 우리는 다시 스위스행 기차에 올랐다.

 차창 밖으로 지나가는 눈 덮인 마을들은 한없이 포근하고 손을 내밀면 녹아버릴 듯한 영롱한 세계를 보여주었다. 성아는 어린 시절이 그리운지 내 품을 파고들며 어리광을 부렸다.

 "난 참 행운아예요. 엄마가 바로 내 엄마라서……"

마치 꿈을 꾸는 듯한 졸린 목소리였다. 설경에 마음을 뺏기고 있던 나는 갑작스런 성아의 말에 잠시 어리둥절했다. 반쯤 감긴 것 같은 성아의 눈은 눈발 사이로 내비치는 이름 모를 마을을 응시하고 있었다.

"난 엄마가 그 많은 난관을 딛고 일어선 것이 너무도 자랑스러워요. 그런데 참 신기한 건 엄마 얼굴에서는 고생의 흔적이 전혀 안 느껴져요. 그렇게 고생한 사람들은 대체로 얼굴이 찌들었든지 세상을 바라보는 눈이 좀 비뚤어지는 경향이 많은데…… 사실 그래서 난 더욱 엄마를 존경하구요."

"고맙다, 성아야. 난 어느 누가 나를 알아주는 것보다 네가 알아줄 때가 가장 보람 있는 것 같아."

"나도 엄마처럼 성취를 이뤄보고 싶을 때가 많아요. 경쟁이라고 할수도 있겠지만, 인생의 막다른 골목 같은 절망적인 상황에서 나를 누르는 많은 고통들을 이겨 나오면서 내 의지의 한계를 시험해보고 싶거든요. 그런데 나는 이미 엄마보단 훨씬 유복한 환경에서 태어났고 또 자랐잖아요. 그리고 내겐 필요할 땐 언제든지 나를 이끌어주고 밀어줄 엄마가 항상 옆에 있었고. 아무튼 난 엄마의 어려웠던 과거가 너무나도 부러워요."

'세상에, 다른 사람의 고통을 부러워하는 사람도 다 있다니!'

그런 딸이 신기하기도 했고 한편으론 대견하기도 했다. 남들은, 특히 많은 젊은이들은 다른 사람이 가진 것을 탐하고 무엇이든 쉽고 편하게 얻기를 바라는데. 조금만 고생을 해도 부모를, 그리고 자신의 '불운'을 원망하려 드는데.

그러나 아무리 속깊은 생각일지라도 남에 대한 부러움을 자신의 삶에 잘 활용하지 못하면 그것은 한갓 물거품에 지나지 않는다. 나는 성아가 그러한 도전에의 욕망을 현실에서 적용할 수 있도록 도와주고 싶었다.

"성아야, 네 말이 맞아. 넌 정말 행운아야. 그런데 그건 엄마가 있어서가 아니라 네가 도전을 갈망하는 마음을 가졌다는 것 때문이야. 그걸 잘만 활용하면 네가 부러워하는 엄마의 성취의 행복을 너 스스로도 맛볼 수가 있어."

성아는 차창을 스쳐가는 눈꽃을 피운 나무들을 한 폭의 그림을 보듯 바라보고 있었다. 성아의 머리를 쓰다듬으며 나는 마음 속의 말들을 하나하나 꺼내놓았다.

"사실 지금의 내 성취라는 것이 눈높이를 높여보면 대수롭지 않은 것일 수도 있다는 건 너도 잘 알잖아. 그러나 나의 출발점을 생각하면 누구도 그리 쉽게 단정할 수는 없지. 다시 말해서 네가 부러워하는 것은 지금의 내 성취 자체보다 그것의 폭을 부러워한다고 생각해. 또한 내가 바닥에서부터 위로 솟구쳐 오르면서 느꼈던 성취의 쾌감을 부러워하는 것이잖아. 네가 나와 같은 출발점을 원한다는 건 불가능한 바람이지. 하지만 너의 성취 목표는 지금의 나보다 얼마든지 더 높은 곳에다 세울 수가 있어."

차창 밖으로 눈을 돌리며 내가 잠시 뜸을 들이자 성아가 몸을 일으켜 차창에 기대 앉았다. 눈을 깜박이며 성아는 다음 말을 기다렸다.

"엄마는 여기까지 오는 데도 사실 무척 힘들었거든. 아무리 뜻이 있어도 군대의 참모총장이 된다든가 미국의 장관이나 대통령이 되고 싶다는 생각은 내게는 이룰 수 없는 꿈이라고도 할 수 있지. 그런데 너에게는 이 모든 것이 전혀 불가능하진 않잖아. 거기에 도달하기 위해서 내가 했던 그 이상의 노력만 한다면 말이다. 그 과정을 통해 너는 내가 겪었던 도전과 극복의 행복을 몸소 느껴볼 수가 있을 거야."

성아의 눈에 어떤 고뇌의 빛이 스쳐갔다. 너무 어려운 목표라고 생각하는 것 같았다.

"꼭 참모총장이나 장관 또는 대통령이 되는 목표를 세우라는 건 아냐. 예를 들어서 그렇다는 거지. 네가 정말 엄마의 과거가 부럽다면 부러워만 하지 말고 그런 식으로 너도 내가 즐겼던 성취의 행복을 맛볼 수 있도록 하라는 얘기야. 네가 미래에 뭔가 하고 싶은 게 생각날 때 그 분야에서 최고가 되는 것 같은 목표를 세우는 것도 하나의 방법이라고 생각해."

"흠 – ."

성아는 무언가를 생각하는 표정으로 창 쪽으로 고개를 돌렸다.

신의 편애를 받았다고 밖에 할 수 없는 스위스를 거쳐 기차는 우리를 이탈리아로 데리고 갔다. 우리는 물의 도시 베니스에서 이틀밤을 보냈다. 성아와 나는 다리 위에 서서 하늘에서보다 더 밝은 물 속의 불빛들을 보며 삶의 열기를 느꼈다. 다정한 연인들을 태운 곤돌라가 우리가 서 있는 다리 아래를 지나갔다. 그 모습을 넋을 잃고 바라보며 나는 언젠가 사랑하는 사람과 행복한 미소를 머금고 저 오래된 물길을 따라 내려가는 성아를 그려보았다.

"엄마는 어떤 남자를 만나고 싶어요?"

성아는 오히려 그 곤돌라에 나와 어떤 멋진 남자를 태우고 싶었던 모양이다.

"왜 갑자기 그런 걸 묻니?"

"엄마한테 엄마가 원하는 멋진 사람을 데려다주고 싶거든."

"얘, 엄마가 남자라도 만날까 봐 겁낼 땐 언제고?"

"어? 엄마, 그거 알고 계셨어요?"

"얘, 엄마가 멍텅구리냐? 엄마를 다른 사람들하고 나누지 않고 자기 혼자 갖고 싶어하던 게 네 얼굴과 행동에 뚜렷이 나타나는 것도 모르게!"

"그때는 사실 그랬거든. 내가 너무 어려서 나밖에 몰랐던 것 같아요."

"왜, 이제는 엄마를 다른 사람에게 줘도 괜찮다 싶냐?"

"아니. 주고 싶진 않지만 엄마를 나만 가지길 원하는 건 엄마한테 좀 너무 지나친 요구 같아요. 엄마도 얼마든지 행복할 권리가 있는데. 내가 엄마를 사랑한다면 엄마가 행복할 수 있도록 하는 것이 당연한 의무라는 생각이 들어요."

"어디서 많이 듣던 말 같은데…… 어디서 들었더라?"

"그거야 내가 엄마 딸이니까 어쩔 수 없죠, 뭐. 나도 많이 듣다 보니까 이젠 그게 내 말 같아서…… 헤헤ー."

그 마음 씀씀이는 고맙지만 나는 이젠 누구에게도 더 이상 묶이고 싶지 않다고 했다. 이렇게 자유롭게 혼자가 좋다고 했다. 성아는 내 팔을 꼭 끼고 얼굴을 내 가슴에 묻었다. 그러고는 혼잣말처럼 속삭였다.

"언젠가 내가 엄마 마음에 꼭 들 정말 좋은 사람을 찾아줄게요."

오스트리아 빈을 거쳐 프라하에서 이틀밤을 보낸 우리는 다시 빈으로 돌아왔다. 이미 밤은 깊어 있었다. 오늘밤이 유럽에서 성아와 함께 보내는 마지막 밤이 될 것이었다. 성아는 유럽을 더 여행하고, 나는 혼자 보스턴으로 돌아갈 예정이었다.

나는 그간의 시간의 흔적을 더듬어보았다. 성아와 함께 한 세월이 벌

써 24년이라니, 하는 생각이 나를 감상에 빠지게 했다. 술 한잔이 생각
나는 밤이었다. 이제 나를 한 여자로, 자신의 인생을 성취해 나가는 데
있어 하나의 기준이자 경쟁자로 바라보는 딸과 정말이지 한잔 나누고
싶은 밤이었다.

서로에게 필요한 사람들

시간이 흘러 명규가 비정상적이라는 걸
알았을 때도 성아의 태도는 변하지 않았다.
오히려 명규에 대해 더 진지해졌다.

막내 동생 명규는 뱃속 나이까지 합하면 마흔넷이다. 그러나 지능은 대여섯 살짜리 정도밖에 안 된다. 두 눈 사이가 멀고, 두상이 크고, 키도 정상인보다 한 뼘은 작다. 무엇보다 의사 소통이 잘 되지 않아 우리 식구가 아닌 사람한테는 답답하기 짝이 없다.

명규가 어디를 가든 바지 뒷주머니에 요요 줄이 늘어져 있는 것이 눈에 띈다. 명규의 보물 1호는 바로 요요다. 집 안에서 집 밖에서 심지어 비행기 안에서까지 줄을 감고 신중한 표정으로 요요를 늦추었다 당겼다 한다. 처음에는 어설펐는데 요즘은 요요를 대여섯 번은 춤추게 할 정도로 요령이 늘었다. 요요 놀리는 게 제법 박자가 맞으면 신이 나서 주위 사람들을 둘러보곤 한다.

명규에게 요요를 사준 사람은 성아였다. 교환 학생으로 한국에 나와 있을 때 집에 오면서 요요를 사들고 온 것이었다. 올케는 자기 아이들이 요요를 몇 개씩 갖고 놀아도 삼촌도 그것을 좋아하리라고는 상상도 못했다고 한다. 아무리 저능아라지만 마흔을 넘긴 시동생이 아이들 장난감을 갖고 놀겠는가, 라고 생각한 것도 무리는 아니었다.

누가 시키지 않았는데도 성아는 외삼촌을 챙기고 배려했다. 조카 영민이가 도장에서 태권도 시범을 보이는 날이었다. 영민이는 누나에게 자신의 시범 모습을 보여주고 싶어 같이 가자고 졸랐다.
"그래. 같이 갈게."
성아가 선선히 대답했다.
그때 마침 명규가 "이거 사도." 하며 망가져서 더 이상 쓸 수 없는 요요를 내밀었다.
"망가졌네. 삼촌, 이따 사줄게."
성아는 삼촌을 어린애 달래듯 토닥거렸다.
"참, 도장 갈 때 사면 되겠네. 삼촌도 같이 가자."
성아의 말에 영민이가 갑자기 울상이 되어 버럭 소리를 질렀다.
"안 돼! 삼촌은 안 돼! 창피하단 말이야."
순간 성아의 얼굴이 굳었다. 애꿎은 텔레비전만 노려보고 있다 한참이 지나서야 본래 모습으로 돌아왔다.
"그럼 영민이는 먼저 도장에 가 있어. 누나는 삼촌 요요 사주고 나중에 갈게."
성아가 상가로 데리고 가서 요요를 사주자, 명규는 벙글거리며 "이뻐, 이뻐."를 연발했다.
"삼촌, 먼저 집에 가서 요요 가지고 놀고 있어."

성아는 한 번도 삼촌이 저능아라는 사실을 부끄러워한 적이 없다.

동네 아이들과 묵찌빠를 하거나, 숨박꼭질 혹은 성아가 개발한 엉뚱한 놀이를 하면서도 삼촌을 빼놓지 않았다.

그 때문인지 성아에 대한 명규의 태도도 각별했다. 어릴 때는 성아를 곧잘 업어주었다. 일곱 살 때 다시 한국에 나왔을 때도 살뜰하게 보살펴주었다. 연탄가스를 마신 후유증 때문인지 성아는 어릴 때 잘 아팠다. 별안간 풀썩 쓰러지기도 하고, 잘 체해서 아무데나 토하곤 했다. 그럴 때마다 명규가 일일이 성아를 닦아주고, 오물을 치워주었다. 세 살 위의 사촌오빠들이 한 집에 살았지만, 그들은 더럽다고 모두 외면했다. 성아는 삼촌의 의리에 감동했다. 그러나 그때만 해도 성아는 명규가 비정상적이라는 사실을 몰랐다. 그저 남들과 조금 다르다는 것만 어렴풋이 눈치챘을 정도였다.

시간이 흘러 명규가 비정상적이라는 걸 알았을 때도 성아의 태도는 변하지 않았다. 오히려 명규에 대해 더 진지해졌다. 초등학교 3학년 때인가 텔레비전에서 헬렌 켈러의 일대기를 다룬 흑백 영화를 보았다. 그 뒤부터 성아는 명규를 가르치기 시작했다. 가끔 성아가 가르쳐준 단어들을 명규가 가족들 앞에서 써먹을 때면 성아는 "엄마, 저 말 내가 가르쳐준 거야."라고 흥분해서 자랑하곤 했다. 그러나 명규는 간단한 단어를 어눌하게 발음하는 데서 더 이상 진전이 없었다. 청각 장애가 아닌 지능 장애인 명규로서는 헬렌 켈러처럼 되는 게 애초부터 불가능했다. 성아는 왜 삼촌은 헬렌 켈러처럼 되지 않을까, 라고 좌절했다.

명규가 정상적인 생활을 못한다는 걸 안 순간부터는 헌신적으로 보살피기 시작했다. 명규는 문구점에서 노트와 연필 사는 걸 무척 좋아했지만 혼자서는 갈 수가 없었다. 그 물건을 달라는 소리도 못할 뿐더러

셈을 치르지 못했기 때문이다. 성아는 명규를 데리고 다니며 지갑에서 동전을 꺼내 셈을 치르도록 도와주었다. 명규가 새로 산 물건들을 바라보며 기뻐하는 것을 보며 더욱 삼촌을 기쁘게 해주려고 노력했다.

나중에 명규가 가진 문제에 대해 알고 싶어서 다운증후군에 걸린 사람들에 대한 책을 읽어보기도 했다. 그때 성아는 전세계의 다운증후군 환자들이 마치 형제라고 할 정도로 모두 닮았다는 사실에 너무나 충격을 받았다. 게다가 그 병에 걸린 사람들은 저항력이 약해 병에 잘 걸리고, 그리고 무엇보다 수명이 정상인의 절반도 안 된다는 사실에 너무나 가슴 아파했다.

150센티미터를 조금 넘기는 명규가 기침을 하거나 간혹 앓기라도 할 때면 성아는 예민해져서 자주 명규 방을 들락거렸다. 그때 이미 성아는 명규의 가치를 알고 있었다.

명규는 우리 가족에게 평화의 모습이 어떤 것인지를 알게 해주었다. 천사가 있다면 바로 명규의 모습일 것이다. 언제나 즐거워하고, 남을 미워하거나 해코지할 줄을 모른다. 가끔 기분이 좋았다 나빴다 변덕을 부리긴 하지만, 언제나 싱글벙글이다. 몸은 어른이지만 어린아이의 영혼을 가지고 있으므로 남을 무시하거나 미워하거나 증오하는 것 같은 나쁜 감정을 모른다. 게다가 아버지, 엄마에게는 더 없는 효자다.

성아가 장애인에 대해 헌신적인 태도를 갖게 된 것은 우리 식구들의 태도와, 무엇보다 나의 태도와 무관하지 않다고 생각한다. 우리 식구들은 명규를 집안의 애물단지로 여겨 창피하게 생각해본 적이 단 한 번도 없다. 성아는, 밥상머리에서 이것 좀 먹어봐라, 저것 좀 먹어보라고 명규에게 연신 이것저것 집어주고, 목욕을 할 때는 발바닥부터 닦고 그다음은 다리를 닦으라는 둥 하루 종일 명규에게 지청구를 먹이는 할머니를 보며 자랐다. 할머니, 할아버지가 명규의 불행을 얼마나 가슴 아파하는지, 그리고 또 명규를 얼마나 소중하게 여기는지를 옆에서 보아왔던 것이다.

게다가 누군가 명규를 바보 혹은 병신이라고 욕이라도 하면 집안 식구 모두 나서서 비난하고 대들었다. 심지어 명규를 놀린 사람을 형인 광규가 가서 때려주기도 했다. 만약 성아가 삼촌이 정상인과 다르다고 조금이라도 창피해하는 기색을 보였다면 내가 그것을 그냥 받아들이지 않았을 것이다. 더 나아가 나는 명규뿐 아니라 그와 비슷한 처지에 있는 사람들에 대해서 어떠한 차별이나 괄시를 한다면 절대로 용서하지 않겠다고 엄포를 놓았었다. 할머니, 할아버지 그리고 엄마의 마음을 알고 성아는 약자를 보호해야 한다는 태도를 취하게 되었을 것이다.

아무튼 집에서 명규랑 가장 친한 사람을 들라면 단연 엄마와 성아라고 할 수 있다. 엄마가 자식에 대한 모정으로 명규를 보살핀다면, 성아는 명규를 사랑하는 마음 외에도 약한 사람을 배려하고 돌봐주어야 한다는 마음으로 대한다. 아무리 투정을 부려도 참을성 있게 달래고, 여행을 갈 때도 명규를 꼭 데리고 다니려고 한다. 혼자서 집이나 지키게 내버려두기 싫어서 조그만 차에 여섯 명이 끼어 타고 간 적도 있을 정도였다.

"할머니와 삼촌은 세트야! 둘이 같이 있어야 돼."

명규를 어디 교육 기관에 보내면 어떨까, 하고 말을 꺼냈을 때 성아는 할머니가 돌아가실 때까지는 같이 있는 게 두 사람의 행복을 위해 바람직하다고 주장했다. 성아 말대로 엄마와 명규는 젓가락과 숟가락처럼 한시도 떨어져서는 안 되는 세트임에 분명하다. 명규와 성아 역시 요요와 요요 줄처럼 서로에게 필요한 사람들이다. 사랑과 배려로 묶인.

쟤, 하버드 학생 맞아?

성아의 멍텅구리짓은 요즘 말로 너무 썰렁해
가히 식구들의 악관절을 빠지게 한다. 기가 막혀
입을 다물지 못하기 때문이다.

인간이 살아가는 데 유머가 없다면 그 삶은 너무도 삭막한 사막과도 같다는 생각이다.

나는 가끔 코미디를 보든가 우스운 이야기를 읽고 배가 아프도록 웃고 나면 속이 시원해진다. 우리 집 여자 삼총사가 다 그렇다. 엄마, 나, 그리고 성아. 무대뽀 정신으로 무장한 엄마야 앞뒤 생각 없이 일을 벌이다 보니 툭 하면 사건 사고일 수밖에 없지만, 총명하다고 믿었던 성아의 멍텅구리짓은 요즘 말로 너무 '썰렁'해 가히 식구들의 악관절을 빠지게 한다. 기가 막혀 쩍 벌린 입을 다물지 못하기 때문이다. 그러면서 덧붙이는 식구들의 한마디.

"쟤, 하버드 학생 맞아?"

다음은 우리 집안에서 회자되는 썰렁이 시리즈들이다. 1위는 아이스크림 사건, 2위는 도날드덕, 3위는 매롱매롱이다.

이화여대에 교환 학생으로 와 있던 1999년 열대야가 연일 기승을 부리던 8월이었다. 성아가 학교 앞에서 아이스크림을 사먹었는데 그게 너무너무 맛있어서 사왔다고 했다. 식구대로 1개씩, 그리고 짜장면도 곱배기가 있는 만큼 두 개 먹을 사람을 위해 넉넉하게 사왔다. 2호선 이대역에서 잠원역까지 오다 보니 그 '진짜 맛있는 아이스크림'은 찐득찐득한 물과 꼬챙이만 남았다. 롯데제과인가 해태제과에서 나온 흔히 말하는 하드였다.

"할머니, 아이스크림 잡수셔. 너무 맛있어서 사왔어."

"……?"

"어, 그런데 다 녹았네."

"어데서 샀는데 다 녹아?"

"학교 앞!"

"어데 핵교?"

"이대!"

"와, 여 수퍼에는 없드나?"

샴푸를 로션인 줄 알고 번드르르하게 얼굴에 바르고는 기름기가 너무 많다고 불평하고, 칠순에 손자들이 타던 롤러스케이트를 훔쳐 타보다 손목이 부러져 반 년 동안 깁스를 하고, 칫솔통에 꽂혀 있다는 이유로 아기 엉덩이에 바르는 기저기 발진 연고로 양치질을 하고서는 비린내가 난다고 툴툴거렸던 할머니의 손녀다웠다.

할머니의 무대뽀도 성아의 썰렁함에 지지 않는다. 한번은 미국인과 말싸움도 하셨다. 오리인지 닭인지를 놓고 벌인 싸움이었다. 할머니판 '도날드닭'의 이야기는 다음과 같다.

1969년에 한국에서 만났던 헨리 부부를 작년에 미국에서 재회했다. 헨리는 당시 연세대 한국어학당에서 한국어를 배우고 있었는데, 내 영어 선생이기도 했다. 부인 윌마는 군속으로 회계사였다. 그들이 미국으로 떠나기 바로 직전 나는 미국 식모일을 배우기 위해 그 집에서 식모로 일한 인연이 있다. 엄마와 나, 명규는 친척 결혼식에 참석했다 헨리의 집을 방문했다.

나와 윌마가 서재에 있는 동안 엄마, 명규, 헨리는 거실에서 텔레비전을 보고 있었다. 그때 마침 그들이 키우는 고양이가 거실로 들어왔다.

"네코!"

"Oh, Yes! 네코! 그런데…… 한국말로는…… 무어라…… 합니카?"

한국말을 거의 다 잊어버린 헨리가 떠듬거리며 물었다.

"고양이!"

엄마는 자랑스럽게 선언했다. 헨리가 벽에 붙은 개의 사진을 가리켰다.

"개 -."

선생님, 저 잘하죠, 하는 표정이었다.

그날 저녁 우리는 헨리의 단골 중국집에 가서 저녁을 먹은 뒤 밤 경치가 좋은 해변가로 갔다. 아기자기한 상점들이 오손도손 모여 있고 한쪽 옆에는 넓은 공원이 있었다. 공원 한복판에는 큰 연못이 있었는데, 오리들이 헤엄을 치고 있었다.

"일로 온나! 일로 온나!"

오리를 보자 엄마가 헨리를 손짓해 불렀다. 거구의 헨리가 터덜거리며 엄마 쪽으로 걸어왔다.

"오리다, 오리."

선생님의 의무를 다하려는 듯 엄마가 오리를 가리키며 헨리에게 한국말을 일러주었다.

"Oh, Yes! Ducks(예, 오리들이네요)!"

엄마가 의아한 표정으로 헨리를 쳐다보며 강조하려는 듯 큰소리로 말했다.

"오리라 카이까네 –."

엄마의 큰소리에 약간 짜증이 났는지 헨리는 계속 영어를 고집했다.

"Yes! They are DUCKS(예, 쟤네들 오리 맞아요)!"

엄마도 지지 않았다.

"닥(닭)이 아이고 오리라 카이까네!"

다음은 성아의 썰렁한 짓이다. 하루는 엄마와 명규, 성아와 나 그리고 마침 한국에 나와 있던 언니가 함께 아침에 운동을 하러 갔다. 한바탕 조깅이 끝난 후 한가롭게 걸어서 집으로 향하고 있었다. 강변에서 잠원동으로 통하는 굴다리를 지나 큰길 건널목으로 향했을 때다. 성아가 갑자기 허둥대며 어떤 사람을 향해 달려가더니 그 사람 팔을 붙들고 꾸벅꾸벅 인사를 했다. 그 사람은 자기 머리를 쓰다듬으며 뭐라고 뭐라고 얘기를 하고 있었다. 우리는 어리둥절한 얼굴로 성아와 사십대 중반의 신사를 번갈아 쳐다보며 저마다 상상의 나래를 펼쳤다. 신호등이 몇 번 바뀔 동안 그들은 다정하게 이야기를 주고받았다. 그늘을 드리우고 있는 가로수에서 매미들의 합창이 극에 달했다. 한동안 머리를 꾸벅이며 얘기를 듣던 성아는 그 신사가 버스에 오르자 다시 한 번 꾸벅 인사를 한 후 우리가 기다리는 곳으로 돌아왔다.

"누구냐? 아는 사람이니?"

"모르는 사람이에요."

"……?"

매미를 잡느라 조그마한 돌을 나무로 던졌는데 하필이면 그게 출근하는 사람 머리 위로 떨어졌다는 것이다. 매미들이 "맴 - 매롱, 맴 - 매롱." 하고 울었다.

너무 늦기 전에

친절한 말 한마디가 생각나거든
사랑하는 사람이 곁에 있을 때 지금,
불러야 할 노래가 있다면
해가 지기 전에 지금 불러야 할 것이다.

상동 큰외삼촌댁에 갔다오면서 성아가 가져온 짐보따리를 보고 가족들은 입을 다물지 못했다. 포도 2박스와 큰외삼촌이 싸준 크고작은 보따리만 해도 대여섯 개가 넘었다. 들고 갔던 배낭까지 보태면 1톤 트럭을 불러야 할 것 같다고 올케가 농담을 했다. 짐이 없어도 푹푹 쪄서 걷기 힘든 더운 여름날, 그 짐들을 어떻게 집까지 끌고 왔는지가 식구들의 초미의 관심사였다. 그것도 버스를 세 번씩이나 갈아타면서. 다들 성아의 억척에 혀를 내두를 뿐이었다. 성아는 검게 탄 얼굴에 예의 씩씩한 미소를 짓고 있었다.

"엄마, 나 상동 큰외삼촌 댁에 며칠 갔다올게요."
미국에 돌아갈 날이 2주일도 안 남은 어느 날 저녁, 성아가 뜬금없이 말을 했다.

"아닌 밤중에 홍두깨도 유분수지 거기는 갑자기 왜?"

가족들은 모두 영문을 몰라했다. 이화여대에서 1년 간의 교환 학생 과정을 끝낸 성아는 한국 기업의 분위기를 배워보고 싶다며 현대증권에서 두 달 간 아르바이트를 했다. 남은 두 주일은 아마도 친구들과 느긋하게 여행이라도 가겠지, 라고 모두들 생각하던 터였다.

"한국의 시골 생활을 체험하고 싶어서요. 지난번에 식구들 틈에 끼여 가보긴 했지만 한 이틀 그냥 다녀왔기 때문에 별로 기회가 없었잖아요. 전에 갔을 때 외삼촌과 외숙모한테 여쭤봤더니 언제든지 오라고 하시던데요."

다음날 아침 일찍 큼직한 배낭을 메고 성아는 용감하게 집을 나섰다. 성아가 시골에 간다니까 많은 추억들이 한꺼번에 몰려들었다. 나는 종종 어렸을 때 상동의 추억을 성아에게 들려주곤 했다.

큰집에는 나보다 훨씬 나이 많은 오빠와 언니들이 있었다. 큰엄마를 비롯해서 모두 나를 무척 귀여워했는데, 큰엄마의 애정 표현은 내 팔을 무는 것이어서 나는 늘 요리조리 피해 다니곤 했다. 겨울밤에는 사촌형제들과 참새 사냥도 했다. 초가집 처마 밑에 있는 구멍에 갑자기 손전등을 비춰 새가 앞이 안 보여 꼼짝 못하는 사이 잽싸게 낚아챘다.

작년 여름에도 엄마와 명규 그리고 성아와 함께 큰집에 갔었다. 우리가 찾아간 상동에는 이미 그 옛날의 정답고 그리운 큰집이 없었다. 큰아버지는 돌아가신 지 오래였고 나를 귀여워해주던 사촌언니들도 이젠 모두 할머니가 되었다고 환갑을 넘긴 올케가 일러주었다. 그 건장하던 큰어머니는 나를 물기는커녕 정신이 떠나버려 알아보지도 못했다. 자식들은 모두 도시로 내보내고 집에는 두 노인네가 팔순이 넘은 큰어머니를 모시고 농사를 짓고 있었다.

성아가 상동에서 돌아온 다음날, 온 식구들이 상동 이야기를 하고 있는데 전화벨이 울렸다.

"야야, 가 참말로 미국아 맞나? 가 참말로 하바드 학상 맞나?"

상동의 사촌오빠에게서 온 전화였다.

"왜 그러세요? 무슨 일이 있었어요?"

"내 평생에 그렇게 일로 잘하는 아는 본 적이 없는기라."

사촌오빠의 감탄은 계속 이어졌다.

"가는 새복만 대믄 안 깨어도 혼자 일어난다카이. 그라고 아침만 묵으믄 일하러 가자칸다. 일도 우예 그래 잘하노. 우리 두 늙으이들 힘 없다고 무거운 일은 지가 다해주고 갔다. 니도 아다시피 큰엄마는 온저이 지 정신이 아이다 아이가. 똥오줌 때문에 냄새가 나는데도 가가 어깨로 살살 쓰담으맨서 아 달래는 것처럼 하더라카이."

우리 가시나는 그곳에 가서도 겸손과 근면을 지킨 것 같았다. 뿌듯한 마음에 빠져드는 것도 잠깐, 문득 나는 어젯밤 일이 떠올랐다. 성아가 돌아왔다는 걸 알고 반갑게 엄마 방문을 연 나는 좀 놀랐다. 성아는 할머니의 품에 얼굴을 묻고 꼭 끌어안고 있었다. 문이 열리자 엄마가 "아, 인자 오나?" 하고 내게 말을 건네도 성아는 고개를 들지 않았다. 잠이 든 줄 알았는데 성아의 어깨가 가늘게 떨리고 있었다.

나중에 엄마한테서 성아가 시골에서 돌아와 울먹이며 했던 말을 전해 듣고 가슴이 뭉클했다.

"할머니, 나 시골 가서 할머니가 손주딸 잘못 키웠다는 말 안 들으시게 하려고 애 많이 썼어요. 그리구 상동 큰할머니 보니까 치매에 걸려서 아무도 못 알아보셔요. 손자들이 와서 인사를 해도 모르시고 누가 잘해드려도 하나도 모르셔. 우리 할머니도 언젠가 그렇게 될지도 모른다고 생각하니까 가슴이 미어지더라구요. 그때 가서 내가 '할머니, 나를 이렇게 훌륭하게 키워주셔서 고마워요' 해도 할머니는 못 알아들으실 거잖아요. 또 내가 '할머니 사랑해요' 해도 '댁은 누구요?' 하실 거잖아요. 그래서 늦기 전에 지금 바로 할머니한테 그 말을 해드려야지 마음먹었어요."

성아는 닷새 동안 상동에 있으면서 가족에 대해 많은 생각을 한 모양이었다. 떠나는 날까지 엄마를 따라다니며 "할머니, 정말 사랑해요." "할머니, 건강하게 오래오래 사셔야 돼요." "할머니 보고 싶어지면 어떡해."라고 노래를 불러댔다.

그 며칠 동안 성아를 보면서 감정이 좀 무딘 나도 가족이란 게, 핏줄이란 게 저런 거구나, 라는 어떤 감동을 느꼈다. 증오하고 미워하면서도 사랑하고 기대고…… 온갖 감정들이 엉겨 붙어 세월을 건너오면서 내 엄마, 내 아버지, 내 딸이라는 끈끈함으로 묶여 있다는 것을 새삼 느끼게 되었다.

'할 일이 생각나거든 지금 하십시오. 오늘 하늘은 맑지만 내일은 구름이 보일는지 모릅니다. 어제는 이미 당신의 것이 아니니 지금 하십시오.'

노스캐롤라이나 집의 냉장고에 붙여놓은 시구처럼 미소를 짓고 싶거든 친구가 떠나가기 전에 지금, 친절한 말 한마디가 생각나거든 사랑하는 사람이 곁에 있을 때 지금, 그리고 가족을 사랑한다면 바로 지금 사랑한다고 말해야 할 것이다. 너무 늦어버리기 전에.

녹색 군복에 싸인 푸르른 청춘

우리가 둘 다 녹색 군복을 입었다는 사실은 단순히
사람들의 이목을 끌 만한 일이라는 것을 넘어선다. 그것은
두 사람의 인생관과 삶의 목표가 같다는 것을 뜻한다.

성아는 지난 6월 7일 임관해 현재 미 육군 소위로 있다. ROTC를 한 사람은 7년 간 의무적으로 군대를 위해 일해야 한다. 선택은 두 가지다. 예비역으로 혹은 현역으로. 성아는 현역을 선택해 4년 간 군대 생활을 하기로 했다. 이후 3년의 선택에 대해서, 그리고 그 이후의 미래에 대해서는 아무도 점칠 수 없다. 하지만 당분간이나마 미국 녹색 군복에 싸이게 된 것은 바로 나 때문이 아닌가 하는 생각이 든다.

성아는 20여 년 동안 늘 엄마를 지켜보면서 나름대로 군대에 대해 멋있다고 생각했을 것이다. 무전기와 군복을 보여주기 위해 엄마를 태권도장에 오라고 했을 정도다. 외출할 때도 내가 군복을 입는 것을 좋아했다. 푸른 군복에서 다른 사람이 함부로 하지 못하는 어떤 파워를 느꼈는지도 모를 일이다.

또한 그애는 내가 군대에 대해 가지고 있는 생각들을 자주 들었다. 인간은 착한 사람도 많지만, 사실 옳지 못한 성격의 소유자들도 많다고 나는 믿는다. 그런 인간들은 대체로 욕심이 많고 잔인하고 자기 자신만을 위해 행동하려 한다. 그나마 법과 질서가 있고 그 법을 시행토록 강요하는 정부와 경찰이 있어 약한 자가 억울하게 당하는 것을 보호할 수 있다고 생각한다.

인간과 인간의 관계는 국가와 국가 간에도 적용될 수 있다. 경제력도 물론 중요하지만 병력이 없는 약소 국가는 강한 이웃나라의 침략을 막을 수 없다.

결국 자기 나라는 남에게 의지하지 않고도 자력으로 방위할 수 있는 힘이 필요하다. 그러므로 군인은 나라를 위해 목숨을 걸어야 한다. 군인이 맡은 바 의무는 개인의 사사로운 목적과는 또 다른 차원이다. 많은 사람을 위한다는, 보다 숭고한 대의명분이 있다.

물론 내가 군에 입대했던 것은 남편으로부터 도피하려는 절박한 목적도 있었다. 하지만 나는 20년 동안 군복을 입고 있으면서 늘 신념과 자부심을 가지고 생활했다. 내 핏속을 흐르는 정의감과 군대는 칼과 칼집처럼 뗄려야 뗄 수 없는 관계가 된 것이다.

"엄마, 나도 ROTC 해볼까?"

고등학교 3학년 때 성아가 느닷없이 이 말을 꺼냈다. 그애는 자신의 진로에 대해 고민하는 것 같았다.

"네가 하고 싶으면 해봐라."

나는 평범한 대답을 했다.

'나도 엄마처럼 되고 싶어.'

어쩌면 그애 마음에서는 나를 닮고 싶은 욕망과 나에 대한 경쟁 심리가 작용했는지도 모른다. 내가 하는 일에 대한 동경이 그애를 이 길로 이끌었을 것이다.

또한 무척이나 군인을 우대하는 집안 분위기 탓도 컸을 것이다. 어릴 때 작은 아버지는 우리 집안의 우상이었다. 가난하고 내세울 것 없는 집안에서 별을 달았다는 건 개천에서 용난 것이나 마찬가지였다. 군복을 입은 작은 아버지가 얼마나 잘생기고 멋져 보였는지 몰랐다. 작은 아버지는 집안의 영웅이자 나의 영웅이었고, 그 이야기는 나를 통해 성아에게 전해졌다.

성아는 고등학교 때부터 과외 활동으로 ROTC 활동을 하다 조지타운대학에 갈 때는 ROTC로부터 3급 장학금을 받았다. 성아는 ROTC 생도로서 체력 단련 등 장교가 될 준비에 전력을 다했다. 태권도 등으로 다진 체력이 밑받침이 되어주었다. 목소리도 좋아서 구보를 하면서 노래도 잘 불러 주변의 부러움을 샀다.

특히 성아는 명사수였다. 목표와의 거리는 물론, 자기 몸의 컨디션을 잘 조절해야 과녁을 뚫을 수 있는데, 성아는 극도로 복잡한 그 계산을 잘 해냈다. 또한 체력적으로나 정신적으로 자기와 싸움을 벌여야 하는 도전을 즐겼다. 한마디로 군대가 체질이라 할 정도로 모든 훈련을 잘해 나갔다.

그렇다고 앞으로도 성아가 계속 군인의 길을 간다고는 단정할 수 없다. 7년 간의 의무 기간을 마친 다음에는 다시 학교로 돌아갈 수도, 혹은 기업에 취직을 할 수도 있다. 성아의 군 경력은 자신의 경력을 쌓는 데 도움을 주는 것이 사실이다. 그런 엄혹한 과정을 거친 것을 사회는 다른 어떤 경력보다 인정해주기 때문이다.

지금 성아는 워싱턴주의 포트 루이스에서 푸른색 제복에 담긴 군인 정신으로 무장하고 있다. 일전에 우리는 죽음에 대해 이야기한 적이 있었다. 성아는 죽음을 맞을 바에는 전쟁터에서 맞고 싶다고 했다. 나는 엄마로서 그 말이 무척이나 섬뜩하고 가슴 아팠다. 하지만 한편으론 이해가 되었다. 자신을 위한 삶이 아닌 보다 많은 인류를 위해 뜻깊은 일을 해보고 싶다는 바람이었다. 사실 그것은 지금의 나의 꿈이기도 하다. 군복은 벗었지만 그런 대의명분을 나는 아직도 가슴에 품고 살고 있다.

우리가 둘 다 녹색 군복을 입었다는 사실은 단순히 사람의 이목을 끌 만한 일이라는 것을 넘어선다. 그것은 두 사람의 인생관과 삶의 목표가 같다는 것을 뜻한다. 성아가 나와 같이 정의로움을 추구하고, 보다 많은 사람을 위해 봉사하고 희생할 각오가 되어 있다는 것을 말해주는 것이다.

머리 위의 무지개

무지개. 그것을 희망이라
부를 수 있을 것이다. 나는 네가 늘
그것을 발견하고 성취해가기를 바란다.

2000년 6월 8일. 성아가 하버드를 졸업하는 날이다. 졸업을 축하하기 위해 식구들은 하루 전에 하버드 기숙사로 모이기로 했다. 졸업 다음날 친구들과 그리스로 떠날 예정인 성아는 졸업식 전날에도 할 일이 태산 같았다.

바쁜 성아를 기숙사에 남겨두고 나는 밤 7시 30분경에 혼자 보스턴의 로건공항으로 나갔다. 엄마와 언니, 오빠와 올케, 그리고 막내동생 명규가 노스캐롤라이나에서 올라왔다. 한 시간 반쯤 뒤 캘리포니아에 있는 아들 성욱이가 도착했다.

아직 모두 저녁 식사 전이었다. 우리는 포터 스퀘어의 한국 식당으로 향했다. 오랜만에 한자리에 모인 식구들은 맛있는 갈비와 된장찌개를 즐기며 회포를 풀기에 여념이 없었다.

"할머니, 이 반지 예쁘죠?"

성아가 내민 긴 손가락에 하버드 졸업 반지가 다소곳이 끼여 있었다.

"이기 그 반지가?"

엄마가 반갑게 성아의 반지를 만져보았다. 줄이 조금 가는 편이었지만 내 석사 졸업 반지와 같은 모양이었다.

"느그 어마이 거보다 줄도 가는기 값은 두 배나 하다이. 와따 비싸다, 야야."

엄마가 혀를 찼다.

"울맨데 그라노?"

옆에서 언니가 거들었다.

"8년 전에 내 건 370달러였는데 성아 건 670달러거든."

내 설명에 언니의 눈이 휘둥그래졌다.

"와이고 무시라. 그기 그리 비싸나?"

모두들 놀라움을 감추지 못했다.

"아무튼 엄마는 정말 대단하셔. 대부분의 사람들은 아무리 돈이 있고 또 갖고 싶어도 하버드 반지 끼는 사람이 없는데 엄마는 그런 사람을 두 명이나 뒀으니……."

"니 말 맞다. 다른 사람들보다 엄마가 진짜로 성공하신 거다."

마치 싸움이라도 난 듯 시끄러운 경상도 사투리들을 듣고 있던 오빠가 맞장구를 쳤다. 오빠의 점잖은 목소리 역시 내일에 대한 기대로 들떠 있는 것 같았다.

졸업식 날은 화창한 초여름 날씨였다. 졸업식장에는 졸업생 한 명당 네 명이 동행할 수 있었다. 나와 오빠 내외, 그리고 성욱이가 참석하기로 했다.

출입구마다 많은 사람들이 벽을 따라 거북이 걸음을 걷고 있었다. 백인, 흑인, 인디언, 동양인, 남미인 등 가지각색의 인종과 언어가 어우러지고 있었다. 마치 자석에 끌려가듯 우리도 C석 입구로 들어가는 줄 끝에 붙어 섰다.

하버드 교회 앞에는 수만 명의 인파가 북적대고 있었다. 우리는 와이드너 도서관 건물 옆 그늘에 있는 의자에 자리잡았다. 우리가 앉은 곳에서는 졸업생들도 단상도 보이지 않았다. 나는 스피커에서 흘러나오는 말소리에 귀를 기울였다.

가장 인상에 남았던 것은 나이지리아 출신 여자 졸업생의 연설 '약자를 보호하라(Defend the Defenseless)'였다. 어린 시절 전쟁 고아나 다름 없는 삶 속에서도 그녀는 어린 동생을 보호하라는 아버지의 마지막 절규를 지키려고 모든 노력을 아끼지 않았다. 고통과 절망의 삶을 이어가면서도 그녀는 하버드에서 박사학위를 받게 되었다. 앞으로도 그녀는 세계를 위해, 그리고 억울하게 착취당하는 약자들을 위해 자신의 삶을 바치겠다고 했다. 그녀는 아무리 대단한 하버드의 교육과 졸업장도 실제로 인류를 위한 훌륭한 일에 쓰이지 못한다면 아무짝에도 쓸모 없는 것이 되고 만다고 주장했다. 참으로 머리가 숙여지는 가슴 뭉클한 연설이었다.

'성아야, 성욱아, 너희들도 나와 같은 마음이지?'

나는 내 옆에 의젓하게 앉아 연설에 귀 기울이고 있는 성욱이의 손을 꼭 쥐었다. 성욱이도 내 마음을 안다는 듯 환한 미소로 나를 바라보며 내 손을 마주 쥐어주었다.

벅차오는 가슴을 펴고 하늘을 올려다보았다. 순간, 나는 와이드너 도서관 지붕에 걸쳐진 무지개를 발견했다. 그 뜻밖의 예술품은 밝은 햇살 속에서도 일곱 가지 색을 선명하게 자랑하며 우리 머리 위에 펼쳐져 있었다. 마치 우리의 미래를 축복해주는 천사들의 선물 같다는 생각이 들었다. 혼자 보기에는 너무 아까웠다.

"머리 위를 봐. 무지개가 떴어."

흥분을 억제하며 나는 성욱이에게 속삭였다. 성욱이는 아닌 밤중에 웬 홍두깨냐는 듯 고개를 갸우뚱했다. 그러나 내가 시키는 대로 하늘을 올려다본 성욱이는 흥분을 감추지 못했다.

"어, 정말이네. 이렇게 화창한 날씨에 어떻게…… 아침에 비가 왔던 것도 아니고……"

"신기하지? 그렇지만 얼마나 아름답니. 더구나 이렇게 뜻깊은 날에 내 사랑하는 아들과 함께 하버드 교정에서 아름다운 무지개를 보다니…… 엄마는 정말 행복하구나."

졸업장 수여식은 각 기숙사별로 행해졌다. 무성하게 우거진 푸른 나무들, 그 밑으로 아기자기하게 수를 놓고 있는 아름다운 꽃들. 로웰 하우스 정원은 예전과 다름없이 다정하게 우리를 맞았다.

온 식구들이 보는 앞에서 졸업장을 받는 성아의 자랑스러운 모습. 그런데 이상하게도 내 마음에는 기쁨이 느껴지지 않았다. 이해할 수 없었다. 얼마 후 성아가 활짝 웃으며 식구들을 한 명씩 안아주고 있었다. 그 모습을 바라보며 나는 당연히 행복해해야 했다. 그러나 나는 알지 못할 외로움과 서운함에 혼자 가슴을 앓고 있었다.

'참, 알다가도 모를 일이군. 모두가 이렇게 기쁨과 흥분으로 들떠 있는데 정작 기뻐해야 할 내가 왜 이리 서글프기만 한지……'

성아가 떠나는 날 아침이 밝아왔다. 오후 5시 전에 기숙사를 비워줘야 한다. 그 전에 우편으로 성아의 짐도 부쳐야 하고 또 이튿날 보스턴을 떠나는 가족들을 모두 호텔까지 배웅해주어야 한다. 아무래도 차 없이는 무리일 것 같아 비행장에서 차를 대여해서 기숙사로 돌아왔다. 온 식구가 콩 볶듯이 바쁜 하루를 보내느라 오후 3시가 넘어서야 겨우 아침 식사를 할 수 있는 여유가 생겼다.

나는 숨돌릴 틈도 없이 보스턴 비행장으로 향했다. 성아가 장교 임관과 졸업을 기념하기 위해 친구 두 명과 함께 그리스 여행을 하기로 했기 때문이다. 한 명은 캐나다에서, 또 한 명은 프랑스에서 오는데 셋이 런던에서 만나 그리스로 간다고 했다.

열흘 간의 그리스 여행이 끝나면 바로 미군 장교 생활이 시작되기 때문에 한동안은 딸을 만날 수가 없다. 운전을 하는 동안 뒷자리에서 삼촌 내외와 쉬지 않고 재잘대는 성아의 목소리를 듣고 있자니 딸에 대한 어떤 그리움 같은 게 밀려왔다.

"엄마-, 이번에 너무너무 수고하셨어요."

탑승구로 나가기에 앞서 성아가 나를 꼭 껴안았을 땐 가슴이 뭉클했다.

"……"

나는 목이 메어 말이 나오지 않아 그저 성아의 등을 어루만지고 서 있었다. 성아 역시 다음 말을 잇지 못하고 내 어깨에 머리를 묻고 있었다.

"엄마, 나 키우느라고 고생 많이 하셨죠? 정말 너무 고마워요. 이 은혜 잊지 않을게요."

탑승구를 향하던 성아는 차마 발길이 안 떨어지는지 다시 돌아와 나를 안았다.

"엄마, 이제부터는 내가 엄마를 잘 돌봐드릴게요."

성아가 탑승구 안으로 사라지자 갑자기 가슴이 텅 빈 것 같은 허전함과 외로움이 엄습해왔다. 솟구치는 눈물을 감추려고 나는 유리벽에 바싹 다가서서 한참 동안 성아가 들어간 쪽을 바라보고 있었다. 창 밖에는 비가 내리고 있었다.

이젠 엄마와 딸이 아닌 친구로 살아갈 것이라는 예감이 들었다. 나의 엄마 역할이 이제 끝이 났다는 것 때문에 며칠 동안 그렇게 서운하고 우울했을까? 성아는 이제 세상 어디에 갖다놓아도 당당히 제 인생을 찾을 준비가 되어 있었다. 성아의 머리 위 하늘에는 언제나 무지개가 걸려 있을 것이다. 무지개. 그것을 희망이라 부를 수 있을 것이다. 나는 성아가 늘 그것을 발견하고 성취해가기를 바란다. 내가 희망의 증거가 되었듯이.

모두 아름다운 아이들을 위하여

새 천 년을 시작하는 신록의 5월.

물고기가 알을 낳기 위해 거센 물살을 거슬러 올라가듯, 나는 또다시 페이어트빌의 내 집을 찾았다. 아버지가 좋아하셨던 '용의 언덕'을 올라서니 낯익은 풍경이 한눈에 들어온다. 나는 이곳에서 또 하나의 산고를 치렀다. 새 천 년을 이끌어갈 한국의 아이들, 그 소중한 아이들을 위해 나는 이곳에서 나의 분신과도 같은 딸 성아의 발자취를 더듬어보았다.

이 책을 통해 나는 오늘의 성아를 위해 엄마인 나는 무엇을 했는가를 말하려 했다. 성아에게서 무엇을 갈구했고 무엇을 베풀었는가 혹은 무엇을 앗아갔는가. 나의 생각과 행동이 성아가 자라는 데 어떤 영향을 끼쳤는가. 이렇게 파헤친 과정을 통해 다른 부모와 자녀들이 좀더 나은 성장 방법을 찾을 수도 있다는 바람에 나는 이 산고를 마다하지 않았다. 물론 이러한 나의 바람을 성아도 이해해주었다.

"어떻게 하면 성아처럼 키울 수 있을까요?"

이 질문을 받을 때마다 나는 "아이를 강하게 키우려면 부모가 강해져야 합니다."라고 대답한다.

아이는 예술품이다. 주어진 재능을 최대한 활용하여 잘 다듬어 나간다면 훌륭한 인간으로 거듭날 수 있다. 그러나, 위대한 걸작은 쉽게 만들어지지 않는다. 오랜 시간 공을 들이는 과정에서 조금씩 윤곽을 드러낸다. 부모는 자신의 작품이 마음에 들지 않는다고 해서 다른 예술가들처럼 그것을 구겨서 쓰레기통에 버릴 수는 없다. 욕심대로 되지 않더라도 끝까지 포기하지 않는 자세가 절대적으로 필요하다.

자녀 교육은 부모나 주변 어른들만의 책임이 아니다. 아이들 스스로도 자신들의 보호자가 되어야 한다. 자녀 교육이란 다른 사람이 아닌 바로 자녀들 자신의 삶을 결정짓는 과정이기 때문이다. 행복도 불행도 바로 자기 자신이 받아들여야 할 결과이다.

나는 열악한 환경에서 태어났다. 그러나 내 자신의 인생을 다른 사람들의 옳지 않은 뜻이나 무관심에 그냥 휩쓸려버리도록 내버려둘 수는 없었다. 그때 나를 구하기 위해 나타난 사람은 다른 사람 아닌 바로 나 자신이었다. 자신을 키우면서 얻은 교훈과 철학은 내 아이 성아를 키우는 데 어느 대 학자의 이론보다도 우수한 방법론이었음을 이 책을 쓰면서 재확인할 수 있었다.

어떤 상황에 부딪치면 나는 자동적으로 성아 나이 때의 나 자신을 떠올린다. 그때의 자신으로 돌아가 내 태도나 주변 사람들의 행동 등을 검토하며 성아의 마음가짐을 가늠하려 했다. '같은 나이 또래'의 마음 가짐으로 그 당시에 가장 올바른 행동의 선택을 모색했다.

"목표에서 눈을 떼지 마라."
내 좌우명이라고도 할 수 있다. 부모나 자녀나 그들의 목표는 자녀들을 훌륭한 작품으로 완성하는 것이다. 목표가 뚜렷하고 그것을 달성하고자 하는 절실한 바람이 있다면 도중에 부딪히는 수많은 장애물도 그 의지를 꺾지 못할 것이다. 한국을, 세계를 이끌어나갈 우리의 아이들. 인류의 운명은 바로 우리의 아이들에게 달려 있다. 그리고 그 아이들의 운명은 바로 우리 자신에게 달려 있다.

이 책의 안과 밖은 헤아릴 수 없이 많은 분들의 도움이 있었기에 태어날 수가 있었다. 그분들에게 마음 속 깊이 감사한다.

이 책을 통해 거듭날 아이들을 위하여,
2000년 여름,
미국 노스캐롤라이나의 페이어트빌에서

서진규

남은 이야기

1999년 2월 , 몬트레이 바닷가에서

희망은 또 다른 희망을 낳는다

자전 에세이 《나는 희망의 증거가 되고 싶다》가 출판된 후로 강연 요청들이 쏟아져 들어왔다. 나를 필요로 하는 사람들이 많은 것이 신이 나서 나는, 하루에 세 번 강연을 한 적도 있을 정도였다.

수많은 강연을 다니면서 여러 사람들을 만났지만, 그 중에서도 나는 젊은이들의 살아 있는 눈동자와 마주할 때 특히 기분이 좋아진다. 나아가 그들이 팽팽히 긴장한 목소리로 질문이라도 해올라치면, 내 가슴은 두근두근 흥분되기 시작한다.

이제 소개하는 두 차례의 강연은 바로 그런 이 땅의 젊은이들과 만나 서로 질문하고 대답할 수 있었기 때문에 말할 수 없이 기쁘고, 보람 있었던 자리였다.

실패한 반항과 성공한 반항

강연 중에도 나는 질문과 토론을 반긴다. 부산에서 강연을 하는데 대구에서 온 20대 여성이 질문을 했다.

"서진규 선생님은 신창원을 어떻게 생각하세요?"

마침 신문에서 읽은 적이 있어 다행히 그 사람에 대한 정보를 어느 정도는 알고 있었다. 나는 그 사람 역시 한국 사회의 차별과 폐단이 만든 희생자라고 말해주었다. 그리고 다음과 같이 덧붙였다.

"우리는 아주 중요한 사실을 잊어서는 안 됩니다. 그가 걸어야만 했던 험난한 길은 어린 시절 신창원 스스로가 택한 길이었습니다. 아무리 힘들고 어려운 삶의 고비에 놓여도 마지막 선택은 바로 본인이 하는 것입니다."

그 후 나는 그의 자서전을 읽어보았다. 힘들게 산 한 인간의 삶을 보며 가슴이 아팠다. 그리고 무정한 사회에 의해 매장돼버린 그의 재능이 너무도 아깝다는 생각이 들었다. 나는 자라나는 어린이들이 신창원과 같은 길을 선택하지 않기를 바라는 마음에서 내 강연에 신창원 얘기를 삽입했다. 다음은 내 강연의 요지다.

신창원과 서진규는 둘 다 무척 어려운 가정에서 태어났습니다. 그리고 우리 둘은 서로 지지 않을 정도로 엄청난 반항아들입니다. 우리는 이 사회의 폐단을 몸소 삶으로써 지적하고 있습니다. 그리고 우리는 이 폐단들이 바뀌기를 원합니다. 우리는 서로 닮았습니다. 신창원도 자서전을 썼고 서진규도 자서전을 썼습니다. 어릴 적 신창원의 꿈은 장군이 되는 것이었습니다. 내가 꿈꾸던 암행어사 역시 장군이라고 할 수 있습니다.

신창원이 감옥을 탈출한 뒤 수사망을 기막히게 피해 다니는 것을 보고 나는, 그 사람이 뛰어난 재능을 가졌음을 알 수 있었습니다. 잘만 훈련이 되고 기회만 주어졌더라면 훌륭한 리더가 될 수도 있다고 느꼈습니다.

그러나 오늘의 신창원과 서진규는 엄청난 차이가 있습니다. 신창원은 지금 감옥에 갇혀 있고, 아마도 여생을 감옥에서 마쳐야 할지도 모릅니다. 지금 신창원의 소원이 무엇인지 아십니까? 그는 단 며칠만이라도 도망다니지 않아도 되는 평범한 사람으로 살아보는 거라고 합니다. 반면 서진규는 자유인입니다. 세계 어디든 갈 수 있고 하고 싶은 일을 하며 살 수 있습니다.

그럼 우리는 왜 이렇게 다른 삶을 살게 되었을까요? 바로 힘겨웠던 어린 시절, 각자 선택을 달리했기 때문입니다.

신창원은 자신이 받아들일 수 없는 일에 부딪혔을 때, 분노했고 그때마다 바로 맞서는 '못 참는 반항아'의 길을 택했습니다. 식구들에게 이웃에게 그리고 경찰에게 그대로 맞섰습니다. 어떻게 보면 '영웅'의 행동처럼 보일 수도 있겠지요. 그러나 그가 어려서 택한 길 때문에 결국 법에 맞서게 되었고 평생을 쫓겨다니는 삶을 살게 되었습니다. 너무 어려서 철이 없어 몰랐다고요? 그러나 이 사회는 그 어린 시절의 실수를 용납하지 않습니다.

서진규는 '기다리는 반항아'의 길을 택한 행운아였습니다. 물론 겁이 많아 함부로 맞설 용기가 없었던 탓도 있었겠지요. 그러한 내 모습이 겁쟁이로 비쳐질지도 모릅니다. 그러나 그런 건 내게 별로 중요하지 않습니다. 어린 마음에도 나는, 받아들일 수 없는 차별과 폐단에 맞서봤자 지금은 내가 역부족이라고 생각했습니다.

나는 이를 악물고 참기로 했습니다. 언젠가 꼭 복수를 하겠다고 미래를 기약했습니다. 그래서 이 사회의 차별과 폐단을 단숨에 무찌르겠다고 다짐에 다짐을 거듭했습니다.

그러기 위해 나는 실력을 쌓았고 법과 질서 속에서 길을 찾아왔습니다. 그리고 오늘 나는 내가 꿈꾸었던 것 이상을 이루어 당당하게 여러분 앞에 서 있습니다. 이것이 바로 나의 선택이었습니다. 철부지 같은 어린 시절의……

아이들을 보호하고 올바른 길로 인도하는 사회와 부모의 손길도 중요합니다. 하지만 그에 못지 않게 아이들 스스로의 노력과 선택이 그들의 한평생을 좌우할 수도 있습니다. 나는 여러분들이 이왕이면 신창원의 감옥보다 서진규의 자유와 행복을 선택했으면 하는 바람입니다.

가지 못할 길이란 없다

어느 날 대전에서 강연을 하는데 한 남학생이 손을 들고 질문을 했다.

"선생님, 저는 의대 1학년입니다. 그런데 저는 좌절하고 있습니다."

청중들이 술렁거렸다. 모두들 "의대면 많은 사람들이 부러워할 학과인데……" 하고 의아해하는 표정들이었다.

"저는 원래 정치를 공부해서 이 나라의 대통령이 되는 것이 꿈이었습니다. 주변에서는 허황된 꿈이라며 극구 말렸습니다. 그런 헛된 꿈을 버리고 사회가 인정하는 안정된 직업인 의사나 되라며 강요하는 바람에 결국 이렇게 의대생이 되고 말았습니다. 그런데 저는 의사가 되고 싫지 않습니다."

나는 절망하고 있는 그 젊은이에게 이렇게 말해주었다.

당신은 참 행운아입니다. 인간이면 누구나 의사를 필요로 합니다. 지금 당신이 공부하는 것은 바로 모두가 필요로 하는 의사가 되기 위한 것입니다. 열심히 공부해서 실력 있는 의사가 되십시오. 돈이 많은 사람들을 치료해주고 당신도 돈을 많이 버세요. 권력이 있는 사람들도 치료해주고 당신도 그 힘을 축적하십시오. 그래서 생긴 여유로 섬 마을, 산골, 농촌의 가난한 사람들을 치료해주십시오. 도시에 살면서도 돈이 없어 의사를 찾지 못해 쓰러져가는 가엾은 사람들을 도와주십시오. 그들이 바로 당신의 국민입니다.

병자는 친절한 의사에게 쉽게 마음을 열고 또 진심으로 따릅니다. 그들을 치료하면서 당신의 국민을 배우세요. 그들의 삶과 생각을 배우고, 그들에게는 어떤 대통령이 필요한지를 배우세요. 국민을, 그리고 그들의 뜻을 모르고 어찌 나라를 위한 대통령이 될 수 있겠습니까? 그리고 당신이 진정으로 그들의 안녕을 위해 노력하는 모습을 보이면, 그들은 당신을 따르고 밀어줄 것입니다.

또 의사 일을 하면서 정치 공부를 하지 말라는 법이 어디에 있습니까? 훌륭한 의술로 국민들을 구하면서도 틈틈이 정치 공부를 하십시오. 정치 이론은 물론, 과거의 정치는 어떠했고, 지금의 정치가 어떻게 돌아가고 있고, 미래에는 어떤 정치가 필요하고……

그리고 30년 후나 40년 후에 이 나라의 대통령이 되십시오. 권력을 위한, 그리고 자기 자신을 위한 대통령이 아닌 국민을 아는, 국민을 위한 대통령이 되어 당신의 국민을 위해 몸과 마음을 바치십시오. 당신은

이 나라에 필요한 그리고 역사에 길이 남을 대통령이 될 것입니다.

강연이 끝나고 여러 사람들이 줄을 서서 사인을 받았다. 그 학생도 그들 중에 끼여 있었다. 학생은 나에게 작은 쪽지를 건네주었다. 나중에 그 쪽지를 읽고 나는 다시 한 번 감격의 전율을 즐겼다.

"선생님, 제가 큰 실수를 할 뻔했군요. 제 꿈을 이룰 수 있는 탄탄대로가 앞에 놓여 있는데 그것을 못 보고 섣불리 제 꿈을 포기할 뻔했으니……. 선생님께서 말씀하신 대로 저는 훌륭한 의사가 되겠습니다. 그래서 제 국민들을 치료하며 그들을 배울 것입니다. 정치 공부와 더불어 그들이 대통령으로부터 필요로 하는 것이 무엇인가를 배울 것입니다. 그래서 언젠가 꼭 이 나라의 대통령이 되겠습니다. 선생님께서 말씀하셨듯이 국민을 아는, 국민을 위해 존재하는 헌신적인 대통령이 되겠습니다. 그때 선생님을 꼭 찾아뵙겠습니다. 건강하게 꼭 살아계시길 빕니다."

내 인생의 조각그림들을 맞추며

*편집자 주 : 책 출간 작업이 마무리되어갈 즈음, 푸른숲 편집부로 한 통의 팩스가 날아들었다. 워싱턴주의 포트 루이스에서 교육 장교로 있는 성아가 보낸 장문의 에세이였다. 흔치 않은 두 모녀의 이야기를 책으로 만들어내는 편집자에게 자신들에 대한 이해를 도울 수 있었으면 하는 심정에서 바쁜 틈틈이 써내려간 글이었다. 에세이를 읽으며 편집진은 저자가 우리에게 들려준 이야기의 진정성을 새삼 재확인하게 되었으며, 이 책《희망은 또 다른 희망을 낳는다》의 출간 의의에 한층 강한 확신을 갖게 되었다. 이 같은 감동을 독자와 함께 나누기 위해 에세이 전문을 책 말미에 싣는다.

인생은 조각그림 맞추기 게임이고 우리는 그 안의 조각그림들이라는 생각이 든다. 누구나 유년기를 보내면서 자신이 어느 조각이며 다른 조각들과는 어떤 관계인가를 알아내려고 애쓴다. 그런 다음에는 전체 그림에서 자신의 위치를 알고자 한다. 하지만 조각들을 다 맞추기 전까지는 그것이 어떤 그림인지 전혀 알 수가 없다.

그런 의미에서 엄마는 조각그림 맞추기와 같았다. 어렸을 때 나는 엄마를 잘 안다고 생각했다. 엄마의 힘과 목표, 그리고 엄마를 행복하게 만드는 게 무엇인지……. 내게 엄마는 그칠 줄 모르는 힘의 원천이었다. 심지어 나는 엄마에게는 인간적인 약점이라고는 없다고 믿기까지 했다.

그러나 나는 지금 전혀 다른 모습의 엄마를 보고 있다. 엄마도 두려움, 의심, 외로움을 느끼신다. 모든 문제에 대한 해답을 알고 계시지도 않다. 또 실수도 하신다. 그러나 묘하게도 엄마 역시 여느 사람들처럼 한 인간에 불과하다는 것을 알게 되면서 나는 오히려 엄마를 더욱 존경하게 되었다. 그것은 엄마가 이러한 모든 인간적 면모를 지니고 있음에도 불구하고 자기 인생의 목표를 달성할 수 있었기 때문이다. 오늘의 모습이 되기까지 엄마는 언제나 자신을 수양했고, 이기적인 충동과 싸워왔으며, 오랜 기간을 끊임없이 노력해오셨다. 무엇보다도 엄마는 언제나 긍정적인 자세를 지닌 분이었다. '컵 안에 물이 아직 반이나 남아 있다'는 철학은 엄마의 트레이드마크가 되었다.

나는 그리 '악바리' 학생이 아니었다. 중학교 2학년이 되도록 공부에는 전혀 관심이 없었다. 다행히도 엄마 역시 그런 나를 억지로 공부시키려 하지 않고 그냥 내버려 두시는 편이었다. 당시에는 엄마의 그런 점에 대해 별로 생각해본 적이 없었지만, 지금은 크게 감사하고 있다. 다른 사람들에게는 엄마의 그런 자유로운 양육 방식이 퍽 낯설었을 것이다. 그런 방식이 누구에게나 최선이라고는 할 수 없겠지만, 아무튼 내게는 이상적이었다.

엄마에게 나쁜 성적표를 보여드렸을 때 나는 위경련을 일으킬 정도였다. 하지만 내 지독한 성적을 보고도 엄마는 아무 말도 하지 않으셨다. 엄마는 내가 놀기 좋아하는 아이라는 것을 알고 있었다. 억지로 공부를 시키면 내가 얼마나 비참하게 느낄지를 알고 계셨다.

돌이켜 보건대 엄마는 내가 하는 모든 일에 관심을 가지고 계셨던 듯하다. 내가 흥미를 느끼는 분야를 추구하도록 북돋워주시는가 하면, 사기를 진작시키는 데도 열심이었다. 엄마는 나의 성공을 기뻐하셨고, 나의 괴로움을 슬퍼하셨다. 엄마는 내게 결코 직접적인 영향력을 행사하려 하지 않으셨다. 늘 내게 할 수 있는 최선을 다하라고만 하셨다. 좌절할 때나 상황이 안 좋을 때도 마찬가지였다. 아마 엄마는 내가 모르는 어떤 것을 알고 계셨던 듯싶다. 엄마는 자주 경쟁을 즐기는 내 성격이 자신을 닮았다는 말을 하셨다. 나는 엄마의 말을 부인하지 않는다. 난 지는 게 싫다.

나는 엄마가 화려한 경력을 쌓아가면서도 그토록 적극적으로 내 문제에 관심을 가져주시는 것에 상당히 놀랐다. 엄마는 남의 이야기를 기막히게 잘 들어주는 분이다. 엄마는 내가 내 마음 속에 있는 말을 모두 털어놓도록 만드는 방법을 알고 계셨으며, 그것을 통해 내 감정을 이해하셨고 내가 나 자신을 더 잘 알 수 있도록 도와주셨다. 쓸데없는 수다나, 선생님한테 받은 사소한 칭찬 등 별볼일 없는 성과까지도 잘 들어주셨다. 엄마와 이야기할 땐 권위 의식이 짙은 엄한 사람과 이야기하는 것 같은 느낌이 전혀 들지 않았다. 마치 내가 가장 친한 친구에게 이야기하고 있는 듯한 기분을 느끼게 했다(사실 엄마는 나의 가장 친한 친구이기도 하다).

내가 성공을 거둘 때마다 엄마가 진정으로 행복해하셨다는 것을 나는 안다. 하지만 엄마는 내가 무엇이든 꼭 잘해야만 한다고 생각하지는 않으셨다. 오히려 엄마는 늘 '모든 기회를 배우고 경험하는 계기로 삼을 것'을 강조하셨다. 좋은 성과를 올렸을 경우에는 그 성취를 자랑스러워할 뿐 아니라 좋은 운에도 감사하라. 만일 일이 잘 풀리지 않을 경우에는 그런 대로 좋은 경험이 됐다고 생각하라. 바꿔 말하면 모든 게 나름대로의 의미가 있다는 이야기였다. 그것은 엄마 특유의 '긍정적인 사고방식'에도 잘 맞았다.

엄마는 우리 모녀가 얼마나 행운아인가에 대해서 자주 말씀하셨다. 그러나 엄마의 이야기가 실감된 계기는 다른 학생들, 특히 한국이나 일본, 그리고 다른 지역에 사는 동포 학생들의 삶을 보았을 때였다. 간단히 말해서 공부와 진학 시험에 그토록 시달려야 하는 그들의 삶이 내게는 견딜 수 없는 것으로 여겨졌다. 학생들은 거의 맹목적으로, 즉 그저 좋은 대학에 들어가야 한다는 것을 유일한 목표로 삼고 공부하는 것 같다. 그러나 막상 대학을 졸업한 뒤의 계획에 대해서는 그렇게 확고한 목표가 없다.

엄마는 그런 식으로 자신의 인생을 살지 않았기 때문에 나 역시 간접적으로 그 영향을 받았던 것 같다. 엄마는 스스로 구체적이면서도 자신이 진정으로 원하는 목표를 정하고 그 목표를 달성하기 위해 노력하셨다. 그런 엄마의 인생을 본받아 나도 그런 삶을 추구했다.

내가 엄마에 대해 존경의 마음을 품게 된 것은 엄마가 자신의 삶을 독자적으로 꾸려 성공을 거두었기 때문이다. 엄마는 자식 뒷바라지만 하면서 살지 않았다. 엄마는 독립적이고 자족적이며 의욕이 넘쳤다. 나는 엄마의 성취를 무척 자랑스럽게 생각한다. 친구들에게 내 엄마가 군대에 복무하셨고 하버드에서 석사, 박사학위에 도전하고 계시다고 말했을 때 친구들이 크게 놀라며 부러워하는 것을 보면 기분이 좋았다.

엄마는 자신의 인생을 소신껏 살아오셨다. 그런 탓에 나는 남성과 여성의 차이 같은 건 별로 없다고 믿었다. 나도 엄마처럼 독립적으로 살고 싶었으며, 신체적으로도 강하고 모든 면에서 유능해지고자 했다. 사회에서 흔히 여성들에게 요구하는 '약하고 순종적인' 여성상은 대단히 싫어했다. 그런 점에서 나를 '페미니스트'라 부르는 사람도 있으리라. 그러나 나는 오히려 나 자신을 남성과 여성 모두에게 평등한 권리와 의무가 있어야 한다고 믿는 '평등주의자'라고 생각하고 싶다.

엄마!

엄마가 저를 얼마나 사랑하셨고 얼마나 잘 돌봐주셨는지 제가 이해한다고 말하면 그건 거짓말일 거예요. 아마 그 어떤 자식이라도 부모의 깊은 정을 제대로 알기란 어려울 거예요. 하지만 한 가지만은 절대 변하지 않을 거예요. 엄마는 언제까지나 저의 '영웅'이시라는 점이에요. 엄마가 제게 그렇게 하셨듯이 언젠가 저도 엄마와 같은 엄마이자 가장 친한 친구 그리고 스승이 될 수 있기를 바라는 마음 간절하답니다.

그리고 제가 아무리 자립한 척, 또 어른인 척해도, 저는 언제나 엄마의 '고슴도치'일 테고, 장래에도 내 인생의 크고 작은 모든 순간마다 엄마가 함께 하시기를 바라고 있습니다.

저는 지금까지 우리가 함께 했던 모든 일을 사랑하고, 앞으로 함께 할 모든 모험을 즐거운 마음으로 기다릴 거예요. 당신이야말로 진정 최고의 엄마입니다. 데모 모 와카루 데쇼(그렇지만 엄마는 이미 알고 계시잖아요)!

시

그대 굳이 사랑하지 않아도 좋다
• 이정하 시집/신4·6판/104쪽

이루어질 수 없는 사랑에 때론 아파하고 때론 절망하는 마음을 서정적인 감성으로 그린 시집.

너는 눈부시지만 나는 눈물겹다
'96 '97 '98 시부문 전국 베스트셀러
• 이정하 시집/신4·6판/104쪽

사랑의 애잔한 아픔과 그 속에 깃든 사랑의 힘을 섬세하게 풀어쓴 시집.

그대가 곁에 있어도 나는 그대가 그립다
8년 연속 전국 베스트셀러
• 류시화 시집/신4·6판/112쪽

뛰어난 서정성과 환상적 이미지로 삶의 비밀을 섬세하게 풀어낸 류시화 시집.

그대에게 가고 싶다
7년 연속 전국 베스트셀러
• 안도현 시집/신4·6판/98쪽

가슴 아픈 사랑의 마음을 그린 서정시집.

그대 거침없는 사랑
5년 연속 전국 베스트셀러
• 김용택 시집/신4·6판/108쪽

〈섬진강〉의 시인 김용택이, 소박하고 꾸밈없는 목소리로 사랑의 경건함과 따사로움, 사랑의 순정함을 노래한다.

아름다운 사람 하나
'97년 시부문 베스트셀러
• 고정희 시집/신4·6판/144쪽

고통스러우면서도 절실한 사랑의 감정을 통해 성숙해가는 이를 그린 서정시집.

소설

허균, 최후의 19일
• 김탁환 장편소설/신국판/전2권

이 땅의 역사를 바꾸고자 했던 사내 허균, 그의 야망과 고독, 그리고 눈물을 읽는다.

누가 내 애인을 사랑했을까
• 김탁환 장편소설/신국판/264쪽

이 시대 청춘들의 치명적인 삶과 사랑을 특유의 발랄하지만, 슬픔 어린 문체로 이야기하는 연작 장편소설.

세상에서 제일 잘생긴 익사체
• 마르케스 外/신국판/300쪽

지난 반세기 서구 단편문학의 풍성한 줄기를 한눈에 살필 수 있는 소설집. 〈플레이 보이〉지에 실렸던 수백 편의 작품들 중 문학성과 재미를 두루 갖춘 열 편을 엄선하여 실었다.

눈 이야기
• 조르주 바타유/신국판/292쪽

성적 무절제를 통해 개인의 주권을 옹호한 소설 〈눈 이야기〉와 후일 필립 솔레르스가 '우리의 모든 현대성을 다룬 책'이라고 격찬한 〈하늘의 푸른 빛〉이 수록된 작품집.

봉순이 언니
• 공지영 장편소설/신국판/216쪽

60~70년대 고도성장의 뒷골목에서 한없이 추락하면서도 삶에 대한 낙관을 포기하지 않는 주인공을 통해 끝끝내 포기할 수 없는 '희망'의 메시지를 건져올린 공지영의 장편소설.

무소의 뿔처럼 혼자서 가라
• 공지영 장편소설/신국판/332쪽

'착한 여자'에 대한 환상과 '능력 있는 여자' 혹은 '똑똑한 여자'에 대한 편견, 그리고 이율배반적인 이 두 가지 가치를 동시에 요구받고 있는 여성들의 혼란과 고통을 생생하게 이야기하는 소설.

더 이상 아름다운 방황은 없다
• 공지영 장편소설/신국판/364쪽

그리고, 그들의 아름다운 시작
• 공지영 장편소설/신국판/전2권

고등어
• 공지영 장편소설/신국판/280쪽

허삼관 매혈기
'99 출판인회의 '이달의 좋은책' 선정도서 / '99 중앙일보 좋은책 100선 선정도서
• 위화(余華) 장편소설/신국판/348쪽

《살아간다는 것》에 이어 소개되는 중국 제3세대 소설가 위화의 장편소설. 출간 직후부터 지금까지 중국 최고의 베스트셀러가 된 문제작으로 독일·이탈리아·프랑스에서 출간돼 격찬받았다.

살아간다는 것
- 위화(余華) 장편소설/신국판/312쪽

사랑하는 가족 모두를 먼저 보내야 했던 늙은 농부가 자신의 인생을 반추하는 형식을 통해 가차 없는 현실과 운명에 맞설 수 있게 하는 사랑과 우정의 힘, 인간 본성과 생명에 대한 근원적 믿음을 보여주고 있다.

내게는 이름이 없다
- 위화(余華) 단편소설집/신국판/312쪽

보잘것없는 생을 살아가는 주인공들의 모습이 작가 특유의 따뜻한 눈길과 풍성한 입담, 그리고 능숙한 이야기 솜씨를 통해 살아난다.

세상사는 연기와 같다
- 위화(余華) 중편소설집/신국판/296쪽

폭력과 피와 죽음이 직접적으로 서술되는 작품들을 통해 망각의 늪에 빠진 중국 당대사 및 개인의 기억을 환기시킨다.

에세이

나는 대한민국 경찰이다
- 김강자 지음/신국판/300쪽

미성년 매매춘과의 전쟁을 통해 전국민적으로 알려진 저자가 종암경찰서장에 부임하자마자 가동한 일명 '미아리 텍사스 프로젝트'의 15년 준비 과정과 경찰 제복을 입고 만나온 사람들, 사건들이 흥미진진하게 소개된다.

우리는 다시 만나기 위해 태어났다
- 잭 캔필드 · 마크 빅터 한센/류시화 옮김/신국판/236쪽

어린 연인들의 간절한 사랑에서부터 노년의 잔잔한 사랑까지, 때로는 죽음을 넘어서고, 때로는 신의 손길에 이끌리면서 영혼의 동반자를 만나 사랑하는 모습이 한 편 한 편마다 아름답고 신비롭게 그려져 있다.

영혼을 위한 닭고기 수프
- 잭 캔필드 · 마크 빅터 한센/류시화 옮김/신국판/전2권

살아가면서 잃어버리기 쉬운 꿈과 행복을 어떻게 지키며 살아가야 하는가를 보여주는 1백여 편의 감동적인 이야기.

사람보다 아름다운 영혼을 가진 동물 이야기
- 잭 캔필드/이상원 옮김/신국판/262쪽

전세계 27개국에 출간되어 수천만 부 이상이 팔린 화제의 베스트셀러 《영혼을 위한 닭고기 수프》의 후속 시리즈 중 하나로 동물을 매개로 펼쳐지는 감동적인 실화를 모은 책이다.

아름답고 슬픈 야생동물 이야기
- 어니스트 톰슨 시튼/장석봉 옮김/신국판/312쪽

야생 세계에 관한 가장 매혹적인 이야기꾼이자 화가인 시튼이 최초로 쓴 작품이자 가장 훌륭한 작품인 《Wild Amimals I Have Known》(1898년)의 완역본이다.

개와 고양이에 관한 우습고도 놀라운 진실
- 리처드 토레그로사/이상원 옮김/변형 4 · 6판 양장본/248쪽

사소하면서도 재미있고 때론 놀라운 개와 고양이에 관한 이야기.

김동수의 핸드백엔 먹을 것이 가득하다
- 김동수 지음/신국판/268쪽

삶이 나에게 가르쳐준 것들
- 류시화 명상 에세이/국판 양장본/228쪽

삶을 찾아 끊임없이 헤매어다닌 긴 여행길의 이야기들을 내적인 체험과 다양하고 재미있는 우화 사이를 넘나들면서 류시화 특유의 바람결 같은 문체로 이끌어가고 있다.

간절히@두려움 없이
- 전여옥 지음/신국판/352쪽

한 세기를 넘어 새 천년이라는 거센 변화의 파도를 어떻게 맞이할 것인가를 주제로 쓴 에세이.

여성이여, 느껴라 탐험하라
- 전여옥 · 임정애 에세이/신국판/372쪽

우리 사회의 성차별과 남성 우위의 의식 구조에 문제 의식을 갖고서, 억압되어 온 여성의 성(性) 문제를 조명하였다.

바람의 딸, 우리 땅에 서다
- 한비야 지음/신국판/312쪽

바람의 딸 한비야가 800km에 이르는 우리 땅을 두 발로 걸어다니며 쓴 49일 간의 여행기. 이 땅을 걷는 한 걸음 한 걸음에는 길 위에서 체득한 여행 철학과 삶의 깨달음이 배어 있다.

헤르만 헤세의 인도 여행
- 헤세/이인웅 · 백인옥 옮김/변형 4 · 6판 양장본/652쪽

헤세가 서른네 살의 나이에 어린 시절부터 꿈꾸던 동경의 대상이자 영혼의 본향(本鄕)인 인도를 여행하고 쓴 기록.

도스토예프스키의 유럽 인상기
· 도스토예프스키/이길주 옮김/변형 4 · 6판 양장본/408쪽

혁명 지식인 그룹과의 교류로 정치범으로 체포되어 10여 년 간의 시베리아 유형과 강제적인 복역 근무를 마치고 돌아온 작가가 1860, 1870년대 독일, 영국, 프랑스, 이탈리아, 스위스 등 서구 유럽 사회를 여행하며 남긴 기록.

괴테의 이탈리아 기행
· 괴테/박영구 옮김/변형 4 · 6판 양장본/720쪽

독일의 대문호 괴테가 자신의 문학적 상상력을 옭죄는 궁정생활을 탈출하여, 베네치아 · 피렌체 · 로마 · 나폴리 · 시칠리아 등 이탈리아 전역을 여행하며 남긴 기록.

지상에서 사라져가는 사람들
· 김병호 外/국판 양장본/280쪽

여성이여 테러리스트가 돼라
· 전여옥 에세이/신국판/384쪽

성격대로 살아가기
· 김정일 심리 에세이/변형 국판 양장본/280쪽

아하, 프로이트
· 김정일 심리 에세이/신국판/전2권

인문

침대 밑의 인류학자
· 아서 니호프/남영태 옮김/신국판/전2권

세계적인 인류학자 아서 니호프가 자신의 인생 경험을 바탕으로 '짝짓기가 이루어지는 다양한 관계'를 소설 형식으로 풀어 쓴 책.

북한 향토사학자가 쓴 개성 이야기
· 송경록 지음/신국판/280쪽

북한 도시 '개성의 과거와 현재의 기록'. 분단 55년 만에 최초로 북한에 살고 있는 저자와 출판 계약을 맺어 발행했다.

시간 박물관
· 움베르토 에코 外/김석희 옮김/변형 5 · 7판 양장본/308쪽

세계적인 석학 24인의 글을 통해 인간이 시간을 어떻게 지각하고 있는지를 검토하고, 세계 곳곳의 다양한 문화가 시간에 대해 어떻게 반응 · 측정 · 표현하는지를 정리하고 있다.

지상으로 내려온 철학
· 이진우/신국판/272쪽

문명, 문화, 정보, 멀티미디어, 감성, 섹슈얼리티 등 디지털시대의 새로운 화두와 철학이 어떻게 만나야 하는지를 실증적으로 예시하는 철학 교양서.

철학의 모험
· 이진경 지음/신국판/400쪽

《수학의 몽상》의 저자 이진경의 철학 입문서. 데카르트 이후 주요한 근대 철학자들의 철학 개념이나 사고 방식을 다양한 소재를 등장시켜 하나하나 짚어가고 있다. 스스로 사고하려면 어떤 태도가 필요한지, 어떻게 공부해야 하는지를 잘 보여준다.

新국어독본
· 윤세진/신국판/240쪽

읽고, 쓰고, 말하고, 듣는 모든 것을 새로운 시각으로 바라보게 하는 새로운 개념의 청소년 교양서.

수학의 몽상
· 이진경/신국판/304쪽

형식을 파괴하는 자유분방한 상상력으로 근대 수학의 역사를 파헤쳐, 서양의 근대성 형성에 수학이 행한 핵심적 역할을 밝힌다.

수학 악마
· 하인리히 헴메/마티아스 슈베러 그림/안영란 옮김
변형4 · 6배판 양장본/165쪽

언제나 누구에게나 일어날 수 있는 사건, 재미있는 에피소드를 통해 논리적으로 사고할 수 있는 힘을 키워주는 퀴즈 형식의 수학 교양서.

문명의 공존
· 하랄트 뮐러/이영희 옮김/변형 국판 양장본/362쪽

새뮤얼 헌팅턴의 《문명의 충돌》을 본격적으로 비판하고, 전쟁이 아닌 대화와 공존의 길을 모색하는 적극적인 대안서.

문화적인 것과 인간적인 것
· 김용석 지음/변형 국판 양장본/400쪽

현대 문화의 특성을 다차원적으로 조명하는 철학 에세이. 오늘날 우리 삶에서 문화의 핵심적 의미를 반영하는 '현대적 사건'들을 섬세하게 분석하고 있다.

동양과 서양, 그리고 미학
· 장파(張法)/유중하 外 옮김/변형국판 양장본/592쪽

동서양 미학의 태동과 서로 다른 변천 과정을 철학적, 종교적, 문화사적 관점에서 조명한 중국 장파 교수의 대표적 저서.

종말
• 데미안 톰슨/이종인 · 이영아 옮김/신국판/440쪽

기독교 종말론의 역사와 20세기 말 현재 전세계 종말신앙의 전개와 실태, 사회적 · 심리적 원인을 다룬 종교사회학서.

이탈리아 르네상스의 문화
• 야콥 부르크하르트/안인희 옮김/변형 국판 양장본/756쪽

19세기의 빛나는 역사가 부르크하르트가 남긴 문화사 최고의 고전(古典). 14세기부터 16세기까지의 이탈리아 문화 전체를 종횡으로 들여다보며 현대인의 기원과 '개인'이라는 의식의 생성 과정에 대한 답변을 모색한다.

지혜로 읽는 史記
'99 간행물윤리위원회 '읽을 만한 책' 선정도서
• 김영수 지음/신국판/328쪽

아서 니호프 교수의 사람의 역사
'99 중앙일보 좋은책 100선 선정도서 / '99 교보문고 좋은책 선정도서
• 아서 니호프/남경태 옮김/신국판/전2권

인류학적 상상력과 역사적 사실, 흥미로운 공상과학을 넘나들며 입체적으로 재현한 인간의 문화와 역사. 선사시대에서 우주시대까지 5백만 년의 시간을 살아온 인간들의 생생한 삶과 마음을 읽는다.

진화의 미래
• 크리스토퍼 윌스/이충호 옮김/신국판/408쪽

최초의 인간 루시
• 도널드 요한슨 · 메이틀랜드 에디/이충호 옮김/신국판/464쪽

權力場(권력장)
• 곽존복/김영수 옮김/신국판/484쪽

중국 역사 속에 나타난 다양한 권력 행사 유형을 통해 권력의 본질과 올바른 권력 행사 방법을 제시하는 역사서.

2000년, 이 땅에 사는 나는 누구인가
• 이진우 外/신국판/324쪽

2000년을 눈앞에 둔 전환의 시기에 한국의 지식인 23명의 자기성찰과 메시지를 담은 책.

츠바이크의 발자크 평전
• 슈테판 츠바이크/안인희 옮김/변형 4 · 6판 양장본/692쪽

소설보다 더 극적이고 파란만장한 발자크의 삶과 문학을 생생하게 그려낸 슈테판 츠바이크 최후의 걸작. 자기 시대 인간 군상의 모습을 가장 적나라하게 보여준 위대한 작가의 내면세계가 입체적으로 그려져 있다.

히틀러 평전
한겨레 '98 상반기 추천도서
• 요아힘 페스트/안인희 옮김/변형 국판 양장본/전2권

히틀러 평전의 결정판. 철저한 고증, 균형 잡힌 시각으로 서술한 평전의 모범으로, 한 인물의 전기를 넘어서 그 시대의 역사를 폭넓고 깊이 있게 다루고 있다.

한 권으로 읽는 프로이트
• 데이비드 스탠포드 클라크/최창호 옮김/신국판/276쪽

한 권으로 읽는 융
• 에드워드 암스트롱 베넷/김형섭 옮김/신국판/240쪽

도도의 노래
'98 언론노동조합연맹 선정 올해의 책 / '99 중앙일보 좋은책 100선 선정도서
• 데이비드 쾀멘/이충호 옮김/신국판/전2권

상상하는 한국사
'97교보문고 청소년 권장도서
• 김정환 지음/신국판/전7권

아톰@비트
• 정진홍 지음/신국판/218쪽

본격적으로 개막된 디지털 시대, 아날로그와 디지털의 경계선에 선 채 머뭇거리는 사람들을 향해 던지는 스물 한 편의 메시지.

필로소피아 총서

탈주의 공간을 위하여
• 서울사회과학연구소 편/신국판 양장본/388쪽

야만적 별종
• 안토니오 네그리/윤수종 옮김/신국판 양장본/472쪽

근대적 시 · 공간의 탄생
• 이진경 지음/신국판 양장본/180쪽

니체와 해석의 문제
• 앨런 슈리프트/박규현 옮김/신국판 양장본/356쪽

분자 혁명
• 펠릭스 가타리/윤수종 옮김/신국판 양장본/468쪽

반항의 의미와 무의미
• 줄리아 크리스테바/유복렬 옮김/신국판 양장본/472쪽

마르크스의 정치이론
• 최형익 지음/신국판 양장본/336쪽

푸른역사

'역사란 무엇인가'를 넘어서
• 김기봉/변형 국판/360쪽

한국 역사학계의 지배적 담론인 E.H. 카의 역사 정의를 '과거의 문화와 현재의 문화와의 대화'로 새롭게 정의한 21세기형 역사이론서.

이이화의 못 다한 한국사 이야기
• 이이화 지음/신국판/272쪽

한국사 전반에 걸친 다양하고도 일관된 역사의식을 담고 있는 이이화의 역사 에세이. 31가지 역사 테마에 이이화 특유의 메시지와 신선한 재해석이 담겨져 있다.

발굴과 해독
• C. W. 세람/오흥식 옮김/신국판/340쪽

19세기 초부터 20세기 중반까지 약 1백여 년 동안 학자들이 역사의 무대에서 사라진 히타이트문명의 실체를 밝히는 과정을 일반 독자도 이해하기 쉽게 기록했다.

5백 년 고려사
• 박종기 지음/신국판/358쪽

박종기 교수의 살아있는 역사 읽기. 고려의 독자적인 발전 원리와 특성을 탐색하며 베일 속의 고려사를 복원해냈다.

20세기 사학사
• 조지 이거스/임상우 · 김기봉 옮김/변형 국판/272쪽

20세기 서양 역사서술의 흐름과 경향을 분석 · 진단하여 위기에 선 역사학의 전망을 다루고 있는 당대 최고의 사학사 입문서.

누가 일본의 얼굴을 보았는가
• 이규배 지음/신국판/264쪽

일본주의자의 꿈
• 김용범 지음/신국판/296쪽

김정동 교수의 근대 건축 기행
• 김정동 지음/신국판/264쪽

명동성당에서 서울역, 화신백화점까지 한국 근대 건축물에 담긴 건축과 역사의 문화사.

나스카 유적의 비밀
• 카르멘 로르바흐/박영구 옮김/신국판/256쪽

고대문명의 마지막 수수께끼로 남은 페루 나스카 지상 그림의 비밀과, 그 그림을 알리고 보존하기 위해 평생을 사막에 바친 마리아 라이헤의 삶을 추적한 보고서.

역사의 길목에 선 31인의 선택
'99 한국 간행물 윤리위원회 청소년 권장도서
'99 중앙일보 좋은책 100선 선정도서
• 우리 시대의 역사학자 18인 지음/신국판/340쪽

삼국시대부터 해방 공간까지 역사적 전환기를 이끌어 간 31인의 선택과 행적을 재평가하여 우리의 현재와 미래를 비추어 본 역사서.

여성적인 동양이 남성적인 서양을 만났을때
• 이옥순 지음/변형국판/204쪽

내 아들 딸들에게 아버지가 쓴다
'99 중앙일보 좋은책 100선 선정도서
• 허경진 편역/신국판/292쪽

누가 왕을 죽였는가
• 이덕일 지음/신국판/292쪽

조각난 역사
• 프랑수아 도스/김복래 옮김/변형 국판/420쪽

사도세자의 고백
• 이덕일 지음/신국판/348쪽

누가 역사의 진실을 말했는가
'98 중앙일보 좋은 책 100선 선정도서
• 크리스티안 마이어/이온화 옮김/신국판/500쪽

영조와 정조의 나라
'98 중앙일보 좋은 책 100선 선정도서 / '98 한겨레 신문 상반기 추천도서
• 박광용 지음/신국판/339쪽

금관의 비밀
• 김병모 지음/4 · 6배판/213쪽

희망은 또 다른 희망을 낳는다

서진규 선생님과
푸른숲 홈페이지에서 만나보세요

"바로 지금 말하세요, 너무 늦기 전에…"

— 서진규

서진규와 조성아의 만남은
어머니와 딸의 만남을 뛰어 넘어 한 사람이 '사람'으로서
다른 한 사람을 만난 깊은 만남이었습니다.
그들의 만남은 아주 구체적이고 지속적이었으며
서로에게 좋은 영향을 미쳤고 세상을 살아가는 힘이 되었습니다.
거울을 보듯이 두 사람은 23년 동안 서로 마주보며 웃어주고
울어주고 기다려주고 어깨를 두들겨주었습니다.
생각해봅니다.
내가 내 어머니와 '사람'으로서 진정 깊이 만나본 일이 있는가.
내가 내 딸을 그렇게 만났었는가.
한 공간에 살거나 혹은 떨어져 살면서 말로는 어색해서 못한 이야기,
속 깊이 감춰둔 사연들을 푸른숲 홈페이지에 올려주세요.
푸른숲에서 그 사연들을 예쁜 편지지에 담아
사랑하고 미워하고 그럼에도 소중한 어머니께, 따님에게
전해드리겠습니다.

www.prunsoop.co.kr

희망은 또 다른 희망을 낳는다

첫판 1쇄 펴낸날 · 2000년 8월 10일
   6쇄 펴낸날 · 2001년 8월 16일

지은이 · 서진규
펴낸이 · 김혜경
기획실 · 김수진 지평님 위원석 최영희
편집부 · 한예원 임미영 고연경
디자인 · 김진 오성희
영업부 · 이동훈 엄현진
제 작 · 윤혜원
관리부 · 권혁관 임옥회
인 쇄 · 백왕인쇄
제 본 · 정민제본

펴낸곳 · 도서출판 푸른숲
출판등록 · 1988년 9월 24일 제11-27호
주 소 · 서울시 서대문구 충정로3가 270번지
         푸른숲 빌딩 4층, 우편번호 120-840
전 화 · (기획실) 362-4457~8 (편집부) 364-8666
         (영업부) 364-7871~3
팩시밀리 · 364-7874

ISBN 89-7184-289-X 03810

* 잘못된 책은 바꾸어 드립니다.
* 본서의 반품 기한은 2003년 8월 31일까지입니다.